엔터테인먼트 심리학

컬처룩 미디어 총서 015

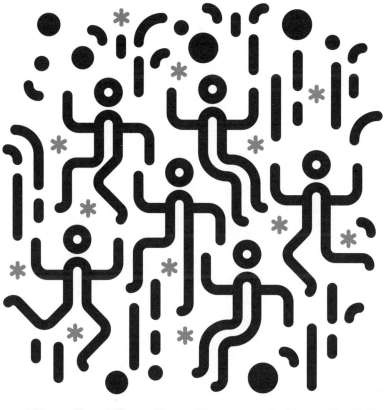

엔터테인먼트 심리학
Entertainment Psychology

나은영 · 나은경 지음

엔터테인먼트 심리학

지은이 나은영 나은경
펴낸이 이리라

책임 편집 이여진
편집 에디토리얼 렌즈
표지 디자인 엄혜리

2019년 2월 28일 1판 1쇄 펴냄
2022년 11월 10일 1판 2쇄 펴냄

펴낸곳 컬처룩
등록 번호 제2011-000149호
주소 03993 서울시 마포구 동교로 27길 12 씨티빌딩 302호
전화 02.322.7019 | 팩스 070.8257.7019 | culturelook@daum.net
www.culturelook.net

ISBN 979-11-85521-68-8 94300
ISBN 979-11-85521-06-0 94300 (세트)

* 이 책은 2017년도 한국방송학회 방송 영상 분야 저술 출판 지원을 받았습니다.

culturelook

차례

4부 엔터테인먼트와 디지털 네트워크

일러두기

- 한글 전용을 원칙으로 하되, 필요한 경우 원어나 한자를 병기하였다.
- 한글 맞춤법은 '한글 맞춤법' 및 '표준어 규정'(1988), '표준어 모음'(1990)을 적용하였다.
- 외국의 인명, 지명 등은 국립국어원의 외래어 표기법을 따랐으며, 관례로 굳어진 경우는 예외를 두었다.
- 사용된 기호는 다음과 같다.

  신문 및 잡지 등 정기 간행물, 논문, 영화, 노래, 웹툰, 방송 프로그램 등 : 〈 〉

  책(단행본): 《 》

사람의 마음을 편안하고 즐겁게 해 줄 수 있는 콘텐츠를 미디어라는 도구에 담아 공유하는 것이 엔터테인먼트의 핵심 요소라 할 수 있다. 물론 미디어가 개입되지 않는 오락이나 놀이, 여가, 경험, 여행, 서비스, 퍼포먼스 등이 모두 엔터테인먼트이기는 하나, 지금처럼 미디어가 인간 전체를 둘러싸고 있는 미디어 포화 시대에는 많은 엔터테인먼트가 미디어를 통해 이루어지고 있다. 사람이 즐길 수 있는 내용과 형식이 아니면 엔터테인먼트가 될 수 없기에 이러한 엔터테인먼트를 논의할 때 심리적 요소를 빼놓을 수 없음에도 불구하고 지금까지는 주로 사람보다는 산업에 초점을 둔 논의가 많았다. 바로 이 지점에서 두 저자가 함께 이 부분을 다루어 보면 좋겠다는 뜻을 같이하기에 이르렀다.

요즘처럼 사람들이 위로와 힐링을 갈구하던 때가 또 있었나 싶을 정도로, 열심히 일하거나 노력하기보다는 있는 그대로를 즐기며 자신의 뜻대로 삶을 살아가고 싶어 하는 욕구가 최근 주류를 이루고 있다. 내 이전 저서인 《미디어 심리학》을 쓰는 동안 내내 머릿속을 맴돌던 구절이 '심금을 울린다'는 말이었다면, 이 책을 쓰는 동안에는 위로, 마음의 평화, 즐거움, 짜릿함,

신남, 나만의 시간 등과 같은 정서와 감정의 긍정성을 추구하는 용어들이 마음을 차지했다.

사람들은 새로우면서도 낯설지 않고, 익숙하면서도 구태의연하지 않은 콘텐츠에 열광한다. 너무 앞서 나가도 만족을 기대하기 어렵다. 신선한 즐거움을 위해서는 조금씩 앞서 나가면서도 충격까지 이르지는 않는 놀라움을 선사해야 사람들은 관심과 주의집중을 기울이며 즐거워한다. 이러한 관심과 주목이 결국 관심 경제를 이끌어가는 재화가 된다.

사람에게 위로를 줄 수 있는 콘텐츠도 결국은 사람의 스토리와 재능에서 나온다. 사람의 스토리와 재능이 최신 미디어 기술과 결합하여 즐김의 문화를 형성해 가는 것이다. 서로의 삶을 바탕으로 구성된 엔터테인먼트 콘텐츠를 쉽게 공유하며 즐기는 과정 자체도 이미 엔터테인먼트로서 네트워크 인간의 즐김 영역을 더욱 풍성하게 해 주고 있다.

1장에서는 놀이와 즐김의 심리학이라 할 수 있는 엔터테인먼트 심리학을 관심 경제와 연관지어 소개하고, 엔터테인먼트가 미디어 발전의 역사와 더불어 어떻게 변화해 왔는지를 인간의 감각 기관 활용과 연계해 전개하였다. 이어지는 내용은 4부로 구성되어 있다. 1부는 '엔터테인먼트와 내러티브 세계'라는 주제로 영화, 드라마, 웹툰의 세계를 내러티브 구성 및 심리적 수용의 관점에서 설명한다. 2부 '엔터테인먼트와 정서 경험'에서는 공연 예술과 퍼포먼스, 대중음악, 세부 감정(코미디와 유머, 비극, 공포물), 및 스포츠 엔터테인먼트의 심리를 분석한다. 3부 '엔터테인먼트와 리얼리티/현실 인식'에서는 최근에 유행하고 있는 먹방, 쿡방 등을 포함한 리얼리티 프로그램, 가상 현실과 VR 게임 등에 포함되는 심리적 요소들을 살펴본다. 4부 '엔터테인먼트와 디지털 네트워크'에서는 매스 미디어와 인터넷의 융합, 소셜 미디어와 인간 네트워크의 다양한 현상들에 내재되어 있는 심리 작용을 통해 새로운 미디어 시대의 명암을 들여다본다.

마지막 13장은 이 책에서 다룬 엔터테인먼트 심리학의 내용을 큰 틀에서 요약한 다음, 사람의 감정이 어떠한 방식으로 오르락내리락하며 즐거움을 느낄 수 있는지에 관해 '감정 굴곡의 기준선 모델'을 제안한다. 사람마다, 시대마다 즐거움을 느끼는 기준선이 다르기에 동일한 엔터테인먼트 콘텐츠에 대한 반응도 조금씩 달라질 수 있으나, 기본적으로 밋밋한 감정의 흐름보다는 감정의 높낮이를 경험할 수 있는 엔터테인먼트 콘텐츠를 더 즐긴다고 할 수 있다.

이 책은 나은영이 일곱 장(1, 2, 4, 5, 7, 10, 13장), 나은경이 여섯 장(3, 6, 8, 9, 11, 12장)을 주로 집필한 공저서다. 두 사람이 서로가 작성한 부분을 교대로 읽으며 많은 배움과 도움을 더해 갈 수 있었다. "미디어 공간 인식과 프레즌스: 심리적 공간 이동의 단계 모델"이라는 공동 이론 논문(한국언론학회 2016 학술상 우수논문상)에 이어 두 사람이 공동으로 작업한 두 번째 작품을 선보이게 되었다. 뿌듯하기도 하고 부끄럽기도 하다. 같은 영역에서 자매가 함께 일할 수 있는 것도 큰 행복 중 하나라고 생각한다. 미디어 심리학 강의와 더불어 흥미로운 토론에 적극 참여하며 최신 콘텐츠에 관한 좋은 아이디어들을 함께 나눈 서강대와 국민대의 대학원 및 학부 학생들에게도 고마움을 표한다.

이 책은 2017년 한국방송학회(GS SHOP 후원) 방송 영상 분야 저술 출판 지원을 받아 완성될 수 있었다. 관계자 분들께 감사드린다. 언제나 그랬듯이 인내심을 가지고 저자들의 탈고를 기다려 주며 좋은 책을 만들기 위해 최선을 다해 주신 컬처룩의 이리라 사장님과 이여진 편집장님께 감사드린다. 오래오래 우리 곁에 함께 계셔 주시기를 소망하며 이 책을 부모님께 바친다.

2019년 1월

저자를 대표해 나은영

놀이와 즐김의 심리학

엔터테인먼트 심리학

1장

우리는 살아가면서 재미를 느끼며 즐거움을 경험하고 싶어 한다. 인간의 삶에서 놀이도 일만큼 중요하며, 느끼는 것도 생각하는 것만큼 중요하기 때문이다. 그래서 사람들은 어느 시대에나 당대에 구할 수 있는 도구를 활용해 놀이를 행한다. 심지어 도구 없이도 즐기는 방법을 찾고, 다른 사람들과 함께 몸을 움직이며 즐기기도 한다. 특히 최근에는 첨단 미디어의 눈부신 발전을 바탕으로 '미디어'라는 도구를 활용한 다양한 놀이의 방법들이 사람들을 즐겁게 해 준다. 이처럼 인간의 삶 속에서 뗄 수 없는 관계를 맺으며 면면히 이어져 온 놀이와 즐김의 심리학, 특히 그중에서도 미디어 기술을 활용한 엔터테인먼트 과정에 개입되는 심리 과정을 이 책에서 하나하나 살펴보려 한다.

엔터테인먼트 심리학이란 무엇인가

놀이, 오락, 엔터테인먼트는 서로 유사한 개념이지만 사용되는 상황이 조금씩 다르다. 프랑스 사회학자 로제 카유아Roger Caillois는 《놀이와 인간Les Jeux et Les Hommes》의 서두에서 오락 게임, 기교 놀이, 유연 놀이, 야외 놀이, 끈기 놀이, 건설 놀이 등 다양한 놀이들이 공통적으로 가지고 있는 특성을 "자유로움, 위험, 능란함"이라고 말한다(Caillois, 1958/1994: 9). 이러한 활동은 공통적으로 휴식과 즐거움을 가져다준다.

놀이에 대한 최초의 책은 요한 하위징아Johan Huizinga가 쓴 《호모 루덴스Homo Rudens》(1938)다. 인간의 문화를 구성하는 지식이나 예술 등이 놀이 정신으로 인해 더욱 풍요로워졌음을 보여 주는 책이다. 카유아는 하위징아가 놀이를 성스러움과 동일시한 점을 비판하며 이 두 가지가 세속으로부터 벗어난다는 점에서는 공통적이지만 서로 반대쪽에 위치한다고 보았다(1958/1994: 314). 그러면서 하위징아가 놀이에 포함시키지 않았던 '우연'에 의존하는 놀이(가령 도박)와 '현기증'을 유발하는 놀이(가령 회전목마)까지 놀이의 범주에 포함시켰다(나은영, 2010 참조).

유사 이래 일과 노동의 가치를 중시하게 되면서 자연스럽게 놀이와 휴식의 가치는 가볍게 취급되어 오거나 심지어 게으름의 상징으로까지 부정적으로 평가되었다. 그러나 사람이 일만 하고 살 수는 없을뿐더러, 적절한 놀이와 휴식은 인간에게 긍정적 정서를 채워 주면서 또 다른 일을 더 생산적으로 할 수 있는 에너지를 제공해 주기에 평가절하되어서는 안 된다. 일과 놀이, 노동과 휴식 사이에도 균형이 필요하다.

즐김의 문화

'엔터테인먼트entertainment'는 단순한 오락 이상의 것을 의미한다. 오락, 놀이, 여가, 관심, 경험, 여행, 서비스, 생산물, 퍼포먼스, 미디어 경험, 인공지능 및 가상 현실 체험, 문화 콘텐츠 등이 모두 일정 부분 엔터테인먼트적 요소를 포함하기 때문이다. 따라서 우리가 엔터테인먼트 심리학을 이야기할 때 종적, 횡적으로 좀 더 넓은 포용적 시각에서 논의를 시작해야 한다. 인간에게는 늘 감정이 있었고 놀이가 있었으며, 이것이 인간의 적응과 진화 과정을 거쳐 문화로서 정착되어 왔기 때문이다.

엔터테인먼트의 라틴어 어원은 "~의 주목/관심을 끄는" 또는 "기꺼이 분산시키는"이란 뜻을 가지고 있다(Sayer & King, 2010: 4). 엔터테인먼트는 우리말로 '오락'이라고 번역할 수 있지만 단순한 오락거리만을 의미하는 것은 아니다. 우리의 주목과 관심을 끌 만큼 흥미로우면서도 일상적인 노동으로부터 잠시 벗어나 즐길 수 있는 주변적인 활동을 포괄적으로 지칭한다.

엔터테인먼트에는 상품product, 서비스service, 경험experience이 모두 포함된다. 예를 들면, 라이브 쇼나 잘 만들어진 영화 한 편 등이 상품에 해당하며, 여행이나 숙박 등이 서비스에 해당한다. 또한, 놀이기구 탑승이나 VR(Virtual Reality) 게임 체험 등은 경험에 해당하는 엔터테인먼트로서, 그것을 즐기는 순간은 지나가 버리며 만질 수 있는 실체는 아니지만 이러한 경험의 순간들도 분명히 엔터테인먼트에 포함된다.

엔터테인먼트는 우리에게 즐거움을 주는 것으로서 영화, 무용, 공연예술, 만화, 애니메이션, 여행, 취미 생활 등을 모두 포괄한다. 이런 의미에서 본다면 엔터테인먼트도 큰 범주의 '문화'라고 할 수 있다. 그중에서도 특히 '즐김'과 관련된 문화로 한정할 수 있다. 다시 말해 엔터테인먼트는 인간의 삶 중에서 특히 즐거움을 주는 것과 깊은 관련이 있다. 우리는 다양한 엔터테인먼트 콘텐츠를 자기 삶에 비춰보며 위로를 얻고 힘을 얻어 삶을 지속해 간다. 이 책은 이 과정의 심리를 다루게 될 것이다.

관심 경제와 엔터테인먼트

인간의 관심 또는 주목attention은 가치를 지닌다. 우리 주변에, 그리고 인터넷상에 수많은 정보가 떠다니지만 그 모든 정보들이 가치가 있는 것은 아니다. 바로 우리의 관심과 주목을 끄는 정보들만이 가치를 지닌다. 따라서 '정보'가 희소성을 지니는 것이 아니라 인간의 '관심' 또는 '주목'이 희소성을 지니기 때문에 이러한 주목 또는 관심이 가치를 지니는 것이다.

인간의 관심은 돈을 주고 직접 살 수는 없다. 심리적으로 끌려야만 우리가 주목하며 기꺼이 돈을 지불하고 소비한다. 우리는 따분하거나 별볼일 없는 콘텐츠에는 주목하지 않는다. 우리의 주목을 끌지 못하는 것은 그만큼 가치가 떨어진다. 그러나 엔터테인먼트는 바로 이처럼 중요한 우리의 주목을 끌기 때문에 가치를 지닌다(Sayer & King, 2010).

무수한 정보들 중에서 특별히 우리의 관심과 주목을 끄는 정보만

이 경제적 가치를 지닌다는 사실을 경제학자 마이클 골드하버Michael Goldhaber(1997)는 다음과 같이 표현한다.

> 정보는 단 하나의 이유로 인해 경제의 기반이 될 수 없다. 경제는 희소한 것이 지배한다. 그러나 정보, 특히 인터넷상의 정보는 풍부하다 못해 넘친다. 우리는 그 안에 빠져 헤어나지 못하며, 그러면서도 점점 더 많은 정보들이 매일 우리에게 쏟아져 들어온다(Sayer & King, 2010: 144).

정보 과잉의 결과 경쟁하게 되면서 희소가치를 지니게 되는 것은 바로 사람들의 관심이다. 이렇게 우리의 관심과 주목을 끄는 정보가 바로 엔터테인먼트의 속성을 지니고 있다는 점은 매우 중요하다. 따라서 인간의 관심과 주목은 엔터테인먼트 심리학에서 가장 중요한 개념이다.

마음을 붙드는 원리

엔터테인먼트를 논의하기 위해서는 당연히 사람의 마음을 붙들 수 있는 원리에 대한 이해가 필요하다. 엔터테인먼트 심리학은 바로 이 부분, 즉 '사람들에게 즐거움을 주어 관심을 끌 수 있는 엔터테인먼트 콘텐츠에 대한 인간의 심리'를 다룬다. 엔터테인먼트 콘텐츠는 넓게 보아 문화 콘텐츠의 일부이며, 오락의 범주를 넘어 '사람들이 기꺼이 주의를 돌려 관심을 갖는' 콘텐츠라 할 수 있다. 이처럼 사람들의 관심을 끄는 콘텐츠는 그만큼 경제적 가치가 있으며 관심 경제의 주축으로 사회를 풍성하게 한다.

엔터테인먼트 콘텐츠가 심리적 효과를 보이려면 수용자의 마음에 일정한 준비가 되어 있어야 한다. 동일한 콘텐츠라 하더라도 모든 사람에게 동일한 심리적 효과를 주는 것이 아니기 때문이다. 관련 연구를 살펴보

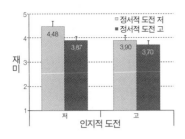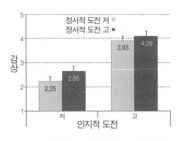

출처: Bartsch & Hartmann(2017: 41).

그림 1 - 1. 인지적 및 정서적 도전의 수준에 따른 재미와 감상

면, 미디어 콘텐츠가 제공하는 인지적, 정서적 도전의 수준에 따라 개인의 엔터테인먼트 경험 유형이 달라진다(Bartsch & Hartmann, 2017). 그림 1-1의 연구 결과를 보면, '재미fun'는 인지적, 정서적 도전이 모두 낮을 때 느끼는 경험이며, '감상appreciation'은 인지적, 정서적 도전이 모두 높을 때 (특히 인지적 도전이 높을 때) 느끼는 경험이다. '서스펜스'는 인지적 도전보다 정서적 도전이 높을 때 느끼는 경험이다.

　엔터테인먼트 콘텐츠를 찾는 이들은 스스로가 처한 상황에 따라 때로는 생각과 감정의 소비가 많지 않은 가벼운 '재미'를 추구할 수도 있고, 때로는 생각과 감정을 많이 들여 '감상'을 추구할 수도 있으며, 때로는 생각보다 감정에 몰입하는 '서스펜스'를 추구할 수도 있다. 지하철을 오가며 잠깐씩의 틈새 시간에 감각적인 1인 미디어를 즐기는 사례는 '재미'를 추구한다고 할 수 있고, 시간을 내어 갤러리에서 미술 작품을 꼼꼼히 살펴보거나 오페라하우스에서 오페라 공연에 몰입하는 경우는 생각과 감정이 많이 들어간 '감상'을 추구하는 것이라 할 수 있다. 반면에 영화관에서 액션 영화나 스릴러 영화를 관람하며 짜릿함을 느끼는 것은 '서스펜스'에 중점을 둔 행위라 할 수 있다.

　엔터테인먼트 심리학은 이처럼 다양한 엔터테인먼트 활동에 내재되어

있는 심리를 체계적으로 분석하고자 하는 학문이다. 사람이 미디어 콘텐츠를 보며 왜, 그리고 언제, 어떤 상황에서 웃고 울고 분노하며 즐기는지를 살펴보고, 이를 통해 사람들이 다양한 감정을 느끼며 생각하고 행동하게 하는 콘텐츠를 제작하려면 어떠한 요소를 고려해야 하는지 살펴볼 것이다.

엔터테인먼트와 미디어

엔터테인먼트는 크게 어떤 장르와 미디어의 특성을 가질까? 즉 전달할 내용을 어떤 그릇에 담아내는가? 또 그 내용으로는 인간의 이야기가 어떠한 순서와 구조로 진행되며, 삶의 모습이 어떠한 (비)언어적 표현으로 마음에 와 닿는가?

엔터테인먼트의 내용은 문화권마다 약간씩 차이를 지닌다. 해당 문화권 사람들의 삶의 일부를 나타내며, 유사한 내용이더라도 형식에 따라 다양하게 즐기는 것이 가능하다. 예컨대, 웹툰 〈신과 함께〉라는 콘텐츠는 영화나 드라마, 혹은 연극 중 어느 형식으로 제작하느냐에 따라 사람들은 큰 범주의 유사한 감정을 느끼면서도 형식에서 오는 차별성을 분명히 감지할 수 있다.

미디어는 인간이 생산하는 콘텐츠를 담아 전달, 공유하는 도구다. 음식을 요리하는 방식과 담아내는 그릇의 종류에 따라 맛과 느낌이 달라지듯이, 유사한 콘텐츠도 어떤 미디어로 구현하느냐에 따라 그 느낌은 천차만별일 수 있다. 문화를 담아내는 그릇이라 할 수 있는 미디어는 최초에 구술로 시작되었고 책으로 이어졌다. 이어 영상 기술의 발전은 문화를 표현하고 즐기는 방식을 더욱 다양하게 만들어, 당대 사람들의 삶을 여러 가지 방식으로 담아내고 이를 즐기며 살아오게 되었다. 문화를 담아내는 그릇이 눈부시게 변화해 가자, 이를 이용하는 사람들의 삶과 문화 자체가 달라졌다. 그 문화 콘텐츠를 바탕으로 한 다양한 엔터테인먼트로부터 위로를 얻고 삶의 활력을 얻어 살아가고 있는 것이다.

시각으로 즐기는 콘텐츠: 인쇄 미디어에서 웹툰까지

구술 시대를 지나 책, 잡지, 신문 등, 시각으로 즐기는 콘텐츠가 생겨날 수 있었던 것은 인쇄술의 발전 덕분이며, 이것이 매스 미디어의 시초라 할 수 있다. 인쇄술이 개발된 초기에는 한동안 출판이 주로 종교적 목적으로 활용되었다. 그러다가 정부와 대학, 사회 운동가들이 인쇄술을 활용하게 되었고, 출판의 자유가 사회의 발전에 중요한 요소가 되었으며(Sayer & King, 2010: 416), 문자의 보급으로 출판은 많은 사람들이 서로의 생각을 공유하는 중요한 수단이 되었다.

성경책부터 만화책에 이르기까지, 정치 뉴스 신문부터 성인용 잡지에 이르기까지, 출판과 인쇄로 발행된 시각적 수용 콘텐츠에는 제한이 없다. 디지털 모바일 시대에 인기를 끌고 있는 웹툰도 '시각'으로 즐기는 콘텐츠가 발전한 결과로 볼 수 있다.

또한 책이나 신문은 그 부피나 무게가 지나치지 않다면 가지고 다니며 많은 정보를 습득할 수 있다. 전문 서적뿐만 아니라 소설, 만화, 패션 잡지, 일간지 등 모든 인쇄물은 말 그대로 '걸어 다닐' 수 있다. 더 나아가, 전자 시대에 이르러서도 전자책의 힘을 빌려 '이동 가능한' 인쇄물의 장점은 그대로 이어지고 있다.

글이나 그림으로 된 콘텐츠를 '어떤 그릇에 담느냐' 하는 형식은 지금까지 큰 변화를 겪어 왔다. 인쇄술과 종이의 발명 후, 종이 위에 내용을 담아내던 물리적 형식에서 시작하여 최근에는 컴퓨터나 스마트폰의 자판을 두드림으로써 내용을 담아내는 디지털 형식으로 발전해 왔다. 그 안에 담기는 내용물은 여전히 '사람들이 살아가는 방식,' 즉 '문화'의 일부 임에 큰 변화가 없다. 물론 시대가 변하면 문화도 변하지만, 당대의 모습 이 담겨 있고 이것을 엔터테인먼트 콘텐츠의 하나로서 사람들이 즐긴다 는 데는 변화가 없다.

또 한 가지, '시각적'으로 즐기는 측면에서도 큰 변화가 없다. 책을 읽 는 것, 인터넷 서핑을 통해 찾아낸 정보를 읽는 것, 스마트폰에서 찾을 수 있는 웹툰을 감상하며 읽어 내려가는 것이 모두 우리의 '시각'을 통해 즐 길 수 있는 콘텐츠임에는 변함이 없다는 것이다. 물론 웹툰 중에도 배경 음악을 들을 수 있는 웹툰이 있으나 대화 내용과 등장인물 및 배경 이미 지 등 대부분의 주요 콘텐츠가 시각적으로 제시되기에 시각으로 즐기는 콘텐츠로 분류할 수 있다.

이처럼 시각은 우리의 정보 습득 및 즐김과 오락의 심리 모두에서 중요 한 입력의 역할을 한다. 더 나아가, 실제로 사람들이 공연하는 모습을 보며 즐기는 과정에서도 우리의 시각은 핵심적인 역할을 한다. 중요한 점은, 엔 터테인먼트 콘텐츠, 즉 즐길 수 있는 내용을 제공하는 방법과 그것을 담아 내는 그릇은 다양해졌지만, 그것을 우리가 수용하고 즐기는 수단은 여전히 우리의 오감이며 그중에서도 시각이 가장 큰 역할을 하고 있다는 점이다.

청각으로 즐기는 콘텐츠: 라디오와 음악에서 팟캐스트까지

시각 다음으로 큰 즐거움을 느끼는 것은 청각이다. 아름다운 음악을 듣 는 것, 감동적인 이야기를 듣는 것 등이 모두 우리의 청각을 통해 가능해 진다. 라디오의 발전은 청각으로 즐기는 엔터테인먼트 콘텐츠를 다양화하 는 데 큰 기여를 했다.

목소리와 음악을 멀리 있는 다른 사람에게 '무선으로' 전달하는 기술은 미디어 발전의 역사에서 매우 큰 의미가 있다. '메시지를 광범위하게 던져 전달하는 행위'라는 뜻의 '방송broadcasting'의 어원이 여기에 있다(김은규, 2013). 라디오의 원천 기술은 1894년 굴리엘모 마르코니 Guglielmo Marconi(1874~1937)의 무선 전신, 즉 전자기파의 송수신을 전선 없이 이루어내는 기술이라 할 수 있다(Crowley & Heyer, 2007). 이것이 발전하여 마침내 1906년에 처음으로 레지널드 A. 페센든Reginald A. Fessenden(1866~1932)의 연주와 노래가 무선으로 전달되기에 이르렀다. 음성과 음악이 광범위하게 무선으로 전달되어 방송의 기원이 된 것이다.

음성뿐만 아니라 이미지와 영상까지 방송으로 전달되기 이전에, 라디오는 무궁무진한 전파력을 지녔고, 지금까지도 여전히 음성과 음악 등 청각으로 즐길 수 있는 콘텐츠를 담아 전달하는 미디어로서 중요한 역할을 하고 있다. 예를 들어, 사람이면 누구나 겪을 수 있는 어려움이나 질병 등을 상담할 때에도 얼굴과 신분의 노출 없이 라디오를 통해 전문가와 연결될 수 있고, 이것이 다른 사람들에게도 전달되어 그와 유사한 고민을 하고 있는 사람들에게 도움을 줄 수가 있다. 말로 이루어지는 토론 상황도 라디오로 얼마든지 잘 전달될 수 있다.

최근에는 음악과 음성의 전달이 '팟캐스트podcast'의 형태로 더욱 인기를 끌고 있다. 팟캐스트라는 용어는 '아이팟iPod'과 '방송broadcast'이 합쳐져 만들어진 것으로서 2004년 영국의 기술 칼럼니스트 벤 해머슬리Ben Hammersley가 처음 사용하기 시작한 것으로 알려져 있다. 초기에는 음악을 듣는 MP3 플레이어로 시작했으나 현재의 팟캐스트는 음악과 음성을 포함한 오디오 형태의 모든 콘텐츠를 방송의 형태로 쉽게 내보낼 수 있는 미디어로 사용되고 있다. 이런 점에서 팟캐스트는 라디오와 매우 유사하다. 물론 팟캐스트는 라디오와 전송 방식이 다르지만, 수용자의 입장에서는

글로벌 오디오북 시장 규모 추이
단위: 달러
35억
30억
25억
20억
2013 2014 2015 2016
자료: 굿이리더GoodEReader

아마존 에코 보유자의 기능별 이용 경험
단위: %
타이머   84.9
음악 재생   82.4
뉴스 청취   66.0
알람 설정   64.2
교통 정보 확인   36.5
할 일 작성   32.7
자료: Experlan, 2016년 기준

출처: 〈아시아경제〉, 2018. 2. 12.

그림 1-2. 오디오 콘텐츠 이용의 증가 추세

'청각'에 의존한 콘텐츠 소비라는 점에서 라디오와 아주 유사하다.

팟캐스트 청취자의 비율은 전 세계적으로 급격히 증가하였다. 미국의 경우 2004년에 1%에 불과했으나, 2010년에 62.8%, 즉 5700만 명에 이르렀다(Sayre & King, 2010: 440~441). 중국의 경우 2017년 말에 팟캐스트 이용자가 대략 3억 명에 달할 것으로 추정된다(《차이나통 뉴스》, 2017. 7. 10). 한국의 경우 팟캐스트 포털 '팟빵'을 통해 2016년 12월에 진행되었던 '2016 팟빵 어워드' 설문 조사에 참여한 사람만 4500명을 넘을 정도였으며, 이 조사에서 상위 20위 중 17개 방송이 '시사 및 정치' 범주에 속할 정도로 정치와 관련된 팟캐스트가 인기를 끌었다. 팟빵에서 그 당시 운영되던 방송의 수는 9075개였으며, 월 평균 170개 방송이 신규 개설되었다고 한다(《글로벌이코노믹》, 2016. 12. 27). 초기 정치 방송에 집중되던 팟캐스트 증가 추세에서 점차 문화 예술, 음악, 취미 등에 해당하는 신규 방송 개설 수가 증가하는 경향을 보이고 있다.

그림 1-2의 왼쪽 그래프는 오디오북 시장의 규모가 급격히 증가하는 추세를 보여, 오랜 세월 동안 시각에 과다 의존하던 미디어 수용자들이

점차 '청각'을 이용한 콘텐츠 소비에도 큰 관심을 보이고 있음을 시사한다. 더 나아가, 오른쪽 그림은 인공 지능 스피커인 아마존 에코 보유자 중 82.4%가 음악 재생 기능을 사용하고 있으며 뉴스 청취 이용 비율도 66%에 달해, '청각' 기능을 위주로 한 콘텐츠 이용이 결코 부수적인 소비가 아님을 보여 준다.

시청각 영상으로 즐기는 콘텐츠: 영화와 TV에서 UCC까지

영화, TV 프로그램, 애니메이션, 비디오를 포함한 대부분의 영상물은 시각과 청각 모두로 즐기는 콘텐츠다. 영상은 대개 "형태(象像)를 생산하기 위해 빛을 필요로 하는 이미지 영상"을 말하며(이옥기, 2011: 15), "이야기가 담겨 있는 동영상"(p.14)을 의미할 때가 많다. 영상을 통해 보고 듣는 내용은 사람들이 마치 실물을 보고 듣는 것으로 착각할 정도로 강한 현실감을 제공한다. "내 두 눈으로 똑똑히 보았다"라는 말은 그것이 마치 100% 사실이며 진실인 것처럼 들릴 정도다. 그러나 영상이 실상을 그대로 보여 줄 수도 있지만 영상의 내용은 연출과 편집을 통해 만들어지기 때문에 '영상으로 본 것'을 '실제로 본 것'으로 착각하지는 말아야 한다. 시각과 청각의 종합 감각으로 즐기는 영상 콘텐츠를 즐기는 과정의 심리를 이해하려면 지각심리학적 원리와 착시 등을 함께 고려해야 한다.

인간의 감각 기관으로 외부 환경을 이해하는 과정에서 시각의 힘은 매우 강렬한데, 시각에 청각이 더해질 때는 아주 큰 사실감을 느낀다. 시각을 통해 사물과 환경을 바라보는 방식은 회화 시대, 사진 시대를 거쳐 텔레비전 및 영화의 시대로 오면서 표 1-1과 같이 변화해 왔다. 회화의 시대에는 화가와 대상 사이에 일정한 거리가 유지되었으며 원근법이 유지되었다. 사진의 시대에는 파인더로 대상이 분리되었으나 원근법은 어느

표 1 – 1. 바라보는 방식의 변화

구분	회화	사진	텔레비전, 영화
거리(주체와 대상)	화가와 대상 사이 일정한 거리 유지	사진사와 대상 사이 유동적인 거리	주체와 대상 사이 거리 파괴
프레임	화면의 생략과 첨가	파인더로 대상 분리	단편적인 대상의 조합
원근법	유지	어느 정도 유지	파괴
시점	객관적	객관적/주관적	다시점

출처: 이옥기(2011: 92).

정도 유지되었다. 그러나 텔레비전과 영화의 시대가 되면서 거리와 원근법이 파괴되어 다多시점 지각이 주류를 이루게 되었다.

최근 디지털 시대가 도래하면서 회화와 사진 및 영상의 기법에 상호작용성이 부여되며 이들 간의 경계도 점차 허물어지고 있다. 그러나 분명한 것은 미디어 기술이 어떻게 어떤 방향으로 발전하고 변화해 가든 그것을 통해 전달되는 콘텐츠는 인간의 시각과 청각을 통해 인간이 느끼게 된다는 사실이다. 따라서 엔터테인먼트 심리학에서는 각종 미디어가 담아내는 내용들이 인간의 시각과 청각에 어떻게 받아들여지며, 이것을 인간의 뇌가 어떻게 처리하여 무엇을 생각하고 느끼게 되는지를 분석하게 되는 것이다.

온몸으로 즐기는 콘텐츠: 공연과 놀이/게임에서 VR까지

최근에는 몸으로 공간을 느끼는 3D 영상이나 VR 콘텐츠 등이 등장해, 더욱 발전된 미디어 기술을 바탕으로 촉각까지 포함하는 온몸으로 콘텐츠를 즐기는 시대가 되었다. '미디어를 통해' 온몸으로 즐기는 콘텐츠의 시대가 오기 전에는 '공연'의 시대가 있었다. 물론 요즈음과 같은 최첨단 미디어 시대에도 공연은 공연대로 공연자와 관람객이 인간 대 인간으로 같은 공간에서 호흡하며 공연 내용을 즐긴다.

세이어와 킹(Sayer & King, 2010)이 "미디어가 행위를 전자적으로 전송하기 이전에는 모든 엔터테인먼트가 실물로 공연되었다"고 이야기한 데서도 드러나듯이, 미디어가 점점 발전해 감에 따라 연극을 포함한 공연 예술performing arts은 엔터테인먼트의 지분을 조금씩 '미디어를 경유한' 보여 주기로 나누어 주기에 이르렀다. 김용수(2017)는 공연이나 삶 속의 퍼포먼스를 '행하기behaving'와 '보여 주기showing'의 시각에서 분석할 수 있다고 말한다. 공연자의 입장에서는 어떤 행위를 하며 보여 주는 것이라 할 수 있지만, 관람자의 입장에서는 공연자가 행위를 통해 보여 주는 스토리와 의미를 배우와 함께 있는 현장에서 직접 자신의 눈과 귀로 보고 들으며 해독하고 즐기는 것이다. 때로는 관객도 공연에 함께 참여하며 공연만의 즐거움을 만끽하기도 한다.

공연 장면을 사진으로 찍거나 동영상으로 촬영해 감상하는 경우에는 동일한 스토리가 전혀 다른 그릇에 담기는 것이라 할 수 있다. 그래서 이를 즐기는 사람들이 속한 공간에 따라 몸의 상태와 마음의 움직임도 달라진다. 영상에 담긴 공연은 이미 현장을 벗어나 있으므로 '생생함'이 어느 정도 퇴색된 감상을 할 수밖에 없는 것이다.

오늘날에는 '프레즌스presence'라는 용어가 "비매개성의 지각적 착시," 즉 실제로는 미디어가 매개하고 있음에도 불구하고 매개하고 있지 않은 것처럼 상대방의 존재를 지각한다는 뜻으로 쓰이지만, 예전에는 이것이 연극에서의 '임장감臨場感' 또는 '현장감'의 의미로 사용되었다(나은영·나은경, 2015). 요즈음에는 너무나 당연시되는 미디어의 매개 자체가 거의 없던 시절, 공연자의 몸과 관람자의 몸이 동일한 공간을 점유한 상태에서 이루어지던 '온몸으로 즐기는 콘텐츠'가 이처럼 최첨단 미디어의 발전을 넘어 오랜 기간 지속되어 오고 있는 것은, 인간의 기본적 놀이 본능 때문이라고도 할 수 있다.

스토리텔링과 영상

사람들의 삶이 문화의 형태로 자리 잡기 때문에 이 문화에서 스토리가 나온다. 좀 더 구체적으로 이야기하면 사람들이 살아가면서 겪는 경험들이 스토리의 바탕이 된다. 미디어가 발달하기 이전 시대에도 호메로스 Homeros의 이야기는 사람들에게 즐거움과 위로와 삶의 활력을 주었다. 중요한 점은 엔터테인먼트 콘텐츠에 인간의 삶 자체가 그대로 그려지는 것이 아니라 인간 고유의 '상상력'이 더해진다는 점이다. 인간의 현실과 경험에 바탕을 두되 인간이 상상할 수 있는 이야기, 이것이 엔터테인먼트 콘텐츠의 핵심이라 할 수 있다.

모든 스토리story는 텔링telling의 과정을 거쳐 다른 사람들에게 전파된다. 이 텔링의 과정 안에 미디어의 활용이 포함된다. 텔링은 다시 '이야기하기tell'와 '진행 중~ing'으로 구분이 된다(박기수, 2015). 스토리가 삶의 경험과 문화에 바탕을 두고 있다면, '이야기하기'는 이야기를 만드는 사람들, 즉 제작자의 입장에서 어떠한 상상력을 더할 것인지, 어떤 구조로 어떤 미디어에 담을 것인지의 과정에 해당한다. 이렇게 만들어진 이야기의 구조를 다른 사람에게 전달하는 과정에서 이야기하는 사람과 이를 수용하는 사람이 '즐기는' 과정, 즉 그릇에 담긴 음식을 '먹는' 과정에 해당하는 '진행 중'에 이루어지는 것이 바로 엔터테인먼트 콘텐츠를 소비하며 즐기는 사람들의 '마음의 과정'이며, 이 책에서 중점적으로 다루고자 하는 내용이다.

다양한 스토리들을 '이야기하기' 과정에서 사용되는 미디어는 그 시대를 지배하는 미디어들이다. 미디어가 발달하지 않았을 때는 모든 스토리가 구술로만 전달되었으나 인쇄술이 발달하면서 책으로 전달되기에 이르렀다. 책은 스토리텔링의 역사에서 가장 큰 공헌을 했다고 해도 과언이 아니다. 스토리의 구술이 이루어지는 현장에 없는 사람들도 책을 통해 그 스토리를 즐길 수 있게 된 이래로 수많은 사람들의 스토리 공유가 더욱 용이해졌다.

화가들의 그림, 사진술의 발달 등 '이미지'라는 '텔' 수단의 번창에 이어 '움직이는 이미지'라 할 수 있는 동영상 기술의 발달은 책 이후 이야기하기의 과정에 가장 큰 획을 그은 사건이라 할 수 있다. 1895년 12월 28일, 오귀스트 뤼미에르Auguste Lumière와 루이 뤼미에르Louis Lumière 형제가 최초로 상영한 짧은 영화는 영상 예술을 사람들의 마음속에 각인시키기 시작한 엄청난 계기가 되었다. 실제로 눈앞에서 움직이는 모습을 보는 듯한 느낌은 이를 즐기는 사람들의 현장감을 충족시키기에 충분했다.

책을 읽는 동안, 영화를 보는 동안 사람들은 과연 어떤 생각을 하며 어떤 느낌에 빠져드는 것일까? 그리고 이러한 과정을 통해 사람들은 무엇을 추구하며 궁극적으로 어떤 이점을 얻게 되는 것일까? 이 책에서는 이러한 궁금증에서 시작하여, 시대의 흐름에 따라 급격한 변화를 겪어 온 미디어의 종류와 콘텐츠의 특성에 따라 달라질 수 있는 인간 심리 작용의 영역을 크게 다음과 같이 나누어 장르별로 살펴본다. 엔터테인먼트와 내러티브 세계(1부 2~4장), 엔터테인먼트와 정서 경험(2부 5~8장), 엔터테인먼트와 리얼리티/현실 인식(3부 9~10장), 그리고 엔터테인먼트와 디지털 네트워크(4부 11~12장).

엔터테인먼트에 담긴 심리학과 확장 가능성

친숙함과 새로움 사이의 줄다리기

엔터테인먼트를 추구하는 인간은 친숙하면서도 동시에 새로움을 지니고 있는 것을 원하는 까다로운 수용자라 할 수 있다. 익숙하면서도 구태의연하지는 않고, 새로우면서도 낯설지는 않은 콘텐츠가 인간에게 최적의 즐거움을 줄 수 있는 것이다.

표 1-2에 제시했듯이, '놀라움' 또는 '평이함'이란 기본 정서는 긍정 또는 부정 정서가 모두 가능한 상태라 할 수 있다. 즉 예기치 못한 기쁜 소식은 놀라우면서도 긍정적인 정서를 발생시키지만, 예기치 못한 나쁜 소식은 놀라우면서도 부정적인 정서를 유발한다. 마찬가지로, 평이함이란 정서도 상황에 따라 긍정적 또는 부정적 해석이 가능하다.

사람들이 엔터테인먼트에서 추구하는 정서 상황은 이 두 차원에서 모두 긍정적인 방향의 정서가 유발되는 상황이라 할 수 있다. 즉 다소 예기치 못하던 상황에서 새롭고 참신한 느낌을 받을 수 있으면서도 이것이 너무나 예상을 크게 벗어나 충격을 줄 정도는 아니어야 하며, 어느 정도 사람들의 삶에서 예측 가능한 친숙함을 가지고 있으면서도 지나치게 뻔

표 1-2. 엔터테인먼트에서 추구하는 정서

	부정	긍정	기본 정서
익숙치 않음 (예기치 못함)	낯설다 (두려움)	**새롭다** **(참신함)**	놀라움 (긍정/부정 가능)
익숙함 (예상 가능)	구태의연하다 (따분함)	**친숙하다** **(편안함)**	평이함 (긍정/부정 가능)

한 스토리로 지루함을 유발하지는 않아야 하는 것이다.

결국 사람들은 일상에서 출발하여 조금씩 놀라움의 경험을 해 나가되, 이것이 결과적으로 전체적인 정서의 긍정성에서는 위배되지 않는 상태를 추구한다고 할 수 있다(나은영, 2010 참조). 사람들의 관심과 주목을 끌어 가치를 지닐 수 있는 엔터테인먼트는 결국 이러한 조건들이 잘 갖추어졌을 때 가능해진다.

최적의 감정을 추구하는 엔터테인먼트

인간에게는 늘 '적절한' 정도의 자극과 감정이 필요하다. 과유불급過猶不及이란 말이 시사하듯, 부족한 것도 좋지 않지만 지나친 것도 바람직하지 않다. 황농문(2011)은 몰입에 관한 책에서 "의식의 엔트로피를 낮추는 것이 힐링"임을 강조한다. 감정을 '긍정적인 안정 상태'로 만드는 것이 힐링이라 한다면, 이는 종교 활동과도 관련이 있다. 미디어를 능동적으로 경험하되, 지나치지도 부족하지도 않은 '적절한' 정도로 경험하는 것이 의식의 엔트로피를 낮추며 감정을 긍정적인 안정 상태로 만드는 데 도움이 될 것이다.

지나치게 자극이 많을 때는 평화로운 감정을 추구하고 지나치게 따분할 때는 신나는 감정을 추구하는 것(나은영, 2010)은 중용의 심리가 인간의 안정된 존재감의 핵심일 수 있음을 시사한다. 긍정적이면서 각성 수준은 중간 정도일 때 최적의 행복감을 느끼며, 이 상태에 도달하는 데 도움이 될 만한 엔터테인먼트 콘텐츠를 찾아 즐기고 싶어 하는 것이 인간의 기본적인 욕구의 방향이라 할 수 있다.

다만, '최적'이라는 기준이 시대에 따라, 개인에 따라 다를 수 있다는 점도 중요하다. 환경 자체가 붐비지 않고 한적했던 시대, 또는 그러한 지역에서는 자극의 강도가 조금만 강해도 매우 강한 것으로 느낄 수 있고,

반대로 현대의 대도시처럼 매우 붐비는 곳에서는 웬만한 자극 정도는 그다지 큰 자극으로 느껴지지 않을 수 있다. 이는 사람이 '적응'을 하는 존재이기 때문에 본인이 사는 시대, 사는 지역에 따라 생리적 리듬이나 자극을 수용하는 정도가 달리 설정되기에 나타나는 현상이다.

시대나 지역뿐만 아니라 세대에 따라서도 '최적'의 자극 수준이 달라질 수 있다. 서로 다른 세대는 서로 다른 시대를 살아왔기 때문이다(나은영, 2015). 각자 주로 살아온 시대의 자극 수준에 맞춰 '최적'이라고 느끼는 자극 수준을 서로 달리 가지고 있는 상황에서, 자극이 동일한 수준의 엔터테인먼트라 하더라도 당연히 조용한 시대를 더 오래 살아온 사람은 너무 요란스럽다고 느끼는 반면, 어린 시절부터 높은 자극 수준을 경험하며 살아온 사람은 신난다고 느낄 수도 있다.

어떤 경우든 분명한 것은 우리가 인간으로서 미디어 콘텐츠를 재미있게 즐기기 위해서는 특정 엔터테인먼트가 본인이 처한 상황에서 '최적'이라고 생각되는 감정의 강도와 종류를 느끼게 해 줄 때라고 할 수 있다. 바로 이런 이유 때문에 아주 오래전에 만들어진 흑백 영화가 그 당시에는 매우 선풍적인 인기를 끌었더라도 지금은 다소 밋밋하게 보일 수 있고, 요즘 '핫'한 엔터테인먼트도 시대가 흐르면 그다지 감동을 주지 못할 수도 있다. 그런 의미에서 시대를 초월해 모든 인간에게 깊은 감동을 주는 루드비히 판 베토벤Ludwig van Beethoven의 교향곡이나 호메로스의 이야기들은 올더스 헉슬리Aldous Huxley가 이야기한 인간의 '전면적 진실'을 담고 있기에 그 감동이 면면히 이어지고 있다고 할 수 있다.

엔터테인먼트 심리학의 확장

엔터테인먼트가 단순한 오락이나 연예 활동을 넘어 사람들이 즐거움을

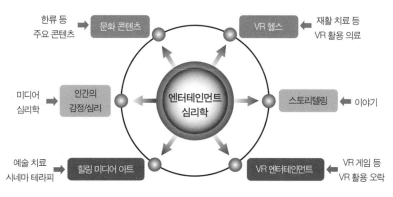

그림 1 - 3. 엔터테인먼트 심리학의 확장 가능성

느끼는 모든 활동이라고 볼 때, 엔터테인먼트 심리학은 매우 넓은 영역으로 확장, 적용될 수 있다. 그림 1-3에 나타나 있듯이, 한류 등 주요 콘텐츠 영역을 문화 콘텐츠로서 엔터테인먼트 심리학의 관점에서 다룰 수 있고, 미디어 심리학 지식과의 연계를 통해 미디어를 활용하는 인간의 감정과 심리를 탐색할 수 있다. 이를 활용한 예술 치료나 시네마테라피 등 아트를 포함한 '콘텐츠 활용 힐링 활동'을 묶어 '힐링 미디어 아트'로 발전시킬 수도 있다.

　더 나아가, 재활 치료 등에 가상 현실 기술을 활용한 VR 헬스, 또는 VR 게임 등과 같은 VR 활용 오락처럼 가상 현실 기술은 의료부터 오락까지 인간 삶의 전 영역에 활용될 잠재력을 지니고 있고, 이 과정에서 사람에게 즐거움을 주는 엔터테인먼트 심리학의 원리를 적용할 수 있다. 평균 수명이 길어지고 재활 치료의 필요성이 점점 증가하는 현실에서 재활 운동을 마치 게임처럼 가상 현실 도구와 콘텐츠를 활용해 즐기면서 할 수 있다면, 사람의 마음과 정서를 보살피는 치료가 가능해져 단순한 놀이나 기존의 물리 화학적인 치료 이상의 효과를 복합적으로 얻을 수 있을 것이다.

'사람'과 함께하는 모든 '이야기'가 결국 스토리텔링의 하나로서 엔터테인먼트 심리학의 영역에서 연구, 활용될 수 있다. 이처럼 엔터테인먼트 심리학은 다양한 연구 및 실생활 응용 영역으로 확장될 수 있으며 더욱 폭넓은 융합 연구 및 인간 활동에 핵심 요소로 적용될 수 있다.

1부

엔터테인먼트와
내러티브 세계

영화 속 세계로의
심리적 이동

2장

영화는 음악과 더불어 사람들이 가장 쉽게 찾는 엔터테인먼트 콘텐츠다. '가장 쉽게 찾는' 이유는 우선 영화 관람 비용이 다른 엔터테인먼트에 비해 비교적 저렴하다는 것, 영화를 즐길 수 있는 곳이 도처에 있다는 것, 그리고 약 2시간 정도의 시간 투자로 휴식과 기분 전환을 기대할 수 있다는 점 등이다. 이 장에서는 이처럼 대중의 가까운 친구로서 오랜 기간 사람들과 함께 울고 웃으며 위로의 과정을 동행해 온 영화의 세계를 들여다보려 한다.

영화란 무엇인가

영화의 내용과 구성

영화에 담을 수 있는 내용은 무척 다양하다. 인간의 현실 삶의 일부분을 조명해 극화dramatization시킨다는 점을 감안하면 사실 거의 모든 인간 생활을 담을 수 있다고 이야기할 수도 있다. 그러나 장르에 따라 영화의 틀 안에 담기 좋은 내용도 있고 그렇지 않은 내용도 있을 수 있다. 또 현실 세계가 아닌 비현실적 세계를 다루더라도 '그럴 듯하게' 보이는 핍진성 verisimilitude(plausibility), 즉 '현실 같은 그럴듯함'이 전제되어야 관객에게 호소력을 지닐 수 있다.

아리스토텔레스Aristoteles는 허구적 서사의 두 유형을 '미메시스 mimesis'(보여 주기)와 '디에게시스diegesis'(이야기하기)로 구분한 바 있다. 전자는 미술과 연극의 영역, 후자는 서사시와 소설의 영역이라 할 수 있다 (김윤아, 2016). 동일한 내용이라 하더라도 보여 주기 영역에서는 공간적 배치, 이야기하기 영역에서는 시간적 배치가 중요하다. 두 영역 모두에서 생략과 제시의 문제, 드러내기와 감추기의 문제가 달라지는데, 이 차이에 따라 수용자가 즐기는 정도와 느끼는 감정의 종류가 달라질 수 있다. 사건들을 배열하고 보여 주는 방식에 따라 이를 보고 들으며 하나의 이야기로 짜 맞추는 사람들의 활동이 달라지기 때문이다.

영화에서 스토리는 "스크린상에 보이는 사건과 드러나지 않는 사건들을 합한 것"이라 할 수 있다(김윤아, 2016). 시간의 순서에 따라 실제로 발생하는 스토리는 '원재료로서의 이야기'이며, 플롯은 이것을 적절히 가공하고 구성한 이야기라 할 수 있다. 영화에서의 스토리는 바로 이 두 가지가 합해진 것이라는 의미다.

그런 의미에서 스토리와 플롯이 엄밀히 구분되지 않는 경우가 많다. 사람들은 영화를 보면서 스크린상에 지금 보고 있는 것을 조금 전에 보았던 것과 연관 지어 짜 맞추며 시간의 흐름에 따른 전체적인 이야기의 전말을 이해한다. 이러한 과정에서 무엇을 보여 주고 무엇을 보여 주지 않을 것인지, 스토리의 이 부분은 언제쯤 관객에게 공개할 것인지, 등장인물 중 어떤 인물들이 어떤 사건을 언제 알게 되며, 이 중 어떤 부분을 관객에게 끝까지 알리지 않고 나중에 터뜨림으로써 극적 긴장감을 최고조로 만들 것인지 등, '정보의 종류'와 '정보의 양'을 다양한 대상에게 노출하는 정도와 방식을 조절함으로써 사람들의 마음을 들었다 놓았다 할 수 있는 것이다.

이것은 이 장의 뒤에 이야기하게 될 '서스펜스'와 관련이 있다. 이야기가 너무 천편일률적으로 뻔하게 흘러가면 사람들은 서스펜스를 느낄 수 없다. 마음의 조마조마함과 궁금함을 최대한 끝까지, 짜증나지 않을 정도로 유지할 때 후반부에서 통쾌한 느낌을 선사하는 카타르시스를 느낄 수 있기 때문이다.

극화된 스토리의 구성에서 관객이 언제 서스펜스를 느끼고 언제 놀라움을 느끼게 될지를 고려하는 것도 중요하다. 예컨대, 무대 아래 폭탄이 숨겨져 있다는 사실을 무대 위의 주인공은 모르지만 관객은 알고 있을 때, 관객은 "저 폭탄이 터지면 안 될 텐데…… 언제 터지려나……" 하는 조마조마한 '서스펜스'의 마음을 가지고 무대를 지켜보게 된다. 그러나 위의 사실을 관객도 모르는 상태에서 폭탄이 터진다면, 관객은 서스펜스가 아닌 '놀라움surprise'이라는 정서를 경험하게 된다. 영화 〈아가씨〉(박찬욱, 2016)에서는 끝부분에 급격한 반전으로 사람들에게 '놀라움'을 선사하며 색다른 감정을 경험하게 한다.

영화에서는 배우도 중요한 요소다. 배우가 어떠한 연기를 펼치느냐가 중요하게 작용하기 때문이다. 결국 영화라는 형식 안에 포함되는 내용에는 스토리와 플롯뿐만 아니라 배우와 음악 등 다양한 요소들이 종합적으로 들어간다고 할 수 있다. 하나의 음식에 여러 재료와 양념이 잘 섞여 맛을 내는 것과 마찬가지로, 영화에서도 일단 기본적인 스토리가 가장 중요하기는 하지만 그 안에 들어가는 내용의 다양한 요소와 이것들이 특히 어떻게 연출되고 편집되는가에 따라 사람들의 심리에 큰 영향을 준다.

영화에서 사운드의 역할

무성 영화 시대를 제외하면 사운드는 영화에서 중요한 역할을 해왔다(물론 무성 영화에서도 사운드는 중요한 역할을 한다). 영화에 포함되는 사운드는 음성 언어(대사와 내레이션), 음악, 음향 효과로 나눌 수 있다(이윤정·김해태, 2012). 영화에서 시간의 흐름을 표현할 때 음악 또는 음향 효과를 이용하면 관람자로 하여금 사건 전개에 자연스럽게 몰입하도록 할 수 있다. 예를 들면, 〈대부The Godfather〉(1972)의 초반부에서 화면상으로는 성당에서 발생하는 성스러운 일과 어두운 뒷부분에서 발생하는 폭력적인 일들이 번 갈아가며 제시되기에 시간 차이가 있는 것처럼 보이지만, 동일한 배경 음악을 대조적인 서로 다른 화면들에 연속하여 들려줌으로써 시간적으로 동시에 발생하고 있음을 암시한다.

또한 영화에서 가까이 찍는 클로즈업 숏과 근접한 사운드를 결합한다든지, 멀리 찍는 롱 숏과 멀리서 들리는 사운드를 결합한다든지 하여 관람자들이 느끼는 원근감과 입체감에 큰 영향을 준다(이윤정·김해태, 2012). 영화에서 등장인물이 멀리 사라져 가며 형상이 작아질 때 음악 소리도 점점 더 작아지게 하여 관객의 현실감을 더욱 증폭시킬 수도 있다. 더 나아가 사운드는 영화뿐만 아니라 인터랙티브 게임 아트, 가상 현실, 및 컴퓨터 애니메이션에서도 이용자의 집중도와 현실감 등을 높이는 데 효과적으로 사용되고 있다(유민준·이인권, 2009).

사운드는 영화의 전체적인 분위기뿐만 아니라 부분적인 장면의 감정 유발에도 효과적으로 적용될 수 있다. 영화 앞부분의 내용을 모르더라도 특정 장면을 볼 때 나오는 음악에 비추어 '조마조마한 상황'인지 '편안히 즐길 수 있는 상황'인지를 구분할 수 있을 정도다. 음악의 특성상 생각의 과정을 거치기보다는 거의 즉각적으로 사람의 정서에 영향을 주기 때문에(나은영, 2010), 영화를 보는 사람이 음악으로 인해 영향을 받고 있다는 사실을 의식적으로 인식하지도 못하는 상태에서 영향을 받는 경우가 대부분이다. 영화 속의 음악이나 음향은 사람들의 감정에 영향을 주는 과정에서 공기 속의 산소처럼 매우 중요한 역할을 하면서도 사람들이 늘 인식하지는 못하는, 암묵적implicit이지만 강렬한 핵심 영향 요소라고 할 수 있다.

영화의 장르

영화의 형식, 즉 장르는 그 내용만큼이나 다양하다. 영화에서 장르란 '플롯, 등장인물의 유형, 세트, 촬영 기법, 그리고 주제 면에서 바로 알아볼 수 있을 만큼 특징적으로 유사한 영화들의 그룹'을 뜻한다. 예를 들어, 2018년까지 이어진 〈미션 임파서블*Impossible Mission*〉 시리즈는 액션 영화, 〈범죄 도시〉(2017)는 범죄 영화이면서 코미디 영화, 〈스카이스크래퍼*Skyscraper*〉(2018)는 재난 영화라 할 수 있다. 관객은 특정 장르적 기대감을 갖고 영화를 선택하게 된다. 특정 장르의 영화에서 관객이 기대하는 재미나 정서는 대체로 일치한다. 예를 들어 가볍게 웃고 싶다면 코미디 영화를, 차분하고 로맨틱한 감성에 빠지고 싶다면 멜로 영화를, 아찔하고 오싹한 느낌을 경험하고 싶다면 스릴러나 공포 영화를 찾을 것이다.

대중성보다 개인의 예술적 실험을 추구하는 실험 영화와 달리 극영화narrative film란 허구의 이야기가 극적으로 구성된 영화를 말한다. 극영화를 다시 세부적인 장르로 나누면, "멜로드라마, 코미디, 호러, SF, 판타지, 전기, 스릴러, 느와르, 갱스터, 뮤지컬" 등으로 구분할 수 있다(정영권, 2017: 24). 코미디 영화도 슬랩스틱 코미디, 블랙 코미디, 로맨틱 코미디 등으로 구분되며, 호러 영화도 고딕 호러, 심리 호러 등 다시 하위 장르로 세분화된다. 그러나 많은 영화들이 하나의 장르에만 속하는 것이 아니라 '멜로 사극,' '로맨틱 코미디 영화,' 또는 '액션 어드벤처' 등으로 둘 또는 그 이상의 장르 성격을 함께 지니고 있다.

영화의 장르마다 대략적인 틀을 공유하는 경우가 많다. 로맨틱 코미디에서는 티격태격하던 남녀가 재결합하여 해피엔딩으로 마무리되며, 서부극이나 '007 영화'에서는 주인공이 악당을 무찌르고 멋있게 떠나고, 재난 영화에서는 극한 상황에 처한 인간들의 다양한 행동 양상을 보여 주며 의미 있는 인간애를 시사하는 등 일정한 형식의 '틀'이 있다.

이처럼 '영화'라는 범주 안에 포함되는 장르는 매우 다양하다. 대표적인 액션, 멜로, 코믹 영화뿐만 아니라 미스터리 추리극, 다큐멘터리, 옴니버스 영화, 예술 영화 등 이루 헤아릴 수 없을 만큼 다양한 형식의 영화가 가능하다. 최근에는 몇 가지 형식들이 합쳐진 퓨전 형식도 많이 등장하여, 영화는 감독의 상상력에 따라 얼마든지 다양한 실험이 가능한 큰 장르라 할 수 있다.

1장에서 언급했듯이, 콘텐츠 수용자들은 익숙하되 지루하지 않고, 새롭되 낯설지 않은 것을 원한다. 영화학자 스티브 닐Steve Neale이 말한 것처럼 "장르는 반복과 차이다"(김윤아, 2016: 68). 장르라는 일정한 틀이 있으면서도 매번 똑같은 것이 지루하게 반복되지는 않는, 적당히 익숙한 틀 속에서의 차별성과 새로움을 사람들이 좋아하는 것이다.

영화 관람할 때의 심리

공감과 감정이입

영화는 스토리를 지니는 장르로서 내러티브 엔터테인먼트의 대표 주자라 할 수 있다. 물론 영화의 종류와 하위 장르에 따라 스토리가 매우 중요한 영화도 있고 스토리보다는 영화 제작 기술이나 액션의 정도가 중요한 영화도 있다. 예를 들어 제임스 캐머런James Cameron 감독의 〈아바타Avatar〉(2009)와 같은 작품은 스토리 자체보다는 '이모션 캡처emotion capture'라는 제작 기법이 더 중요하게 작용한 영화다. 배우의 얼굴에 수많은 센서를 부착하여 배우의 표정이 그대로 애니메이션 캐릭터의 얼굴에서 구현될 수 있게 했던 제작 기법이 많은 관람객에게 참신한 즐거움을 안겨 주었다. 또한 〈미션 임파서블〉 시리즈도 각 편마다 다른 스토리이기는 하나 유사한 구조로 전개됨에도 불구하고 매번 개봉될 때마다 이 영화를 찾는 관객들은 관람 순간의 짜릿한 액션 장면을 또 즐기고 싶어한다.

그럼에도 불구하고 영화가 내러티브 엔터테인먼트의 대표 주자라 할 수 있는 이유는 뤼미에르 형제의 활동 사진 이후 줄곧 영화 안에는 복잡하든 단순하든 스토리가 담겨 왔기 때문이다. 나은영(2010)의 《미디어 심리학》에서 소통의 심리, 즐김의 심리, 디지털 미디어의 심리 중 기본적으로는 영화를 드라마와 함께 소통의 심리 범주에서 다룬 이유도 대부분의 영화가 '사람'이 등장하는 '스토리'에 기반을 두고 있기 때문이었다. 영화를 보며 우리는 등장인물이 처한 상황과 자신의 상황을 비교해 가며 등장인물을 '위해for' 느끼기도 하고, 또는 등장인물과 '함께with' 느끼기도 한다. 이러한 감정들이 크게 보아 '공감 또는 감정이입empathy'의 심리에 속한다.

좀 더 자세히 이야기하면, 영화에서 '~를 위해' 느끼는 감정은 일종의 동정심과 유사하여 영화 속 등장인물을 위해서 느껴 주는 타인 지향 감정이다(Neill, 2005). 예를 들어, 영화나 드라마에서 주인공은 자신에게 위험이 닥쳐오고 있는 줄 모르고 행복해하고 있지만, 관람자나 시청자는 괴물이 다가오고 있음을 알기에 주인공과 함께 주인공과 동일한 감정(행복감)을 느낀다기보다 주인공을 '위한' 감정, 즉 불안해하며 주인공이 빨리 피했으면 좋겠다는 감정을 갖게 된다.

또한, 영화 속에서 주인공이 느낄 법한 죄책감 등도 관람자가 '함께' 느끼는 것은 아니므로, 영화나 드라마를 볼 때에는 대개 공감 중에서도 특히 '함께' 느끼기보다 '위해' 느끼는 경우가 많다. 그러나 주인공이 억울한 일을 당해 이를 해결하고 싶거나 복수하고 싶은 마음이 들 때에는 주인공과 '함께' 동일한 감정을 느낄 수도 있다.

표 2 - 1. 동감과 감정이입

	동감	감정 이입
가장 중요한 요소	인식에 바탕을 둔 생각	감정적인 감정/느낌
통제	자유 의지에 의해	자신도 모르게/본의아니게
타인과의 차이	존재	존재하지 않음
타인과의 방향성	타인과 일치하지 않음 다른 사람들과의 거리두기	타인과 동일시 타인 속에서 자신을 잃어버린다.
타인과의 관계	다른 사람의 이해	다른 사람과 일치
반대 의미	반감, 상극 적의	무감정 무관심
효과	간접적	직접적

출처: Escalas & Stern(2003: 568); 최낙환 · 임아영(2011: 544)에서 간접 인용.

어떤 경우든 영화 관람자들은 주인공의 상황을 자신의 상황에 비추어 해석하며 주인공과 강하게 동일시identification하는 과정이 포함된다. 공감에 관해 광범위한 연구를 진행한 돌프 질만Dolf Zillmann(1991)은 이 두 가지를 구분하지 않고 공감 자체가 주인공과 동일시하며 주인공을 대신하여 느끼는 감정이라는 점을 더 강조한다. 공감은 감정이입이라고 번역되기도 하며, 어원상 '마음속으로 들어가는 것'을 뜻한다.

이러한 구분과는 조금 다르게, 최낙환과 임아영(2011)은 영화 속의 캐릭터가 어떤 기능을 하는지, 또 어떤 매력을 가지고 있는지에 따라 관객의 감정이 달라질 수 있음을 보였다. 영화 내러티브의 중요한 요소 중 하나인 캐릭터는 관객에게 다양한 감정을 유발시킨다. 이들은 동감sympathy

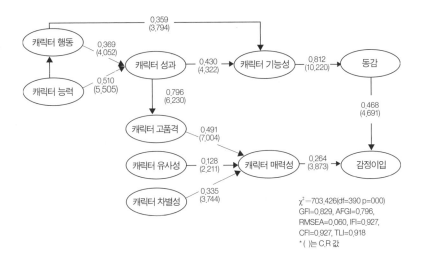

출처: 최낙환 · 임아영(2011: 565).

그림 2 - 1. 영화 캐릭터의 기능과 매력이 관객의 동감과 감정이입에 미치는 영향

을 공감 및 감정이입과 구별한 낸시 아이젠버그Nanacy Eisenberg 등 (Eisenberg & Miller, 1987; Eisenberg & Strayer, 1987)의 개념 구분을 이용해 다음과 같이 설명한다(표 2-1 참조).

동감은 타인과의 감정적 동일시가 아니라, 타인의 행복, 슬픔, 기쁨에 대한 '자신'만의 주체적 감정적 반응으로 자신의 객관적 판단력이 남아 있는 상 태를 의미한다. (중략) 감정이입은 나도 모르게 다른 사람의 감정 안에 자기 자신을 이입하여(Langfeld, 1867), 타인의 감정적 상황과 자신의 감정적 상 황이 완전히 일치되는 것을 의미한다(최낙환·임아영, 2011: 543).

이들의 연구 결과를 요약하면(그림 2-1 참조), 캐릭터의 능력이 행동과

성과에, 캐릭터의 행동이 성과에 영향을 주며, 이 성과가 캐릭터의 고품격을 형성하여 매력을 느끼게 한다. 또한 캐릭터의 행동과 성과가 기능성에 영향을 주어 이것이 관객의 동감을 이끌어 내며, 최종적으로 캐릭터의 매력성이 동감과 합쳐져 감정이입에 이르게 된다.

역사를 바라보는 시선과 감동: 〈택시운전사〉와 〈안시성〉

영화에는 등장인물의 시선, 관객의 시선, 카메라의 시선이라는 세 가지 시선이 존재한다(김윤아, 2016: 110). 이것을 〈택시운전사〉(2017)에 적용해 보자. 이 영화는 택시 운전사로서 우연히 5·18 광주 민주화 운동의 현장에 들어가게 된 주인공 만섭의 시선으로 역사 속의 생생한 현장을 다시 보게 만든다. 관객의 시선은 주인공 만섭의 시선을 따라가면서도, 역사 속 그 사건을 직간접적으로 경험했던 세대의 관객과 책으로만 접했던 세대의 관객은 서로 조금씩 다른 감정을 느끼게 된다. '그랬었지'와 같은 1인칭 회상의 감정과 '그랬었구나'와 같은 3인칭 사후 인지의 감정은 비슷한 듯 서로 다른 공감의 영역을 갖는다.

영화를 보면서 등장인물 중 누구와 동일시하게 되는지도 사람에 따라 달라진다. 광주에 살며 그때 그 사건을 목격했던 사람들 중에는 영화 속 민주화 운동에 참여하다 희생된 사람들, 또는 바라만 보고 무력하게 아무런 도움도 줄 수 없었던 사람들과 동일시할 수 있었을 것이다. 그러면서 자연스럽게 우리가 살고 있는 한국의 역사 속 사건들을 각자 알고 있는 사실들과 견주어 가며 몰입하고 감상한 후 뭉클한 느낌을 가지고 영화관을 빠져나왔을 것이다. 우리 사회 역사 속의 한 순간을 배경으로 하여 제작된 영화들은 이처럼 역사를 겪었던 사람과 그렇지 않은 사람에게 조금은 다른 종류의 감동을 불러일으키며 생각의 폭을 넓혀 준다.

〈안시성〉(2018)도 우리가 평소에 주목하지 않았던 역사 속 인물 양만춘에게 특별한 시선을 집중시키며 감동의 카타르시스를 이끌어 낸다. 승리가 도저히 불가능해 보이는 상황들을 창의적으로 반전시키며 몰입하게 만든 이 영화의 힘은 역사 속 특정 상황과 인물에 시선을 고정시킴으로써 이끌어 낸 것이다.

때로는 우리가 영화를 보며 초인적인 힘을 꿈꾸기도 한다. 영화와 현실 사이의 간극을 잠시 잊은 채 불가능해 보이는 것을 가능하게 하고 싶어 하는 마음도 영화 캐릭터를 통해 간접적으로 실현되기도 한다. 예를 들어 〈킹스맨Kingsman〉(2015)에서처럼 다소 비현실적으로 보일지라도 영화 캐릭터의 행동과 성과로 이루어지는 기능성은 관객의 마음에 부족했던 부분을 채워 주며 공감과 감정이입에 더하여 대리만족의 심리로 영화에 빠져들게 한다.

한 사람의 일생에 온전히 몰입하며 얻는 통찰: 〈보헤미안 랩소디〉와 〈인생 후르츠〉

영화를 보는 동안 한 사람의 일생을 압축적으로 경험하며 큰 감동과 통찰을 얻을 수 있다. 2018년 후반기 한국인의 마음을 사로잡았던 영화 〈보헤미안 랩소디Bohemian Rhapsody〉(2018)는 그 가수와 노래에 관심이 없었던 사람들까지 영화관으로 끌어들여 눈시울을 적실 정도로 붐을 일으켰다. 짧지만 강렬하게 음악 인생을 불살랐던 그룹 퀸의 멤버 프레디 머큐리의 이야기는 세대와 직업, 성별의 차이를 불문하고 대부분의 사람들에게 감동을 주었다. 그 이유는 '음악'이라는 매개체를 영화 속에서 잘 녹여냈기 때문이기도 하지만, 사람들이 어느 시대에 어떤 일을 하며 살아가든 주변 사람들과의 관계 속에서 겪을 수밖에 없는 인생의 파편들, 그 파편들 속에서 많든

적든 자신의 인생과 유사한 점을 기억 속에서 찾아내며 최선을 다해 살아가는 한 인간으로서의 고뇌를 공유할 수 있었기 때문일 것이다.

〈인생 후르츠人生フルーツ〉(2017)는 일본 노년 부부의 슬로 라이프slow life를 보여 주는 영화로서, 한국의 〈님아 그 강을 건너지 마오〉(2014)를 연상시키는 일종의 다큐멘터리 영화다. 90세 건축가 할아버지와 87세 만능 요리사 할머니가 수십 종의 과일과 채소를 일일이 정성 들여 가꾸며 자연친화적으로 살아가면서 그 철학을 실천하려 노력하는 모습은 그 자체로 바쁜 일상에 지친 사람들의 마음을 힐링으로 감싸 주는 역할을 한다.

서로 다른 장소에서 서로 다른 일을 하며 살아가고 있을지라도 우리는 인간이기에 자연스럽게 겪게 되는 주변 사람들과의 사랑과 갈등, 자신이 추구하는 목표의 성취와 좌절, 이상과 현실 사이의 미묘한 줄타기 등을 경험하며 살아가게 된다. 한 편의 영화를 통해 한 사람의 인생에 온전히 몰입하며 자신과는 다른 인생을 간접 체험하면서 자신의 인생에 대한 통찰을 얻을 수 있다.

서스펜스와 카타르시스

영화 관람 과정에 개입하는 심리 중 공감과 감정이입은 관람자가 주인공과 같은 등장인물들을 관찰하며 느끼는 감정이라면, 영화의 구성이나 스토리의 구조, 갈등 상황의 얽힘과 풀림 등으로 인해 발생하는 핵심적인 심리는 서스펜스와 카타르시스라 할 수 있다. 영화를 보며 조마조마한 마음을 느끼다가 이것이 해결되어 통쾌한 마음으로 귀결되는 것이 기본적인 큰 틀이라고 볼 때, 조마조마한 마음이 서스펜스, 통쾌한 마음이 카타르시스에 해당한다. 나은영(2010)은 사회심리학자인 프리츠 하이더Friz

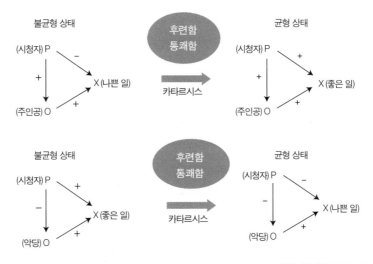

출처: 나은영(2010: 78~79).

그림 2 - 2. 하이더의 균형 이론을 적용한 서스펜스와 카타르시스의 심리:
주인공 중심(위) 그래프와 악당 중심(아래) 그래프

Heider(1958)의 균형 이론을 드라마나 영화와 같은 픽션의 서스펜스와 카타르시스에 적용하여(그림 2-2 참조), 일종의 심리적 불균형 상태인 서스펜스가 균형 상태로 회복되면서 큰 카타르시스를 느끼는 것이라 분석하였다. 이후 이가영과 나은영(2011)은 이 과정을 드라마에 적용해 검증하면서, 전반부에 느끼는 서스펜스가 강할수록 후반부에 느끼는 카타르시스도 더 강해질 수 있음을 보여 주었다.

하이더가 이야기한 불균형 상태가 서스펜스와 유사한 이유는 '심리적 긴장' 때문이다. P-O-X 3자 관계에서 + 부호는 좋아함like 또는 단위unit 관계를 나타내며(Heider, 1958), - 부호는 싫어하거나 단위 관계가 아님을 나타낸다. 세 부호를 곱해 +가 되면 균형 상태, -가 되면 불균형 상태에 해당한다. 그림 2-2의 왼쪽 위를 보면, 시청자가 주인공을 좋아하고(+) 나쁜 일은 싫어하는(−) 상황에서 그 나쁜 일이 주인공에게 발생하면(+), 시청자의 마음은 불편해진다. 자기가 좋아하는 사람에게 나쁜 일이 일어났기 때문이다. 이것이 바로 심리적 긴장 상태로서 마음 불편하면서도 '언젠가 잘 해결되겠지' 하며 기대하고 보는 서스펜스의 심리라 할 수 있다. 그러다가 마침내 이 그림의 오른쪽처럼 시청자가 좋아하는(+) 좋은 일이 주인공에게 발생하면(+), 시청자의 마음속 균형 상태가 회복되어 통쾌함과 후련함을 느끼면서 카타르시스의 감정을 경험하게 된다.

마찬가지로, 그림 2-2의 아래 왼쪽은 악당을 중심으로 그린 그래프이다. 시청자가 싫어하는(−) 악당에게 시청자가 좋아하는(+) 일이 발생하면(+), 이때도 역시 시청자는 불편한 마음을 느끼는데 이것이 불균형 상태에 해당하는 서스펜스의 긴장 상태라 할 수 있다. 그러다가 마침내 그 악당에게 시청자가 싫어하는(−) 나쁜 일이 발생하면(+), 균형 상태가 회복되어 시청자는 마음의 평안함과 안도감을 느끼며 속 시원한 카타르시스를 경험한다.

영화나 드라마 속 주인공과 악당의 이분법적 대결은 스토리를 지나치게 단순화시키는 경향이 있기는 하지만, 학술적으로 갈등 구도를 분석할 때는 상당히 유용하다. 등장인물들 간의 복잡한 심리 방정식도 하나하나의 갈등을 구성하는 요소들로 나누어 보면 이와 같은 도식이 적용되는 경우가 많다. 인간의 삶이 복잡해지는 만큼 요즘 영화나 드라마의 등장인물들도 점점 더 다양하고 난해한 성격을 지닌 모습으로 그려지고 있다.

서스펜스와 카타르시스는 어찌 보면 미디어를 통해 사람들이 즐기는 콘텐츠의 거의 모든 형식을 지배한다고 할 수 있다. 예를 들면, 영화나 드라마뿐만 아니라 결과를 알 수 없어 조마조마하다가 마침내 결과가 알려졌을 때 느끼는 안도감 등을 느낄 수 있는 오디션류의 리얼리티 프로그램이나 스포츠 경기는 물론이려니와, 실제 상황에 근접한 다큐멘터리라 하더라도 사건의 순서를 어떻게 제시하느냐에 따라 시청자의 궁금증을 자아내며 마음을 조마조마하게 만들다가 하나씩 풀어 가며 몰입하게 만드는 프로그램들은 거의 대부분 서스펜스와 카타르시스를 유발한다. 사람들의 마음을 조였다 풀었다 하며 콘텐츠에 빠져들게 하는 과정에 서스펜스와 카타르시스가 상당히 많이 개입된다.

여기서 중요한 점은 사람들이 서스펜스를 즐기는 것은 뒤에 카타르시스가 있다고 기대하기 때문이라는 점이다. 서스펜스가 풀리지 않고 끝없이 계속된다면 사람들은 그러한 서스펜스를 그리 즐기지 않을 것이다. 서스펜스만 지속되면 긴장이 풀리지 않고 계속되어 감정의 각성 수준이 지나치게 높아질 것이기 때문이다. 사람들은 부정적 정서에서 긍정적 정서로 옮기고 싶어함과 동시에, 각성 수준이 너무 높거나 낮으면 적정한 수준으로 돌아가고자 하는 속성을 지니고 있다(나은영, 2010). 각성 수준이 너무 낮아 따분하면 좀 더 각성 수준을 높여 짜릿한 재미를 추구하고 싶어 하고, 각성 수

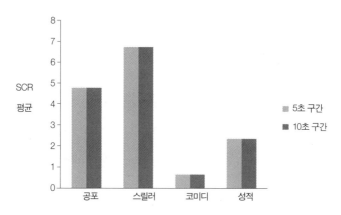

출처: 김지호 외(2012: 713).

그림 2 - 3. 영화 장르에 따른 피부 전도 반응 차이

준이 너무 높아 긴장 상태에서 몸과 마음이 불편하면 좀 더 편안한 마음을 가질 수 있는 평온한 상태를 추구하는 것이 보편적인 성향이다.

영화를 볼 때 마음과 감정의 변화도 느끼지만 이와 병행하여 신체적 변화도 동반된다. 영화 장르에 따라 소비자의 반응과 행동이 어떻게 달라지는지를 신체 반응 지표를 중심으로 살펴본 연구가 있다. 김지호 등(2012)은 피부 전도 반응Skin Conductance Response(SCR), 심박률Heart Rate(HR), 및 설문지를 통해 영화 자극을 보는 동안 신체적으로 나타나는 각성과 정서 반응을 측정하였다. 그 결과, 그림 2-3에서 알 수 있듯이 피부 전도 반응은 스릴러 영화에서 가장 높게 나타났고, 공포 영화가 그 뒤를 이었으며, 코미디 영화에서 가장 낮게 나타났다.

또한 같은 연구(김지호 외, 2012)에서, 평소 습관을 공변인으로 하여 분석했을 때, 심장 박동률 수준에 따라 팝콘 섭취량과 콜라 섭취량이 달라진다는 결과를 보였다. 그러나 콜라와 팝콘 섭취량은 피부 전도 반응의 수준에 따라서는 대체로 달라지지 않았다. 즉 영화를 보면서 팝콘이나 콜라를 먹는 데는 피부 전도 반응보다 심장 박동률이 더 큰 영향을 주었음을 의미한다.

영화를 활용한 심리적 위안과 치유

영화는 특히 관람자에게 심리적 위안과 치유를 제공하는 경우가 많아, 영화 치료cinema therapy의 도구로도 많이 활용된다. 영화 치료는 린다 버그크로스Linda Berg-Cross 등(Berg-Cross, Jennings, & Baruch, 1990)이 처음 사용한 용어로, 좁은 의미에서는 영화 감상을 심리 치료에 활용하는 것을 뜻하며, 넓은 의미에서는 심리 치료의 수단으로 영화를 활용하는 방법을 널리 통칭하는 치료 기법을 의미한다.

전문 심리 상담가인 이계정(2015)은 영화를 통해 상담의 과정에서 얻는 치유 효과를 얻을 수 있음을 강조한다. 영화를 감상하는 과정에서 "갈등을 통해 자신의 감정에 다가가고(자기 직면), 과거와 화해하며(과거의 기억), 현재의 알아차림을 통해 평화를 얻고(마음 챙김), 함께 사랑을 실천하는(함께 치유하기)" 과정(p.7)이 상담과 영화 치료 과정에서 공히 이루어질 수 있다는 것이다.

정신과 전문의 이병욱(2012)은 주로 정신분석학적 관점에서 영화와 삶이 연결되어 있음을 설명한다. 영화가 단순한 오락거리로서 재미만을 주는 것이 아니라, 영화를 보는 동안 등장인물들과 함께 느끼면서 희로애락을 공유하며 자신의 내면에 쌓여 있던 갈등을 재경험하면서 해소되는 효과를 얻을 수 있다는 점을 그는 강조한다. 성격적 문제, 욕망 조절에 실패한 충동성 문제, 갈등 문제 등이 영화를 보면서 어느 정도 치유적 해결책을 얻게 되는데, 그러기 위해서는 "영화 속 인물이 나와 별개의 인간이 아니라 누구라도 그런 극심한 고통과 좌절에 빠지면 주인공들처럼 행동할 수 있다는 공감적 태도가 요구"된다고 말한다(pp.354~355). 시네마테라피만으로 정신적 치유가 완전할 수는 없지만, 마음의 평정을 찾는 데 도움이 되는 선에서 충분히 가능한 방법이다.

영화뿐만 아니라 다른 엔터테인먼트 콘텐츠도 사람들에게 마음의 위로를 준다는 점에서 스트레스 해소와 마음 치유에 활용 가능하다. 사람들의 마음을 각성 수준 높은 부정적 상태에서 적절한 각성 수준의 긍정적 정서로 이동시킴으로써 마음의 평화를 회복시킬 수 있는 미디어 콘텐츠를 묶어 '힐링 미디어 콘텐츠'라 부를 수 있고, 엔터테인먼트를 포함한 미디어 콘텐츠를 개인의 상황에 맞게 적절히 마음 치유에 활용한다면 이러한 과정을 '미디어 테라피'라 칭할 수 있을 것이다(나은영, 2017 참조). 미디어 활용 치유는 전문적인 치료자의 도움이 최소화된 상태에서도 스스로 어느 정도 가능하다는 점에서 비교적 문턱이 낮아, 모든 사람들에게 편안하게 다가갈 수 있다. 그러나 무엇이든 지나치면 오히려 해가 될 수 있듯이, 스스로의 미디어 엔터테인먼트 콘텐츠 이용도 적절할 경우에 한해서만 마음에 도움이 되며, 지나치면 중독의 위험이 있다는 점을 항상 염두에 두어야 한다.

미디어 기술과 영화

미디어 기술의 발전과 영화

미디어 기술이 발전함에 따라 영화의 표현 기법도 눈부시게 발전해 왔다. 처음에는 다양한 카메라 촬영 기법과 시선 및 배경 처리 등 기본적인 연출 기법에서 시작하여 컴퓨터 그래픽, 특수 효과와 모션 캡처motion capture, 더 나아가 이모션 캡처, 3D 기술과 가상 현실 등 끊임없이 더욱 발전된 새로운 기술이 영상 제작에 적용되고 있다. 어떤 면에서는 영화를 관람할 때 스토리 중심에서 볼거리 중심으로 그 무게 중심이 점진적으로 이동해 왔다고도 할 수 있다.

　관람자의 측면에서 본다면 최신 기술로 무장한 영화를 볼 때 허구를 실제로 착각하는 '착시 효과'의 극대화가 나타난다고 할 수 있다. 착시가 없이는 영화를 즐기기 힘들다는 점에서 어쩌면 우리의 감각 기관과 뇌가 착각을 일으킬 수 있다는 것이 행운일 수도 있다. 만약 우리 뇌가 너무나 정확하여 〈미션 임파서블〉의 톰 크루즈가 낭떠러지에서 떨어지기 직전의 위험에 처한 장면을 보면서도 '저것은 진짜가 아니야'라고 생각하며 너무 정신을 똑바로 차리고 있으면 그 영화를 온전히 '즐길' 수가 없다. 연출된 장면이지만 진짜 낭떠러지에서 떨어지기 직전인 것처럼 '착각'해야 그 영화 속에 빠져들어 영화를 보는 동안만큼은 즐겁게 몰입할 수 있다.

미디어 기술의 발전을 코드의 관점에서 보면, 문자, 영화, TV의 구성 요소가 점차 미세화되는 경향이 있다(김무규, 2017). 컴퓨터 처리 요소인 비트나 모듈 등은 불연속적이지만 빠른 처리 속도로 인해 연속적인 것처럼 느껴진다. 최근의 기술로 만들어진 영상이 더욱 현실적인 것처럼 보이는 이유도 여백을 채우는 동작이 매우 섬세하고 빠르기 때문이다.

〈토이 스토리Toy Story〉(1995)와 같은 작품이 재미있게 느껴지는 이유 중 하나도 특수 효과와 컴퓨터 그래픽을 통해 질적으로 향상된 연속적 영상을 감상하게 되었기 때문이며, 〈아바타〉에 활용된 이모션 캡처 기술은 표정에 나타난 인간의 섬세한 감정 묘사까지 애니메이션에 사실적으로 표현될 수 있게 해 주었다. 작은 단위로 정밀하고 섬세하게 표현할 수 있는 디지털 기술이 여러 방면에 활용되어, 현실 속에 존재하지 않는 대상도 마치 사실인 것처럼 표현되는 핍진성을 강하게 지님으로써 더욱 실감나게 즐길 수 있게 된 것이다.

특히 최근의 '디지털 영화'는 영화의 제작, 배급, 상영 등 각 단계에 디지털 기술이 투입된 영화를 뜻한다. 이러한 기술의 발전으로 인해 영화 관객의 반응은 몰입에서 '분산'으로, 수용에서 '수행'으로 변화하고 있다고 본다(김무규, 2017). 그 핵심은 인지의 경계를 넘어서는 체험에 있다는 것인데, 이는 영화 '관람'에서 영화 '체험'으로 변화하고 있는 과정(나은영, 2010; Shaw, 2003)과도 일맥상통한다. 전통적 영화에서는 구조적 배치로 인한 정돈된 구조가 존재하는 반면, 최근의 분산형 디지털 영화에서는 이것이 파괴되는 경우가 많다. 이로 인해 최근의 디지털 영화나 게임에서는 갈림길에서의 선택 등이 증가해 관람보다는 참여와 체험의 역할이 더욱 중요해지고 있다. 더 나아가, 3D 기술의 발달로 마치 영화 속 현장에 관람객이 직접 들어가 경험하는 듯한 상황도 보다 쉽게 연출될 수 있다.

기술의 발전이 주는 감동: 〈아바타〉

영화 〈아바타〉는 많은 사람들에게 스토리 못지 않은 발전된 기술로 감동을 주었다. 애니메이션임에도 불구하고 영화에 등장하는 캐릭터의 감정표현이 사람의 표정만큼 섬세하게 얼굴에 드러났기 때문이다. 이모션 캡처 기술은 연기하는 배우의 얼굴에서 직접 얻은 섬세한 움직임의 데이터를 그대로 애니메이션에 옮기는, 당시로서는 획기적인 기술이었다. 그리고 배우들은 실제로 행성에 있지 않으면서도 마치 행성에 있는 것처럼 상상하면서, 하늘을 날지 않으면서도 마치 하늘을 날고 있는 것처럼 상상하면서 몸짓과 표정으로 몰입된 연기를 펼쳐야 했다. 배우들의 얼굴은 영화에 나타나지 않았지만, 그들의 연기와 표정이 그대로 애니메이션 주인공들에게 나타났을 때, 배우들 자신도 카타르시스를 느낄 정도로 색다른 경험을 했을 것이다.

또한 3D 입체 영상을 통해 이 영화를 관람한 관객들은 마치 그들 자신이 영화 속에 들어가 행동하는 것처럼 느끼며 관람을 넘어서는 '체험'을 즐겼다. 2차원 화면이 아닌 3차원 공간 속에서 이루어지는 영화 속 스토리 체험은 많은 사람들이 이 영화를 여러 번 반복해서 보게 만들 정도였다.

그러나 3D 입체 영상 영화를 볼 때 사람들이 느끼는 실재감이 어떻게 달라지는지를 〈아바타〉를 중심으로 연구한 결과(금희조, 2010), 예상과 달리 2D 영화와 큰 차이를 보이지 않았다. 다만, 영상에 대해 신체적 불편함을 적게 느낀 그룹에 한해서는 3D 영화를 보았을 때 2D 영화에 비해 더 높은 실재감을 보였다. 이로 미루어 보아, 미디어 기술이 사람을 불편하게 할 정도가 되면 기술의 향상으로 인해 더 나아지는 부분을 충분히 즐길 수 없게 됨을 알 수 있다. 예컨대, 최첨단 가상 현실 기술을 적용한 엔터테인먼트라 하더라도 사람들이 어지럼증을 느끼면 그것을 충분히 즐길 수 없는 것과 마찬가지다.

드라마와
엔터테인먼트 내러티브

3장

이야기는 유사 이래 오래도록 인류의 삶을 반영하고 위로하며 문화의 일부를 이루어 왔다. 면 대 면 구전을 통한 이야기, 글로 읽는 소설, 그림으로 전달하는 삽화나 만화, 미디어가 발전하면서 영화, 텔레비전 드라마의 형태로 이야기의 힘은 꾸준히 이어져 왔다. 디지털 미디어의 발달로 스토리가 전달되는 형태는 더욱 다양해지고 융합되며 복잡해지고 있다. 이 장에서는 엔터테인먼트 내러티브의 사회 심리적 영향에 관해 살펴보기로 하자.

엔터테인먼트 내러티브의 심리

엔터테인먼트 내러티브를 통한 정서 경험

영화든 텔레비전이든 책이든 이야기는 사람들의 감정이입과 사회적 상호 작용에 영향을 미치며, 편견을 강화하거나 약화하는 데도 영향을 준다. 엔터테인먼트 내러티브는 개인적일 뿐만 아니라 사회적인 의미도 지니며 인간의 경험에서 시간 때우기 혹은 시간 낭비처럼 여겨지는 오락 이상의 기능적 효용이 있다.

이에 대한 고전적인 물음 중 하나인 "사람들은 왜 슬픈 영화를 보는 가?"라는 의문이 '슬픈 영화의 역설'이다. 행복에 대한 고대 철학자들의 두 가지 관점 중, 많은 경우 엔터테인먼트 이용은 즐거움과 재미를 위한 것으로 쾌락 추구hedonic 동기와 연관되어 있다. 그러나 인생에 대한 더 깊은 통찰과 의미, 삶의 목적을 추구하게 해 주는 내러티브는 사람들에 게 그 이상의 심오한 행복 추구eudaimonic 욕구를 채워 준다. 메리 베스

올리버Mary Beth Oliver 등의 연구자는 슬픈 영화가 사람들에게 어떻게 가치 있는 삶을 살 것인가를 고민하게 하며 진지한 생각을 불러일으키기 때문에 사람들이 슬픈 영화를 감상한다고 보았다(Oliver, 2008, 2009). 사색적 정서 경험("나 자신에 대해 생각하게 해 줘서"), 재미, 흥분, 등장인물에 대한 정서적 관여("등장인물들과 함께 느끼는 게 좋아서"), 정서의 대리 발산("일상생활에서는 이런 감정들을 표현할 수 없어서"), 공감적 슬픔("실컷 울고 싶어서"), 정서의 사회적 공유("영화에 대해 사람들과 이야기할 수 있어서") 등의 정서 경험과 연관이 있다(Bartsch, 2012: 280~281).

슬픈 영화가 그러한 욕구를 채워 주는 한 가지 방법은 그 영화가 불러일으키는 감정을 통해서다. 슬픔을 경험하는 것이 인생의 통찰로 이어질 수 있기 때문에 가치 있다고 생각하는 것이다. 또 다른 경로는 사람들의 현실 삶에서 고난과 결단을 흉내 내보는 경험을 통해서도 슬픈 영화가 인간의 심리적 욕구를 채워 줄 수 있다. 극적인 감동을 주는 〈쇼생크 탈출The Shawshank Redemption〉(1994), 〈타이타닉Titanic〉(1997) 등의 영화를 보면서 시청자들은 이러한 과정의 심리적 만족에서 더 나아가, 타인을 "통해 느끼는" 이른바 간접 경험으로부터 자기자신의 감정을 느끼고 자전적 삶의 기억을 되돌아봄으로써 한층 더 성장할 수 있다.

엔터테인먼트 내러티브의 이야기 구조

미국의 소설가 커트 보니것Kurt Vonnegut은 일찍이 시카고대학교 인류학 석사 과정 때 '이야기의 모양shapes of stories'을 주제로 논문을 제출했다. 그러나 대학이 그 학위의 인정을 거부했다고 한다. 1981년 한 잡지에 실린 그의 자전적인 글에서, 그 당시 탈락의 이유로 "진지하게 받아들여지기에는 너무 단순하고도 너무 재미있기 때문"이라고 말한 적이 있다.

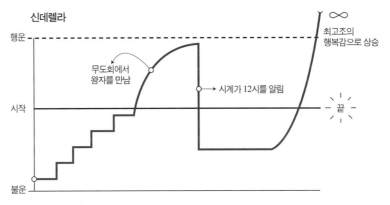

그림 3 – 1. 신데렐라 이야기 구조의 모양

이후에도 그는 그 아이디어를 포기하지 못하고 4분간 진행한 강연에서 인기 있는 이야기 구조들이 공통적으로 가지고 있는 내러티브의 포물선을 그래프로 그려내기까지 했다. 그림 3–1에서 볼 수 있듯이, 가로의 X축은 이야기의 처음부터 끝에 이르는 시간 순서의 연대표를 나타내고 세로의 Y축은 주인공이 시간의 흐름에 따라 겪게 되는 불운이나 행운 경험의 스펙트럼을 나타낸다. 가장 흥미로운 이야기 구조로 그가 예로 든 것은 바로 신데렐라 이야기다. 불행의 밑바닥에서 시작한 신데렐라의 삶이 대모 요정의 등장으로 변신하면서 계단식 오르막 인생을 시작하고, 무도회에 도착하면서 최고조에 달한다. 그러다 자정을 알리는 시계가 울리면서 다시 곤두박질치게 된다. 하지만 오래지 않아 유리 구두에 꼭 맞는 사람으로 밝혀져 '영원히 행복하게' 살게 된다는 구조를 보여 주는 것이다.

보니것의 흥미로운 이 이야기 구조의 모양 가설은 35년이 지난 2016년 수학자와 컴퓨터공학자들로 구성된 한 연구팀이 검증하기에 이르렀다. 연구팀은 오랫동안 대중적 인기를 얻은 소설 2000여 편의 디지털 텍스트

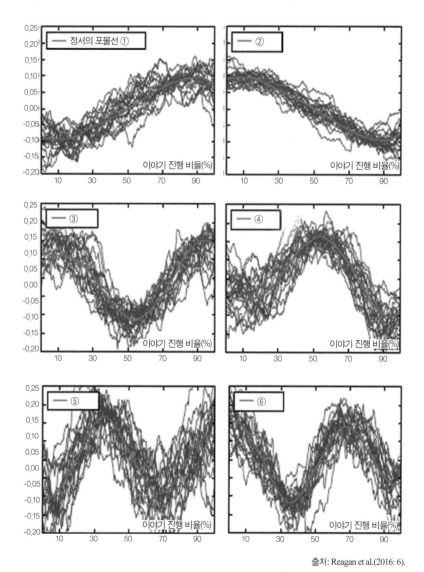

출처: Reagan et al.(2016: 6).

그림 3 - 2. 내러티브 구조에 나타난 6가지 유형의 '정서의 포물선' (이야기의 흐름
　　에 따른 정서의 등락)

를 모아 (주인공에게 무슨 일이 일어나는가를 중심으로) 컴퓨터로 분석한 결과 (Reagan et al., 2016), 대부분의 인기 문학 작품들은 다음과 같은 6가지 공통적인 핵심 내러티브 패턴 중 하나에 속한다는 것을 밝혀냈다(p.5).

① 누더기에서 부자로 (상승)

② 부자에서 누더기로 (몰락)

③ 궁지에 몰린 사람 (몰락 후 상승)

④ 이카루스 (상승 후 몰락)

⑤ 신데렐라 (상승 후 몰락 후 상승)

⑥ 오이디푸스 (몰락 후 상승 후 몰락)

연구는 그림 3-2와 같은 6가지 내러티브 유형을 찾는 과정에서, 이야기의 구조인 플롯만 본 것이 아니라 이야기 속에 나타난 정서의 궤적을 함께 분석했다. 개인의 행복 정서에 대한 연구에서, 웃음, 행복, 사랑, 기쁨 등과 같은 최고의 행복 정서 상태를 나타내는 단어들의 순위, 그리고 자살, 강간, 살인, 죽음 등과 같은 정반대되는 우울 정서를 나타내는 단어들의 순위를 참고하여, 각각의 하위 이야기 구조마다 주인공을 둘러싼 이야기들이 어떠한 정서 단어들로 구성되어 있는지를 추적하였다. 그 결과 이야기가 진행됨에 따라 주인공이 겪은 난관이나 행복에 따라 오르락내리락 롤러코스터를 탄 듯 독자는 정서의 포물선을 경험하게 된다는 것을 보여 준다.

그리하여 ①과 ②처럼 단순한 정서 경험의 이야기 구조보다는 ⑤와 ⑥처럼 감정의 오르락내리락 경험이 더 많이 포함된 정서 경험의 이야기 구조를 사람들이 더 좋아하는 것이고, 신데렐라 이야기 구조가 동서고금을 막론하고 보편적으로 인기 있는 이유라고 할 수 있다.

사건의 행운 정도

행복감
최고 상태
6.64
6.0   위즐리네에 간   호크룩스 로켓
                   해리   망가짐
5.5   허플퍼프 컵   해피엔딩
                                                                                      호크룩스 파괴
5.0   제노필리우스   평균
                             결혼식 도중,   의 배신   5.45
4.5   죽음을 먹는   론이 떠나다
                             자들의 공격   덤블도어   볼드모트 사망
        헤드윅, 무디 사망.   벨라트릭스에게 고문당하는   말포이   군대의 지원   행복감
        조지 부상   헤르미온느   저택에서 탈출   호그와트에서의   최저 상태
                                                                                              전투   4.30
        0   10   20   30   40   50   60   70   80   90   100
                                   이야기의 진행 정도

출처: Reagan et al.(2016: 3).

그림 3 - 3.《해리 포터와 죽음의 성물》에 나타난 정서의 포물선

    소설과 영화로 남녀노소를 막론하고 인기를 누린 '해리 포터' 시리
즈의 성공도 이러한 '정서의 포물선' 경험에서 인기의 이유를 찾아볼
수 있다. 해리 포터 시리즈의 7번째 이야기이자 마지막 책인《해리 포터
와 죽음의 성물Harry Potter and the Deathly Hallows》(조앤 K. 롤링Joanne K.
Rowling)의 예를 살펴보면, 이야기가 10%씩 진행될 때마다 주인공의 불
운과 행운을 둘러싼 행복의 정서가 거의 일정한 간격으로 행복감과 우울
감 사이에서 오르락내리락하는 것을 알 수 있다(그림 3-3). 이야기 전체를
통해 크게는 9회 가량에 걸쳐, 우울/불안감과 안도/행복감을 크고 작게
반복적으로 경험하면서 지루할 틈 없이 줄곧 긴박감과 몰입을 유지하여
흥미진진하고, 결말에 가까워질수록 가장 큰 우울/불안을 느꼈다가 종국
에는 '영원히 행복'할 것을 암시함으로써 커다란 카타르시스를 경험할 수
있다.

드라마와 인간 심리

등장인물과 내러티브 심리

드라마는 "사람, 동물, 혹은 생물화된 사물의 평안함에 영향을 주는 사건들을 묘사함으로써 발생하는 갈등과 갈등 해소"로 정의된다(Vorderer & Knoblock, 2000). 이러한 사건들은 시청자들이 다양한 인간 감정을 경험하게 한다. 드라마는 주인공(착한 사람)과 그를 괴롭히는 악한(나쁜 사람)이라는 극적인 인물들의 행복에 영향을 주는 사건을 묘사함으로써 갈등을 만들고 또 그것을 해결한다. 극 중에 묘사된 사건은 서로 다른 인물들에게 좋고 나쁜 일이 일어나는 내러티브, 즉 이야기를 만들어 낸다. 시청자는 이러한 사건을 목격하고, 발생하는 사건과 등장인물들에 대해 판단한다. 그 과정에서 어떤 인물들과 사건은 좋아하고 다른 인물들과 사건은 싫어할 수 있다.

드라마는 다양한 종류의 엔터테인먼트를 움직이는 주요 동력이다. 비극, 코미디, 미스터리, 서스펜스와 같은 다양한 장르들 역시 특정 형태의 드라마인 셈이다. 대부분의 엔터테인먼트 포맷에 드라마적 요소가 포함되어 있으나 — 예컨대, 리얼리티 프로그램에서 출연자가 처한 슬픈 현실 환경을 알게 되어 눈물을 흘린다거나 스포츠 관람에서 역경을 딛고 우승 한 선수에게 감동한다거나 — 전통적으로 드라마는 소설책, 영화, 텔레비전 프로그램 등에 이야기의 형태로 재현되며 이야기 속에 동일시, 감정이입, 그리고 서스펜스 및 심리적 이동과 같은 심리 요소를 갖추고 있는 것을 일컫는다. 앞의 두 가지는 이야기 속 인물들에 대한 것이고 뒤의 두 가지는 이야기 구조에 관한 것이다.

그렇다면 시청자는 왜 극 중 인물들의 행복에 관심을 가지고 마음을 쓰는 것일까? 1차적으로는 시청자가 드라마 속 등장인물에 관여하는 두 가지 심리 기제인 동일시와 감정이입, 2차적으로는 이야기 구조에 관여하는 서스펜스와 심리적 이동 때문이다. 3차적으로는 이야기 세계와 현실 세계를 이어주는 심리로, 의사사회적 상호 작용parasocial interaction, 경험 수용experience-taking, 마음 읽기/마음 유추theory of mind가 그 바탕에 있다.

시청자가 극 중 인물들과 관계맺는 방법에 대해 질만(Zillman, 2006)은 동일시와 감정이입이라는 두 가지 심리 기제를 제시했다. 시청자가 자신이 거의 주인공이라고 생각할 정도로 주인공이 특정 상황에서 느끼는 것을 동일하게 느낄 때 시청자는 주인공과 동일시하기 시작한다. 때로는 주인공이 아니라도 시청자는 자신이 악역이건, 관객이건, 조연이건 자신이 이야기 속 일부인 것처럼 느낀다. 감정이입은 극 중 인물들이 경험하는 느낌을 함께 느낀다기보다는 그 인물들에 대해 어떠한 '감정'을 느끼는 것이다. 긍정적인 감정을 느낀 주인공이 겪는 행운에 대해서는 희망과 행복을 느끼고 그 인물의 불행에 대해서는 괴로움을 느낀다. 반대로, 주인공과 적대 관계에 있는 악한에 대해서는 반감정이입counter-empathy이 일어나, 악한의 승리에 대해 괴로워하고 그의 죽음에 대해 기뻐하게 된다.

드라마를 볼 때, 극적인 사건에 대한 우리의 반응은 관련 인물에 대한 우리의 기본적인 생각에 달려 있다는 것이 드라마의 성향 이론disposition theory이다(Zillmann & Cantor, 1977). 우리가 좋아하는 인물에게 좋은 일이 생기고 우리가 싫어하는 인물에게 나쁜 일이 생기면 우리는 좋게 생각한다. 반대로, 우리가 좋아하는 인물에게 나쁜 일이 생기고 싫어하는 인물에게 좋은 일이 생기면 부정적인 감정을 경험한다. 드라마에는 "좋아할 만한" 인물과 "미워할 만한/싫어할 만한" 인물을 모두 포함시켜야, 시청자는 누구에게 무슨 일이 일어나는가에 따라서 즐겁고, 슬프고, 무섭고, 화나고, 흥분되고, 승리감에 도취되기도 하는 것이다. 그래서 성공하는 드라마의 공식이란 시청자의 감정을 조정할 수 있는 등장인물과 이야기 개발을 전략적으로 사용하는 데 달려 있다. 이 기본적인 공식은 오랜 역사를 통해 성공적으로 증명되어 왔다.

책이나 이야기 속 드라마에서 흔히 발견되는 감정 반응 중 서스펜스도 핵심적인 감정이다. 서스펜스는 다가올 사건들에 대한 기대와 불확실성의 정서적 경험이다. 서스펜스는 시청자가 드라마 속 인물들에 대해 심리적으로 관여된 상태에서, 이야기 속 갈등에 대해 그 결과를 바꿀 만한 힘이 없음을 느낄 때 발생한다. 따라서 서스펜스는 관객이 최종 결과에 대해 확신하기 전에 일어난다. 서스펜스는 흥분을 일으키며 이러한 흥분은 전이될 수 있다. 결과가 밝혀지면 관객의 정서 상태는 기쁨이나 슬픔의 감정으로 바뀐다.

심리적 이동 이론transportation theory은 시청자가 현실 세계를 떠나 (실질적으로는) 도달할 수 없는 저편의 다른 세계로 마치 여행을 떠나듯 이동한다는 것이다(Green & Brock, 2000). 이러한 이동을 경험하기 위해서는 시청자가 상상을 통해 인지적, 정서적으로 옮겨진(이동된) 상태가 되어야 한다. 심리적 이동은 자신을 벗어나 등장인물들과의 연결 및 상호 작용을 통해 저편의 세계로 여행을 하며 이루어진다. 이동 이론에서 말하는 즐거움은 이렇게 이루어진 심리 여행의 결과에 달려 있다.

내러티브에 몰입하는 이러한 느낌을 칭하는 용어 역시, 심리적 이동 (Green & Brock, 2000), 몰입(Csikszentmihalyi, 1997/2007), 빠져들기 혹은 현존감(Neuendorf & Lieberman, 2010), 관여(Busselle & Bilandzic, 2008) 등, 학자에 따라 다양하게 개념화되었다. 이들이 공통적으로 제시하는 것은 이야기의 세계에서 사람들이 마주하는 생각들로 인해 현실에서의 사람들의 생각도 이야기 속에서와 일관된 방향으로 바뀌는 정도에까지 영향을 미칠 수 있다는 것이다.

허구적 인물과의 심리 관계: 의사사회적 상호 작용과 상상 접촉

이야기 속 인물들과 우리가 맺는 관계는 실제 배우와의 관계일 수도 있고 극 중 등장하는 허구적 캐릭터와의 관계일 수도 있다. 드라마를 시청하는 동안 마치 실제 현실에서 면 대 면 상호 작용을 한 것처럼 느끼는 경험을 일컬어 의사사회적 상호 작용이라고 한다(Horton & Wohl, 1956). 미디어 소비자가 미디어 속 캐릭터를 대상으로 현실 세계의 사회관계와 심리적으로 유사하지만 쌍방 관계로 발전할 가능성이 없는 일방향적 관계를 맺는다는 의미에서 의사사회적 관계parasocial relationships라고도 한다. 이로 인해 우리는 드라마 속 인물들이 실제로 현실에 존재하는 인물들인 것처럼 친근감을 느끼며 친밀한 심리 관계를 형성하여 현실의 외로움을 달랠 수도 있다. 나아가 동일시 및 감정이입과 마찬가지로, 텔레비전 프로그램에 나오는 등장인물들과 강한 의사사회적 관계를 느낄수록 시청자들은 그 인물들의 태도와 행동을 따르게 되는 경향이 있음이 밝혀져 왔다.

아이돌 '워너원'이 자신들에 대해 노래한다고 생각하는 십대 소녀들이나, 개그맨 김숙이 가모장적인 개그를 할 때 그녀를 가장 믿을 만한 여성 인권운동가로 신뢰하는 팬들의 경우, 둘 모두 의사사회적 상호 작용에 해당한다. 미디어에 나오는 사람들이 보여 주는 인격은 그들이 무슨 생각을 하는지 그리고 그들이 인간으로서 어떠한 사람인지에 대한 우리의 인상 형성에 영향을 준다.

연구에 따르면, 텔레비전 출연자가 시청자를 마주 보거나(즉 카메라를 향해 시선을 응시하거나) 측면으로 얼굴을 돌리는 것과 같은 '비언어적 말걸기bodily addressing,' 그리고 사용하는 단어를 시청자에게 향하게 하는("시청자 여러분, 오래 기다리셨습니다" 등) '언어적 말걸기verbal addressing'라는 두 가지 방식을 통해, 시청자가 그와 사적인 관계를 갖는 듯한 느낌을 주기에 충분한 것으로 나타났다(Hartmann & Goldhoorn, 2011). 물론 신체적 매력도 의사사회적 관계 발전에 기여한다. 이렇게 간단한 조작만으로도 시청자들이 의사사회적 상호 작용을 경험할 수 있으므로, 특정 연예인이나 특정 텔레비전 프로그램을 추종하는 사람들이 미디어를 통해 그들이 보는 인물들과 어떠한 심리적 연결을 경험하게 될지 충분히 이해가 된다.

의사사회적 상호 작용이 대체로 미디어를 통한 개인적이고 대인적인 차원의 심리 관계라면, 더 집단적이고 사회적인 차원의 심리 관계는 '상상 접촉imagined contact' 또는 '간접 접촉indirect contact'이라 할 수 있다. 내가 속해 있지 않은 다른 집단 소속 일원과의 편안하고 긍정적인 상호 관계를 머릿속에 그려 봄으로써 해당 집단에 대한 부정적인 인식을 낮추고 우호적인 태도를 갖게 될 수 있다는 개념으로, 최근 증가하는 미디어 콘텐츠 이용이 사회적 편견을 감소시킬 수 있다는 연구들을 뒷받침하고 있다. 내가 속한 집단 구성원이 다른 집단 구성원과 친밀한 관계에 있다는 점을 아는 것이 효과적이라는 '확장 접촉extended contact,' 내집단ingroup 구성원이 외집단outgroup 구성원과 상호 작용하는 것을 목격하는 것이 효과적이라는 '대리 접촉vicarious contact' 등과 같은 유사 개념들이 통합적으로 이용되기도 한다(Vezzali et al., 2014). 즉 서로 다른 혹은 서로 갈등 관계에 있는 사회 집단의 구성원들 사이에 허구적인 우정 관계가 형성되는 스토리의 드라마를 보는 경우 현실에서 해당 외부 집단에 속한 실제 구성원들에 대해 편견이 감소할 수 있다는 것이다.

그러한 심리 작용의 결과, 해리 포터 시리즈의 책을 읽고 나서 주인공인 해리에게 동일시를 하고 악한인 볼드모어를 싫어한 사람들일수록 이민자에 대한 편견이 줄어들었으며(Vezzali et al., 2014), 나아가 소수 집단에 대한 관용성이 높아지고 순혈주의를 지양하는 동시에 다양성에 대한 정책적 지지가 높아진 것으로 나타났다(Mutz, 2016).[1]

비슷한 맥락에서, 사회적으로 부정적인 고정 관념에 반하는 사례가 되는 등장인물이 드라마에 나왔을 때 이 역시 사회적 차원의 인식 변화를 가져올 수 있다. 구체적으로, 드라마에서 특정 집단 구성원인 등장인물 또는 그와의 상호 작용을 긍정적으로 그리는 경우, 난민이나 이민자에 대한 편견이 감소한다든지, 흑인에 대한 인종 차별적 태도가 달라진다든지, 아랍/무슬림에 대한 편견이 낮아진다든지(Murrar & Brauer, 2017), 혹은 동성애를 재현한 영화/드라마를 시청함으로써 동성애자에 대한 부정적 인식과 사회적 거리감이 낮아지고 부정적 감정인 혐오와 공포가 낮아지며 직업권 및 결혼권 등의 시민권 보장에 대한 지지가 높아진다든지(양우천·나은경, 2015) 등과 같은 방식으로 사회적 편견을 줄이는 데도 드라마를 비롯한 허구적 문화 콘텐츠의 역할을 기대할 수 있다.

자아 경계의 확장: 몰입과 경험 수용

해리 포터 시리즈와 같은 소설을 읽거나 드라마를 시청함으로써 고정 관념이나 편견이 줄어든다는 연구들을 볼 때, 우리는 좋은 이야기와 좋은 드라마의 영향을 무시할 수 없다. 한 개인이 인생을 통해 겪는 이러저러한 삶의 경험이 그 사람의 생각과 태도와 가치관에 영향을 미치고 자기 인식과 태도와 행동을 형성하게 된다. 하지만 각자가 처한 삶의 시공간적 반경은 제한적일 수밖에 없어서 개인이 할 수 있는 경험의 최대치에도 그 범위와 종류에 제한이 생기는 것은 불가피하다. 따라서 인간은 자신이 처한

---

1 다이애너 머츠Diana Mutz(2016)는 이를 두고 해리 포터 시리즈를 많이 읽을수록 현재 미국 대통령인 도널드 트럼프에 반대하게 된다고 해석하기도 했는데, 영화로 본 것보다 책으로 읽은 경우 유의미한 효과가 나온 점은 미디어 양식modality의 차이 측면에서 더 생각해 볼 만하다(그림 3-4 참조).

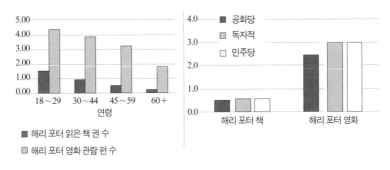

출처: Mutz(2016: 725).

그림 3 - 4. '해리 포터' 책 독자와 영화 관람자의 차이

실제 삶에서의 다양한 경험뿐만 아니라 다양한 미디어 및 문화 콘텐츠를 통해 간접 경험을 쌓는 것이 중요하다.

책이나 이야기를 읽는 동안 사람들은 읽고 있는 허구적 인물들이 마치 자기자신인 것처럼 자신의 행동, 생각, 신념 등의 내적 반응을 부지불식간에 등장인물들의 사고와 행동에 일치시키기 쉽다. 이러한 잠재의식적 현상을 심리학자들은 '경험 수용'이라 칭하는데, 사람들은 자신이 동일시할 수 있는 허구적 인물의 태도와 행동에 맞추어 스스로의 생각과 행동을 실제로 바꾼다는 것이다(Kaufman & Libby, 2012). 경험 수용은 현실 세계의 자신을 잊고 이야기 속 인물의 역할에 몰입되어 이야기 속의 상황, 허구적 인물의 경험, 생각과 감정을 마치 나 자신의 것인 양 경험하게 되는 상당히 몰입적이고 무의식적인 심리 상태로, 앞서 살펴본, 등장인물을 좋아할 만하다고 판단하거나 나와 비슷하다고 생각하는 동일시보다도 한걸음 더 나아간 이야기 몰입 개념이다. 예컨대, 드라마 〈또! 오해영〉(2016, tvN)을 보면서 이야기에 빠졌을 때, 오해영(서현진)이 자신과 이름이 같은데 자기보다 외모며 능력이며 모든 면에서 우월한 동창(전혜

빈)을 학창 시절이건 직장에서건 만나는 경우 느낄 수 있는 상대적 비참함과 초라함의 심정에 같이 괴롭다. 또 오해영과 박도경(에릭)이라는 남녀 주인공들처럼 결혼 당일이나 결혼 전날 일방적인 결별을 당한 이들이 강한 마음의 상처로 남아 서로 티격태격하는 것을 보며 우리는 오해영에 감정이입을 했다가 박도경에게 감정이입이 옮겨갈 수도 있다.

한편, 현실의 나로 의식이 돌아와 보면, 동명이인이 있다고 회사에서 저렇게까지 망가진 모습을 보일 일인가, 사랑에 한번 실패했다고 저렇게까지 애정 앞에 비굴해질 일인가, 문득 한심해지기도 할 것이다. 일순간 오해영의 '경험 수용'에 깊이 빠져들었다가, 다음 순간 현실의 자기 관점으로 돌아와서는 서현진은 연기를 참 잘하는 배우라고 평가하기도 한다. 이렇듯 이야기가 전개되는 동안 시청자의 의식은 자아와 타자의 연속선상에서 오락가락 움직인다고 한다.

실험 연구 결과, 적절한 상황에서 '경험 수용'은 독자의 실제 현실 세계 삶에서의 변화로 이어질 수 있음이 밝혀졌다. 제프 카우프만Geff Kaufman과 리사 리비Lisa Libby의 연구(Kaufman & Libby, 2012)에 따르면, 1인칭으로 쓰인 이야기는 독자가 세상을, 그리고 자기자신과 다른 사회 집단들을 보는 방식을 일시적으로 바꿀 수 있다. 예컨대, 투표하기 위해 여러 장애를 극복한 이야기 속 인물에 강하게 동일시할 때 사람들은, 다른 이야기를 읽은 사람들에 비해 며칠 후에 있는 현실 선거에서 실제로 더 많이 투표하는 경향을 보였다.

그런데 '경험 수용'이 일어나기 위해서는 이야기의 내러티브 구조와 독자가 이야기를 읽는 현실 환경이 중요한 역할을 한다. 우선, 경험 수용이 일어나려면 이야기 속에서 독자에게 공유된 인물의 특성을 밝히는 시점이 중요하다. 소속 집단이나 집단 정체성을 일찍 밝히는 것은 독자와 인물 간의 차이를 강조할 뿐이어서, 독자들이 이야기 속 인물의 입장에 들어가 보기 어렵게 만들 수 있다.

이성애자 남성들에게 한 동성애자 대학생에 대한 이야기를 읽게 했을 때 해당 인물의 성적 정체성을 내러티브 속에서 '언제' 밝히는가에 따라 매우 상이한 결과가 나왔다(Kaufman & Libby, 2012). 이야기 속에서 주인공이 동성애자라는 사실을 나중에 알게 된 사람들은 이 사실을 일찍 알았거나 주인공이 이성애자라고 알았던 사람들에 비해 이야기를 읽은 후 동성애자에 대한 태도가 더욱 우호적으로 나타났다. '동성애-나중' 내러티브를 읽은 경우 동성애자에 대한 고정 관념의 영향을 덜 받아서, '동성애-일찍' 이야기를 읽은 사람들보다 극 중 동성애자 인물에 대해서도 덜 여성적이고 덜 감정적이라고 평가했다. 이러한 결과는 백인 학생들이 흑인 학생에 대한 이야기를 '흑인-일찍' 혹은 '흑인-나중' 구조의 내러티브로 나누어 읽게 한 경우에도 마찬가지로 나타났다.

독자가 이야기를 읽는 환경도 경험 수용에 영향을 준다. 피험자들이 이야기를 거울 앞에서 읽게 한 경우 독자들은 경험 수용을 겪는 이가 적었는데, 이는 거울의 존재가 독자들 자신의 자아 개념과 자기 정체성을 끊임없이 상기시켜 주기 때문이다. 경험 수용이라는 무의식적인 심리 과정은 사람들이 이야기를 읽는 순간 그 안에 충분히 빠져 자신을 잊고 자신의 자아 개념과 자기 정체성을 잠시나마 잊을 때 비로소 이야기 속 인물의 정체성을 경험할 수 있는 것이다. 이것이 이야기의 힘이다.

경험 수용은 관점 수용perspective-taking과는 다르다. 관점 수용은 사람들이 특정 상황에서 다른 사람들이 경험하고 있는 것을 이해하려고 노력하는 과정으로, 나와 남의 구분이 여전히 살아 있어 자신의 정체성을 잃지 않는다는 점에서 경험 수용과 다르다. 경험 수용이 훨씬 더 몰입적인 심리 과정이다. 우리가 자신을 다른 사람으로 대체하는 경험과 유사하다.

경험 수용은 지속적이기 어려울 수는 있어도 사람들이 미처 의식하지 못하는 무의식적 심리 과정이기 때문에 영향력이 더욱 클 수 있다. 이런 방식으로 사람들이 이야기 속 인물들에 심리적으로 관여할 수 있다면 현실에서 받아들이기 어려웠던 사회 집단들에 속한 이들에게도 마음을 열 수 있을 정도로 사람들의 인식의 지평을 넓힐 수 있다는 점에서 의미가 있다.

개인의 현실 적응: 마음 읽기/마음 유추와 기억 투사

이야기는 "인생의 예행 연습"이라는 말이 있듯이, 이야기 속에서 우리는 현실 세계의 모사된 다양한 사회적 맥락을 경험하고 그 내러티브 속에서 발생하는 다른 사람들의 마음과 감정과 의도를 생각해 보게 되어 일종의 사회적 관계 맺기 연습을 풍부하게 경험할 수 있다. 실제로 많은 연구들은 특정 이야기가 허구적 내러티브의 형태와 논픽션/비내러티브의 형태로 제시되었을 때, 내러티브 형태의 이야기를 읽은 사람들이 논픽션을 읽은 사람들에 비해 더 감정이입과 공감을 잘하고 동정심도 더 많으며 긍정적인 사고를 하고 이야기 속 사람들에 대한 행동의도도 더 잘 파악하는 것으로 나타났다(Mutz, 2016).

마찬가지로, 최근 연구들은 이러한 형태의 미디어 내러티브가 사람들에게 다른 사람들의 마음과 정서 상태를 해석하고 이해하는, 이른바 마음 읽기/마음 유추를 학습하게 한다는 점을 밝혀내고 있다(Black & Barnes, 2015). 우리가 소설이나 드라마에서 이야기를 볼 때 이야기의 플롯에 집중해 따라가며 재미를 느끼기 위해서는 등장인물의 마음 상태, 즉 등장인물이 느끼는 감정과 생각의 의도를 어느 정도 유추할 수 있어야 하는데, 이것이 일종의 사회성 기술과 유사한 마음 읽기/마음 유추 능력이다. 마음 읽기/마음 유추 능력은 뇌의 거울 신경 체계의 도움을 받는 것으로, 다른 사람의 얼굴 표정을 보고 현재 기분이나 생각 등 그 마음속을 읽어낼 수 있게 하여 우리가 다른 사람들을 흉내 내고 공감하는 것을 돕는다.

최근 연구들은 이 마음 읽기 능력이 현실에서 사람을 직접 만나 소통하는 과정에서만이 아니라 허구적인 이야기를 통해서도 발달한다는 것을 밝히고 있다. 소설과 같은 문학 작품을 읽는 것도 마음 읽기 능력을 개선시킬 수 있을 뿐 아니라,[2] 드라마와 같은 허구적인 영상 미디어를 통해서도 잘 촉발될 수 있음이 발견되고 있다. 다큐멘터리와 같은 논픽션 프로그램과 비교해 보아도, 〈매드맨 Madmen〉(2007~), 〈웨스트 윙 The West Wing〉(1999~2006), 〈굿 와이프 The Good Wife〉(2009~2016), 〈로스트 Lost〉(2004~2010)와 같은 텔레비전 드라마를 본 사람들이 사실적/교육적 다큐멘터리를 본 사람들보다 마음 읽기 능력이 유의미하게 높게 나타났다(Black & Barnes, 2015).

드라마 〈비밀의 숲〉(2017, tvN)이 단일 에피소드로 시리즈 전체를 이끌어 가면서도 끝까지 시청자의 집중력을 놓치지 않고 입소문으로 인기를 끈 이유 중 하나는, 주인공 검사 황시목(조승우)이 어렸을 때 수술로 인해 뇌의 일부분이 손상되면서 평생 감정을 느낄 수 없는 사람이 되었다는 점에 있기도 하다. 시리즈 내내 시종일관 주인공은 어떠한 상황에 처해서도 감정을 느끼거나 표정이 바뀌는 일이 없기 때문에 이야기 속 등장인물들과의 상호 작용을 보면서도 이때 주인공의 마음이 어떠한지, 감정이나 의도가 어떠한지 분명하게 드러나는 순간이 없다. 다시 말해, 마음 읽기/마음 유추가 힘들어진 시청자는 주인공의 심리 상태와 등장인물들 간의 상호 관계, 향후 일어날 사건들의 진행 및 전개 방향을 예측하

---

2 연구에 따르면(Black &Barnes, 2015), 마음 읽기/마음 유추 능력을 개선시키는 데는 '대중소설'이 아닌 '좋은 문학 작품'인 경우에 효과가 있는 것으로 나타났다.

기가 여타의 드라마에 비해 훨씬 더 힘들었는데, 이러한 특성은 시청자들이 이 이야기의 플롯에 더욱 집중하고 재미를 느끼게 하는 데 한몫을 했다.

또한 드라마의 이야기는 우리의 과거 경험들을 되새기고 되짚어 보는 수단을 제공하기도 한다. 텔레비전 드라마나 영화 같은 허구적 이야기를 보는 것이 시청자 개인의 자전적인 과거 기억을 촉발시켜서 미디어 콘텐츠를 개인 삶에 더욱 공명하는 것으로 느끼며 더 감동적으로 받아들이기도 한다. 가슴 아픈 첫사랑의 기억이라든가, 어린 시절의 가족사 또는 학창 시절 사건 사고 등이 이야기 속 인물과 공감적 연결을 통해 개인에게 중요한 자전적 기억을 떠올리게 하여 드라마를 보며 눈물 흘리게도 하는 것이다. 우리 삶의 자연 상태에서 발생하는 개인 감정들은 때로 너무 강렬하여 압도되기도 하고 제어하기 힘들지만, 허구의 이야기는 이러한 혼란스러운 감정들과 그에 뒤따르는 여러 생각의 파편들을 안전하게 처리할 수 있는 심리적 공간을 제공한다. 결과적으로, 드라마는 그 허구적 이야기가 불러일으키는 기억에 의해 촉발된 사적인 마음의 문제들을 직면하고 심지어 해결할 수 있게 도울 수도 있다. 〈청춘시대〉(2016, jtbc), 〈미생〉(2014, tvN), "응답하라" 시리즈(2012~2016, tvN)의 인기도 이런 맥락에서 설명할 수 있을 것이다.

이렇듯 좋은 이야기, 좋은 드라마는 개인의 즐거움과 재미뿐만 아니라 대인 간의 사회적 관계 및 현실 세계의 이슈들을 다루는 데도 중요한 의미가 있다.

한국과 외국의 드라마 트렌드

갈등과 불확실성은 드라마의 본질이며, 드라마를 흥미진진하고 재미있게 만드는 힘이다. 이야기 구조는 이러한 갈등과 불확실성을 조절함으로써 서스펜스를 만들어 관객을 밀고 당긴다. 특히 한국 드라마가 갈등과 불확실성을 만들어 내는 주요 소재는 다음에 정리한 바와 같이, '가족,' '사랑,' '성공'이라고 할 수 있다.

가족 가부장제 혈연 중시, 출생의 비밀, 막장 드라마, 세대 간 및 고부 간 갈등, 부모의 결혼 반대 및 간섭

사랑 판타지에 가까운 로맨스 서사, 맹목적인 결혼과 연애, 결혼이 곧 해피엔딩

성공 재벌의 등장, 신데렐라 스토리, 주식회사의 혈연 가족 대물림 정당화

한국 드라마에서 갈등의 가장 오랜 첫 번째 주요 소재는 '가족'이다. 이른바 한국형 막장 드라마의 전형적 특성에도 가족이 가장 큰 비중을 차지한다. 출생의 비밀, 결혼을 반대하는 부모, 시집살이와 고부간의 갈등, 대가족의 세대 간 문제 등이 대표적이다. 그런데 같은 유교권 문화로 인식되는 동아시아 근접 국가들의 드라마가 가족을 그리는 방식과도 차이가 나타나는 점은 흥미롭다. 한국, 중국, 대만, 일본의 인기 드라마에 나타난 가족과 가족 관계를 비교 분석한 결과(강명구 외, 2008), 3대 이상의 가족이 함께 나오는 드라마는 한국에 압도적으로 많은 반면, 다른 국가들에서는 찾아보기 힘들 뿐 아니라, 부모 자식 간의 갈등이 여타의 다양한 가족 관계 및 사회적 관계 간 갈등에 비해 월등히 많은 것도 한국 드라마의 고유한 특징이었다. 특히 자식의 결혼 반대가 주요한 갈등 요인인 것도 한국적이며, 부모

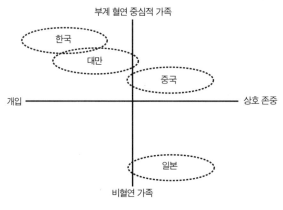

그림 3-5. 텔레비전 드라마에 재현된 동아시아의 가족

자식 간의 관계가 배려나 애정 혹은 응원 심지어 권위 복종도 아닌 개입으로 점철된 것도 대단히 한국적인 드라마 특성으로 나타났다.

가까운 아시아 문화임에도 일본 드라마는 상당히 개인주의적인 이야기 전개를 보이며 가정 환경과 같은 가족의 배경이 모호하고 부모의 등장이나 개입이 극히 드문 것이 흥미롭다. 일본 드라마에서 부모의 역할은 주인공인 자식들의 결정에 반대하는 등 강한 역할이 아니며, 결혼이 중요한 이슈가 되지 않고 부모는 뒤에서 응원하는 조력자로만 비쳐진다.

한국 드라마의 두 번째 특징으로 많이 언급되는 소재는 '사랑'이다. 세간에서 비판적으로 지적되는바, '의학 드라마는 병원에서 연애하는 드라마, 법정 드라마는 법원에서 연애하는 드라마'라는 말이 있을 정도다. 이는 한국 드라마 전통에서 로맨스의 영향이 오랜 기간 핵심적인 위치를 차지하고 있고 한류의 확산 역시 이와 같은 로맨스 드라마의 성공에 주로 의지한 탓이 크다. 이러한 드라마 시청이 수용자의 비현실적이고 낭만적인 결혼관에 미치는 영향을 살펴본 연구도 있다. 이 연구에서는 로맨스 드라마 시청에 따라 수용자의 결혼에서 경제 문제 중요성 인식, 일상 만족도, 이성 만족도, 첫눈에 반하는 태도, 그리고 결혼에 대한 환상이 어떻게 달라지는가를 살펴보았다(박영순·나은경, 2018). 설문 조사 분석 결과, 로맨스 드라마를 많이 보는 경우, 결혼에서 경제적인 문제를 (예상과 달리!) 덜 중요하게 생각하고 일상 만족도는 높으며 첫눈에 반하는 태도를 중요시하고 결혼에 대한 환상이 높은 것으로 나타났다. 그런데 드라마 시청시 현실감 인식의 차이는 큰 영향을 미치지 않는 것으로 나타나, 로맨스 드라마의 시청으로 인해 사람들이 자신의 현실과 비교하여 박탈감을 느끼거나 현실과의 유사성을 중요하게 인식하기보다는 로맨스에 대한 환상을 키우며 판타지 자체로 즐기고 대리 만족을 더 중시한다는 것을 알 수 있다.

한국 드라마의 또 하나 주요 소재인 '성공'은 주로 재벌 2, 3세의 등장과 관련이 있다. 드라마 주요 등장인물에 대한 다양한 묘사가 수용자의 정서 반응이나 공감, 시청 의도에 영향을 미칠 수 있는데, 이에 대해 이른바 재벌 2, 3세 등의 화려한 경제적 배경을 지닌 등장인물, 노력하지 않고도 부귀영화와 성공을 누리는 주인공은 시청자에게 상대적 박탈감을 조장한다는 우려가 있는가 하면, 주인공의 화려한 배경은 시청자들의 판타지와 대리 만족을 제공한다는 시각도 있다. 과연 시청자들은 드라마에서 어떤 주인공이 등장하기를 바라는가를 살펴본 연구 결과(양혜승, 2017), 주인공이 열악한 환경을 딛고 최선을 다해 극복해 가는 경우, 시청자들은 기쁨과 슬픔이 복합된 정서를 강하게 느끼는 것으로 나타났다.

등장인물의 경제적 배경이 화려한 경우에는 노력이 있을 때와 노력이 없을 때의 차이가 거의 없지만, 등장인물의 경제적 배경이 열악한 경우에는 노력이 있을 때 시청 의도가 현저하게 높아지고 노력이 없을 때 시청 의도가 현저하게 낮아지는 것으로 나타났다(그림 3-6). 이와 유사하게, 등장인물의 경제적 배경이 화려한 경우에는 노력이 있을 때와 없을

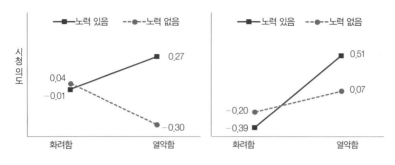

출처: 양혜승(2017: 93, 95).

그림 3 - 6. 등장인물의 부와 노력 여부에 따른 '시청 의도'(왼쪽)와 '공감'(오른쪽)

때 모두 공감이 낮게 형성되지만, 경제적 배경이 열악한 경우에는 노력이 있을 때 공감이 유의미하게 높아지는 결과를 보였다.

그림 3-7에서 보는 바와 같이, 기쁨 정서의 경우 등장인물의 경제적 배경과는 관계없이 등장인물의 노력이 있을 때만 유의미하게 높아지는 것이 확인되었다. 즉 기쁨 정서는 경제적 배경과는 무관하고 등장인물의 노력하는 태도만 유의미한 관련이 있다. 슬픔 정서는 노력 여부와 무관하게 등장인물의 경제적 배경이 열악할 때 높은데, 경제적 배경이 화려한 경우에는 등장인물의 노력이 없을 때 유의미하게 높게 나타났다. 기쁨과 슬픔이 합쳐진 (이른바 '울고 웃는') 복합 정서의 경우, 등장인물의 경제적 배경이 화려한 경우에는 노력 여부에 따른 차이가 없지만, 등장인물의 경제적 배경이 열악한 경우에는 노력이 있을 때가 없을 때에 비해 크게 높아지는 경향이 있었다.

이러한 연구 결과는 앞서 살펴본 이야기 구조의 모양에서 언급한 바와 유사하게, 사람들은 주인공이 처음부터 끝까지 굴곡 없이 행복하기만 한 이야기보다는 난관에 빠졌다가 어려움을 극복하고 행복에 도달하는 식으로, 정서의 굴곡이 있는 이야기를 좋아하는 것과도 일맥상통한다.

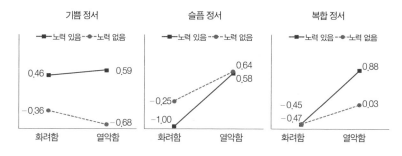

출처: 양혜승(2017: 94).

그림 3 - 7. 등장인물의 부와 노력 여부에 따른 정서 반응

이러한 차이에도 불구하고 한류의 붐을 처음 일으킨 것이 한국 드라마인 점은 주목할 만하다. 특히 중국에서 한국 드라마가 인기를 끌고 있는데, 중국인들이 한국 드라마를 좋아하는 이유는 무엇일까?

중국은 사회 체제적 특성도 있겠지만 전통적으로 역사 드라마에 대한 선호가 있다. 역사 드라마가 양적으로 많을 뿐 아니라 젊은이들조차도 역사 드라마에 대한 선호가 높을 정도로, '공감하고 감동할 만한' 스토리의 진실성'을 중시한다(강명구 외, 2013). 흥미롭게도, 중국인들이 미국 드라마를 보는 이유와 가장 거리가 먼 이유들로 인해 자국의 드라마를 좋아하는 것이다. 그들이 그럼에도 미국 드라마를 보는 이유는 '스토리의 의외성'이었으며 '전개가 빠르고' '긴장감이 있어서' '복선과 반전이 교묘하게 적용되어서'로 나타났는데, 이것들은 모두 자국의 드라마와는 거리가 먼 특성들이었다(표 3-1).

중국인들이 한국의 드라마를 좋아하는 이유는 무엇일까? 다른 동아시아 국가들의 드라마 선호 이유와도 많이 다르게, '연기자의 연기'라든지 '세트, 메이크업, 촬영 기법' 등 배우 및 물질적 요인에 대한 선호가 높았고 이야기의 감동 및 대사와 인물 설정이 그다음으로 나타났다. 이는

표 3 - 1. 중국 시청자의 외국 드라마 국가별 선호 요인 순위

드라마의 재미 요인	중국 N=393	미국 N=187	홍콩 N=125	한국 N=111	대만 N=62	일본 N=40
스토리의 진실성	1	11	9	10	6	8
시나리오의 대사가 좋아서	2	9	7	4	3	9
스토리에 공감하고 감동적이어서	3	10	5	3	2	3
연기자의 연기	4	5	2	1	6	4
세계관과 인생관이 매력적이어서	5	6	10	5	4	4
등장인물의 인물 설정	6	8	3	6	4	10
스토리 전개의 빠름	7	2	1	8	6	4
스토리의 의외성	8	1	4	9	1	2
세트, 메이크업, 촬영 기법	9	7	11	2	10	7
긴장감이 있어서	10	3	5	11	9	10
복선과 반전이 교묘하게 적용되어서	11	4	7	7	11	1

출처: 강명구 외(2013: 211).

한국 드라마가 아시아 한류 팬들에게 이야기 세계 자체에 몰입하기에 앞서, 출연 배우의 매력에 공감하고 감정이입하며 의사사회적 상호 작용을 일으키는 힘이 우선적으로 작용하는 것으로 볼 수 있다.

1960~1970년대 매스 미디어의 영향력이 매우 컸던 시기에 맞이한 텔레비전의 황금기를 지나 디지털 미디어의 확산으로 텔레비전이 위협을 받는다는 우려가 있었으나, 현실은 오히려 2000년대 이후 텔레비전의 재황금기를 맞이하고 있다. 20세기를 거치며 등장 이후 역사를 통틀어, 텔레비전은 지극히 국수적/민족주의적인 특성을 가지고 있었다. '전 세계 시청자'라는 말은 과거의 텔레비전에는 걸맞지 않는 표현이었다. 물론 과거에도 몇몇 미국 드라마(〈프렌즈Friends〉(1994~2004) 등)나 애니메이션(〈심

슨 가족*The Simpsons*〉(1989~) 등) 텔레비전 프로그램이 세계적인 애청자를 끌어들인 일이 있기는 하지만, 프로그램이 제작된 본국에서 방송된 지 몇 달, 심지어 몇 년이 지난 후에나 다른 나라에서 볼 수 있었다. 그런데 지금은 새로운 시즌의 텔레비전 드라마를 전 세계 시청자들이 동시에 시청할 수 있고, 그 결과 국경을 넘어서는 미디어 문화의 공유가 이루어졌다. 넷플릭스나 아마존 비디오도 한몫을 했지만, HBO에서 방영된 〈왕좌의 게임*Game of Thrones*〉(2011~2019)이야말로 이러한 현상의 선봉에 있다.

〈왕좌의 게임〉이 세계적인 시리즈로 성공한 이유는 무엇일까? 인터넷이 큰 역할을 했으리라고 생각하기 쉬운데, 인터넷이 시리즈 배포를 위한 플랫폼으로 작용한 것은 아니다. 전 세계 구독자에게 시리즈를 판매하는 방식을 사용한 넷플릭스와 아마존 비디오와는 달리, HBO는 〈왕좌의 게임〉 배포에 인터넷을 이용하지 않았다. 〈왕좌의 게임〉의 경우, 프로그램에 대해 팬들이 인터넷을 통해 서로 소통할 기회를 가지면서 인터넷의 영향이 다른 방식으로 중요하게 작용했다. 지리적으로나 문화적으로나 특정 국가나 특정 문화의 독특함을 담지 않은 판타지 세계를 구축하는 것은 시청자의 범위를 넓히는 데 기여하였다. 이것이 텔레비전의 재황금기인 현재 〈왕좌의 게임〉만이 아니라 한국에서도 〈별에서 온 그대〉 (2013~2014), 〈도깨비〉(2016~2017), 〈태양의 후예〉(2016)류의 드라마가 국제적으로도 성공하는 것과 같은 맥락이다.

최근 전 세계적으로 발견되는 드라마 트렌드의 변화는, 이전에 비해 내용이 복잡해진 드라마의 등장, (다중 현실의 존재, 현실 세계에 대한 의구심, 초월적인 힘의 역할 등과 같은) 초현실적인 드라마의 등장에서 찾을 수 있다. 또한 텔레비전 드라마 형식과 내용, 스토리텔링 방식이 복잡해지고 있다. 소설 같다거나 영화 같다거나 하는 크로스미디어적인 묘사를 많이 하는데, 최근의 이러한 경향에 대해 한 비평가(Mittell, 2015)는 "복잡한 텔레비전

complex TV"이라는 개념으로 명명하기도 한다.

한국 드라마에는 시리즈 형태가 드문 반면, 미국 드라마는 시리즈화를 많이 활용하며, 최근에는 그 경향이 더 심화되었다. 1990년대에는 후속 시리즈가 나온다 하더라도 한 시즌 단위로 큰 내러티브 구조가 하나씩 완결되는 방식이었다면, 2010년대에는 후속 시리즈가 전작 시리즈의 내러티브를 언급하거나 이어가기도 한다. 어떤 드라마는 이중 시간 프레임과 같은 의식적인 내러티브 장치를 사용하기도 하고, 해설 내레이션을 넣기도 하고, 시청자에게 직접 말하는 식으로 연기하기도 한다. 또는 판타지와 현실을 모호하게 뒤섞은 드라마도 있다.

미국 텔레비전의 스토리텔링은 최근 몇 년간 왜 이렇게 변화했는가? 이에 대해 제이슨 미텔Jason Mittell(2015)은 세 가지 원인, 즉 텔레비전 산업계의 변화, 새로운 형태의 텔레비전 테크놀로지의 등장, 능동적이고 관여적인 시청 커뮤니티의 성장을 들고 있다. 이러한 현상은 비단 미국만이 아니라 2010년대 들어선 한국의 텔레비전 드라마에도 적용된다. 2010년대에 들어 텔레비전 산업과 테크놀로지의 변화로, 인기리에 방영을 마쳤던 프로그램의 재시청이 용이해졌고 이로 인해 이전 내용의 일부를 제작시에 재인용하기도 쉬워지고 시청자도 이해하기 쉬워진 것이다. 그리고 몰아보기를 부추기는 기술들이 발달함에 따라, 현대의 텔레비전 기술은 시청자들이 스토리 내용에 집중하기 쉽게 만들어, 제작자들도 이 점을 가정하고 복잡한 이야기를 만든다.

또한 스마트폰과 소셜 미디어의 발달로 팬층의 온라인 커뮤니티가 확장되기 쉬웠고, 시청자들이 모여서 좋아하는 프로그램에 대한 이야기를 나누는 것이 가능해졌다.[3] 드라마 〈시그널〉(2016, tvN), 〈도깨비〉, 〈비

---

3   이를 텔레비전의 '사회적 시청social viewing'이라고 하는데, 11장 자세히 다룰 것이다.

밀의 숲〉과 같이 복잡한 내용의 드라마들이 인기를 끌었는데, 시청자들은 드라마 속에서 진행 중인 미스터리, 뒤얽힌 시간성, 웹상의 다양한 참고 내용들을 참조하여 미스터리를 해독/해석/분석하고 예측한다. 그 과정에서 인물의 숨은 매력을 발견하기도 하고 퍼즐을 맞추듯 이야기에 더 많이 몰입하여 심리적 관여가 더욱 높아지게 되는 것이다. 그런데 이런 복잡한 텔레비전 내러티브가 시청자 유인에 성공하는 경우도 있지만, 그 복잡성이 과도하여 시청자 일반이 따라가기 어려워짐으로써 기대에 못 미치기도 한다. 웹툰 만화의 판타지 세계와 현실 세계가 뒤섞이는 〈W〉(2016, MBC), 선악으로 자아가 분리된 복제 인간이 등장하는 〈듀얼〉(2017, OCN), 외계에서 온 인물과 시간성까지 뒤섞여 너무 어려운 내러티브가 되어 버리고 만 〈써클: 이어진 세계〉(2016, tvN) 등은 시청자의 호불호가 나뉘는 사례다.

텔레비전 드라마의 내러티브 자체를 난해하게 만들기보다는 교육이나 가족 생활과 같은 일상적인 주제일지라도 매회, 그리고 드라마 전체를 통해 시청자의 궁금증을 극대화하며 시청자를 문제 해결의 과정에 초대하는 구성도 드라마의 성공에 큰 기여를 할 수 있다. 2018년 말에 시작하여 큰 인기를 끌며 2019년 초에 20회로 종영한 〈스카이캐슬〉(jtbc)이 이러한 사례에 해당한다. 하나의 서스펜스가 바로 해결되지 않고 반전을 통해 또 다른 서스펜스를 일으키면서도 시청자가 다음 회를 기다리며 스스로 스토리의 전개를 예측해 보고, 그 예측을 온라인 상에서 다른 사람의 예측과, 또 실제 작품과 비교해 가면서 마치 시청자 스스로가 작가가 된 듯 즐길 수 있게 한 것이다.

스크롤의 미디어,
웹툰의 심리

4장

웹툰은 짧은 시간에 간단한 스토리를 이미지와 함께 즐길 수 있는 콘텐츠 중 하나로서 특히 젊은 층에서 큰 인기를 끌고 있다. 무엇보다 지하철과 같은 이동 수단을 이용하는 중에도 짧은 틈새 시간을 활용해 스마트폰으로 마음에 드는 웹툰을 골라 즐길 수 있다. 이것은 바쁜 일상에서 찾아낼 수 있는 작은 즐거움 중 하나로 자리 잡고 있다. 더 나아가, 쉽게 접근 가능한 포털 사이트 등 다양한 플랫폼에서 유료화 이전에 무료로 즐길 수 있는 콘텐츠의 폭이 넓어 경제적이면서도 요즘 젊은 층의 생활 패턴에 잘 들어맞는 즐김 원천 중 하나다.

스크롤의 미디어, 웹툰

웹툰은 인터넷을 의미하는 '웹web'과 만화를 뜻하는 '카툰cartoon'의 합성어다. 그러나 단순히 인쇄 만화를 인터넷에 그대로 옮겨 놓은 것이 아닌, 인터넷을 활용하여 제작과 감상, 그에 대한 반응 및 상호 작용적 소통까지 모두 가능한 도구라 할 수 있다(박범기, 2016; 한창완, 2013). 2003년경에 시작된 웹툰은 15년이 지난 2018년 10월 초 웹툰 인사이트 통계를 기준으로 총 9572편의 작품이 등장할 정도로 성장하였다. 이 웹툰 작품들 중 현재 연재 중인 작품은 6783편으로서 70.86%를 차지하고 있으며, 휴재 중인 작품은 80편(0.84%), 완결된 작품은 2709편(28.30%)이다.

　웹툰은 대체로 하나의 작품이 여러 장르에 해당하는 경우가 많지만, 대표적인 하나의 장르에만 속하는 것으로 분류했을 때 표 4-1과 같은 장르별 분포를 보이고 있다. 웹툰의 가장 많은 비율을 차지하는 장르인 순정 로맨스는 16.97%(1624편)를 차지하며, 드라마 15.58%(1491편), 판타지 9.14%(875편)가 그 뒤를 잇고 있다.

웹툰은 '스크롤의 미디어'로 불리기도 한다(손현화·전승규, 2015). 기존의 인쇄 만화는 책의 일종으로서 '넘기며 보기' 활동이 주가 되며, 한 페이지 안에서 컷과 컷 사이에 독자의 상상력이 가미되기는 하지만 일방향적이다. 그에 비해 웹툰은 화면의 스크롤을 내리며 감상한다는 점이 다르며, 컷과 컷 사이에 독자의 상상력이 가미된다는 점은 인쇄 만화와 유사하다. 웹툰은 읽고 난 후 독자들이 반응을 주고받는 댓글 활동을 할 수 있다. 이뿐만 아니라, 최근에는 웹툰을 읽는 동안에도 일정 부분 웹툰의 내용에 관여할 수 있는 장치도 등장해, 작가나 등장인물, 또는 다른 독자와 쌍방향 소통까지도 가능하다.

웹 콘텐츠에 바로 반응을 보일 수 있는 댓글 기능에는 순기능과 역기능이 공존한다. 뉴스 댓글도 해당 사건에 대한 사람들의 자유로운 반

표 4 - 1. 웹툰 장르별 통계

2018년 10월 기준 전체 작품 수: 9572편

장르	편수 및 비율
스릴러	219개 웹툰(2.29%)
드라마	1491개 웹툰(15.58%)
판타지	875개 웹툰(9.14%)
액션	384개 웹툰(4.01%)
무협	71개 웹툰(0.74%)
순정(로맨스)	1624개 웹툰(16.97%)
학원	151개 웹툰(1.58%)
코믹(개그)	321개 웹툰(3.35%)
일상	282개 웹툰(2.95%)
스포츠	91개 웹툰(0.95%)
시대극	55개 웹툰(0.57%)
이벤트	98개 웹툰(1.02%)
공포	148개 웹툰(1.55%)
SF	127개 웹툰(1.33%)

출처: http://www.webtooninsight.co.kr/Statistic/Total

응을 접할 수 있다는 장점과 함께, 일종의 편 가르기 댓글로 인해 의견 양극화가 심화될 수 있다는 단점을 지니듯이(나은영, 2015), 웹툰의 댓글도 해당 콘텐츠에 대한 독자들의 진솔한 피드백을 작가가 직접 접할 수 있다는 장점과 함께 작가에 대한 인신공격성 반응으로 인해 오히려 작가의 자유로운 창작 활동이 위축되는 결과를 가져오는 단점도 있다.

웹툰이 큰 인기를 끌자 기업에서 광고에 활용하거나 기관에서 홍보에 활용하는 사례들도 점차 증가하고 있다. 예를 들면, 한국건강증진개발원에서 여러 단체들의 후원으로 만든 '청소년 생명 존중 브랜드 웹툰' 사례로 기안84와 주호민의 〈썬데이 상담소〉라는 웹툰이 있다. 이 웹툰의 44화 "이대로도 괜찮을까?"라는 진로 고민(2017. 10. 4) 웹툰에 대한 댓글이 680개를 넘었다. 댓글 중 가장 많은 5024개의 '좋아요'를 받은 댓글의 내용은 "진짜, 힐링된다"는 내용이며, 본인도 꿈이 없어서 걱정이었는데 지금 이대로도 괜찮다는 데서 위로를 얻었다는 것이다. 이제 웹툰도 점점 더 많은 사람들이 쉽게 찾아보는 미디어 플랫폼으로 자리 잡아, 광고와 홍보 영역에까지 진출하면서 발전 가능성이 큰 '그릇'이 되어가고 있다.

웹툰의 표현은 스토리와 이미지로 이루어진다. 간혹 소리나 배경 음악을 함께 즐길 수 있는 웹툰들도 등장하고 있지만, 여전히 웹툰의 주가 되는 콘텐츠는 스토리와 이미지라고 할 수 있다. 짧든 길든, 간단하든 복잡하든 뼈대가 되는 스토리와 그 구성을 통해 사람들은 감동을 느끼며, 스토리에 어울리는 이미지의 색상과 모양, 영화의 편집에 해당하는 제시 방식 등이 웹툰을 즐기는 사람들의 마음에 영향을 준다.

웹툰의 표현 형식도 진화를 거듭해 왔다. 최초의 인터넷 만화는 컴퓨터로 구현한 것이 아니라 종이에 그린 것을 스캔하는 방식으로 시작되었다. 이후 태블릿 등 드로잉 기기의 발달로 이미지의 디지털화가 가속되었고, 이미지 편집 프로그램의 발달과 더불어 점차 플래시 효과까지 도입되면서 단순하면서도 반복적인 클릭 행위에 긴장감이 가미될 수 있는 형식으로 진화하였다. 또한 칸의 나열에 변화를 주며 마치 카메라의 줌인zoom-in, 줌아웃zoom-out 기능처럼 영화에서나 볼 수 있던 시각적, 시간적 효과까지 주는 기법으로 발전해 왔다(한창완, 2013).

영화와 웹툰의 가장 큰 차이점은 영화의 경우 이미지에 '움직임'이 있다는 것이다. 물론 만화에도 움직임을 넣어 화면에서 애니메이션을 감상할 수 있지만, 이러한 애니메이션은 이미 '영화'의 한 갈래로 볼 수 있다(손현화·전승규, 2015 참조). 영화에서는 한 장면 내에서도 움직임은 거의 필수적인 요소로 포함되며, 장면과 장면 사이의 변화와 움직임은 관람객의 상상력보다 감독의 재량에 따라 정해지는 경우가 많다. 그러나 웹툰에서는 하나의 컷 내 움직임이 거의 없고 스크롤을 내리는 동작을 독자가 조절하기 때문에, 컷과 컷 사이에 작가보다 독자의 상상력이 그만큼 더 많이 개입될 여지가 있다.

웹툰을 영화화하여 큰 반향을 불러일으켰던 주호민 작가의 〈신과 함께〉(2010~2012)를 살펴보자. 웹툰 원작에는 저승 재판 스토리가 자세히 묘사된 반면, 공간의 이동에서 오는 환상적인 느낌은 웹툰에서 독자가 실제로 보고 느끼기보다는 상상에 의존하는 부분이 더 컸다. 반면에, 동일한 작품의 영화에서는 저승 재판의 상세한 내용은 많이 단순화되었지만 공간의 이동이 매우 실재감 있게 역동적으로 그려져 보는 이의 눈을 즐겁게 해 주었다. 이처럼 동일한 스토리의 뼈대를 가지고 웹툰의 특성과 영화의 특성을 각기 달리 살려서 모두 성공적으로 그려낼 수 있었다. 사람들의 마음을 움직이는 스토리에 기반을 둔 콘텐츠는 형식에 구애받지 않고 유사한 감동을 주지만, 동일한 내용이 구현되는 방식의 차이에 따라 그 감동과 느낌이 어떻게 달라질 수 있는지에도 주목할 만하다.

웹툰의 독자층과 작가

어떤 웹툰이 사랑받는가

웹툰의 내용도 다양한 영역을 넘나든다. 공통점이 있다면, 현 세대를 살아가는 사람들의 삶의 일부를 다룬다는 점이다. 그래서 웹툰의 내용에 따라 독자층이 나뉜다. 세대, 성향, 삶의 모습 등이 비슷한 사람들끼리 비슷한 웹툰을 즐긴다. 대부분의 웹툰은 개인의 이야기가 중심이 되기는 하지만 그 이면에는 "사회적인 것을 재현"하는 속성(박범기, 2016)이 있다. 웹툰을 내용에 따라 크게 두 부류로만 나눈다면, 작가나 독자가 살아가는 일상 속의 생활을 유머와 함께 그려내는 일상툰, 그리고 하나의 완결된 스토리와 플롯을 지니며 (그 과정에서 마치 드라마나 영화를 감상하듯 서스펜스와 카타르시스를 느낄 수 있는) 긴 내러티브 바탕의 창작툰으로 대별할 수 있다.

웹툰을 좀 더 세부적으로 나누어 본다면, 웹툰 플랫폼별로 조금씩은 다른 분류를 택하고 있다. 예컨대, 네이버의 장르별 추천 웹툰 사이트에서는 우선 형식을 중심으로 에피소드, 옴니버스, 스토리 형식으로 구분하고 있으며, 내용을 중심으로 일상, 개그, 판타지, 액션, 드라마, 순정, 감성, 스릴러, 시대극, 스포츠로 분류하고 있다. 각 범주 안에서 검색되는 웹툰의 사례들을 살펴보면 대개 한 작품이 2~3개 정도의 장르에 동시에 속하는 것으로 분류된다. 네이버와 달리 다음에서는 장르를 판타지, 드라마, 코믹, 순정, 액션, 일상으로 좀 더 간결하게 나누고 있다.

2018년 9월 중순 기준 네이버 웹툰의 인기 순위는 1위 〈타인은 지옥이다〉(김용키, 2018~2019), 2위 〈조의 영역〉(조석, 2012~2019), 3위 〈오늘도 사랑스럽게〉(이혜, 2017~2019), 4위 〈연의 편지〉(조현아, 2018), 5위 〈약한 영웅〉(서패스/김진석, 2018~) 순으로, 이 순위를 연령별, 성별로 정리

표 4 – 2. 네이버 웹툰의 연령대별, 성별 인기 순위 검색 결과

10대	
남성	여성
1. 약한 영웅/서패스/김진석	1. 오늘도 사랑스럽개/이혜
2. 열렙전사/김세훈	2. 연의 편지/조현아
3. 언원티드/둠스	3. 구구까까/헤니
4. 프리드로우/전선욱	4. 2018 루키 단편선/웹툰작가
5. 황금의 핸드메이커/박장고/김래하	5. 허니허니 웨딩/문나영

20대	
남성	여성
1. 타인은 지옥이다/김용키	1. 오늘도 사랑스럽개/이혜
2. 조의 영역/조석	2. 연의 편지/조현아
3. 약한 영웅/서패스/김진석	3. 구구까까/헤니
4. 열렙전사/김세훈	4. 2018 루키 단편선/웹툰작가
5. 언원티드/둠스	5. 허니허니 웨딩/문나영

30대	
남성	여성
1. 타인은 지옥이다/김용키	1. 유미의 세포들/이동건
2. 조의 영역/조석	2. 1인용 기분/윤파랑
3. 약한 영웅/서패스/김진석	3. 가족사랑툰/남지은/김인호
4. 신암행어사/윤인완/양경일	4. 여신강림/야옹이
5. 덴마/양영순	5. 고인의 명복/조주희/유노

* 위 결과는 2018년 9월 중순 기준 검색 결과이며, 검색 요일과 시간에 따라 순위가 수시로 달라지기도 함.

하면 표 4-2와 같다.

요일별로 다른 웹툰이 업로드되기 때문에 어느 요일에 순위를 검색하느냐에 따라, 그리고 검색 시간대에 따라 순위가 조금씩 달라지기는 하지만, 2018년 사람들이 대체로 즐겨 찾는 네이버 웹툰의 제목들이 표 4-2에 등장한다. 구체적으로 살펴보면, 남성은 20~30대의 1~3위 웹툰이 일치하며 여성은 10~20대의 1~5위 웹툰이 모두 일치하는 것으로 미루어 보아, 위와 같은 웹툰의 심리적 수용 과정에서 남성은 10대와 20대 사이의 간극이 20대와 30대 사이보다 더 큰 반면, 여성은 20대와 30대 사이의 간극이 10대와 20대 사이의 간극보다 더 크다고 추론할 수 있다. 물론 다른 종류의 웹툰이 주류를 이룰 경우에는 이러한 연령대별 간극이 달라질 가능성이 있다. 전체적으로 남녀 모두 20대가 웹툰의 인기를 좌우하고 있다고도 해석할 수 있다.

갑을 관계와 청년 세대의 문제

이종승(2014)은 TV 드라마는 물론 웹툰에도 이 시대 청년 세대의 문제와 갑을 관계가 중점적으로 반영되고 있음을 지적한다. 내러티브 장르에 속하는 모든 미디어 콘텐츠는 스토리가 해당 시대를 살아가는 사람들의 삶과 밀접한 관련이 있을 때 당대 수용자들에게 호소력을 지닌다. 이러한 점에서 본다면 해당 사회에 편재하는 문화적 또는 시대적 특성들이 그것을 담아내는 그릇의 모양, 즉 장르와 형식에 관계없이 그릇에 담기는 내용을 결정하는 것은 당연하다고 할 수 있다.

웹툰이 시작된 2000년대 초반 이후 붐을 일으킨 웹툰 작가들과 독자들이 대체로 젊은 세대임을 감안할 때, 이 시대를 살아가는 청년들이 겪게 되는 문제들이 웹툰 내용의 상당 부분을 차지하는 것은 자연스러운 흐름이라 할 수 있다. 2013년을 전후하여 청년 또는 젊은 세대의 문제가 웹툰의 내용으로 다루어진 사례들에는 〈당신과 당신의 도서관〉(곽인근, 2010), 〈목욕의 신〉(하일권, 2017), 〈무한동력〉(주호민, 2012), 〈미생〉(윤태호, 2012~2013) 등이 있다(이승연, 2013 참조). 특히 인생을 시간대별로 나누어 살펴볼 때 직업적 안정이 보장된 상태가 아닌 사회생활 초년기에 '을'로서 겪어야 하는 애환 등이 때로는 애잔하게, 때로는 코믹하게 다루어지며 많은 젊은 층의 호응을 얻었다.

최근에 청년 실업 문제가 사회적으로 이슈화되자 〈이상한 나라의 취준생〉(토끼니, 2018~)이라는 웹툰이 주목을 받기 시작했다. 이 작품은 취업 준비생을 토끼에, 기성세대를 인간 세계에 비유한 일종의 애니메이션 웹툰으로서, 2018년 5월에 연재가 시작되어 10월 3일에 20화까지 업로드되었다.

〈이상한 나라의 취준생〉 첫 화는 다음과 같은 말풍선들로 시작된다. "아프니까 청춘이야! 나 땐 더 했어! 아직도 취업 못했어? 더 노력해! 항상 긍정적인 마인드를 가져!" 이러한 기성세대의 조언이 정작 취업 준비생들에게는 전혀 도움도 위로도 되지 않는다는 현실을 단적으로 보여 준다. 이어지는 컷에서 "해도 안 되는 걸 어떡해. 그냥 다 포기하고 어디론가 토끼고 싶어"와 같은 대사가 시사하듯 태초에 토끼의 나라였다가 인간들이 지배하게 되어 마침내 주인공은 다음과 같은 기치를 내걸고 토끼나라의 회복을 꿈꾸게 된다.

토끼 신세계 대작전

1. '토끼니' 요원이 인간 사회에 침투한다.
2. 귀여운 척으로 인간들을 방심하게 만든다.
3. 인간 사회에서 최대한 높이 올라간다.

4. 인간들을 지배하고 지구를 탈환한다.

– 〈이상한 나라의 취준생〉 제1화(2018. 5. 16) 참조.

유머러스한 설정이지만 웃을 수만은 없는 현실에 비유한 비장한 각오를 보여 준다. 이러한 이야기가 취업 준비를 하면서 좌절을 반복하여 겪고 있는 젊은 층의 공감을 잠시나마 얻어냈던 웹툰으로서 의미가 있다.

세대와 하는 일에 따라 세분화된 독자층

동일한 젊은 층이라 하더라도 그들이 각각 어떤 일을 하고 있는지에 따라 독자층이 세분화되어 끼리끼리 즐김의 그룹을 형성하기도 한다. 중고등학생들은 중고등학생들끼리, 대학생들은 대학생들끼리, 회사원들은 회사원들끼리, 아이를 키우는 젊은 엄마들은 또 그들만이 즐기며 공감할 수 있는 웹툰 콘텐츠들이 준비되어 있다.

예를 들면, 2016년에 TV 드라마화되기도 했던 웹툰 〈치즈 인 더 트랩〉(순끼, 2010~2017)은 캠퍼스 로맨스라는 틀 내에서 입시 세대의 경쟁, 상대 평가 시대의 질투와 시기 등을 다루며 인기를 끌었다. 장정윤(2017)은 드라마화된 이 작품을 다음과 같이 분석한다(p.352). 등장인물 중 상철은 '허세와 시기심,' 유정은 '위선과 질투,' 홍설은 '노력과 감정의 회피'로 그 특성이 나타난다. 결과적으로 '시기와 질투'라는 감정이 경쟁적인 한국 사회의 대표 감정이며, 이로 인해 '낙담, 분노, 무감각'이 팽배하다.

웹툰 작가가 자기 이야기를 풀어놓는 듯한 소소한 스토리텔링 안에서 독자들은 마치 자기 자신의 모습을 보는 듯한 즐거움을 느끼기도 한다. 이와 같은 '자기 재현적 웹툰'들에 나타나는 캐릭터 표상들은 사실적인 사람 얼굴에서 다소 동떨어진 캐릭터를 활용하였다. 그것은 '다른 사람의 얼굴'로 지각하기보다는 인간의 "비어 있는 것을 채워 보려는" 특성으로 인해 자기 자신을 대입할 가능성이 더 커진다(류철균·이지영, 2013: 131). 이는 이미지의 실제 모습에서 다소 벗어나는 카툰화가 더 강해질수록 특정 인물보다 더 많은 사람을 포함하는 '보편성'을 지니는 이미지로 인식된다는 생각(McCloud, 1994/2008)과 일치하는 주장이다.

얼핏 보면 모순이 있는 듯하면서도 '냉소'와 '유희'를 잘 버무려 일명 '병맛 문화'를 유행시킨 웹툰의 사례(가령 〈이말년씨리즈〉(이말년, 2012~2018)는 젊은이들의 자기 인식 방식의 하나인 '잉여'라는 개념으로 수렴되기도 한다. "잘 만들어진 완벽함"과는 다른, "어설픈 낙서나 그림"에서 오히려 카타르시스를 경험할 수 있는 가능성을 보여 준 사례라 할 수 있다(김수환, 2011: 106). 그런데 이처럼 젊은 층이 공유하고 있는 '잉여'의 개념은 "쓸모없이 남겨진 '나머지' 존재"라는 부정적 자의식 개념뿐만 아니라, 이것이 냉소적, 유희적으로 표현될 때 그 나름의 '열정'이 긍정적으로 평가될 수 있는 '오타쿠,' 즉 자신들의 작은 세계 안에서 "유희적 공통 코드"를 공유하며 즐기는 열정파가 될 수 있는 것으로 해석된다.

웹툰 작가들의 개성과 다양성

웹툰도 예술의 한 부분이며, 문화 콘텐츠의 중요한 영역을 차지하고 있다. 앞서 이야기했듯이 웹툰의 주요 콘텐츠는 스토리와 이미지로 이루어지기에, 웹툰 작가들의 삶 자체를 웹툰에 자연스럽게 투영하는 경우가 많다. 이것이 독자의 공감을 얻어내는 중요한 요소 중 하나가 되기도 한다. 박인찬(2017)은 그가 인터뷰한 작가들을 기반으로 현재 활동하는 웹툰 작가들의 특성을 다음과 같이 요약한다.

웹툰 작가 중에는 미혼이 기혼보다 두 배 많다.

웹툰 작가 중에는 남성이 여성보다 약 3.5배 많다.

웹툰 작가의 연령은 30대 15명, 20대 10명, 40대 6명, 그다음 50대 순이었다.

웹툰 작가가 필명과 본명을 사용하는 비율은 거의 반반이다.

웹툰 작업 시 가장 많이 사용하는 프로그램은 포토샵, 그다음이 클립스튜디오였다(박인찬, 2017: 376~378 부록 참조).

여기서 알 수 있듯이, 웹툰 작가들의 연령대도 대개 젊은 층이며, 웹툰 독자층의 연령과도 관련이 있을 것이다. 물론 최근에 등장한 미디어를 자유자재로 활용할 수 있는 것이 바로 젊은 층이기 때문이기도 한데, 웹툰을 '그리면서' 즐기고 '읽으면서' 즐기는 사람들은 넓게 보면 10대 중후반부터 40대까지가 대다수를 차지한다. 따라서 웹툰의 내용 면에도 당연히 10대부터 40대까지의 삶이 주류를 이루고, 이러한 내용에 동세대 또는 유사 세대가 공감하며 즐기는 것이다.

위근우(2015)는 최근까지 웹툰의 전성기를 이끌어 온 젊은 작가 24인을 직접 인터뷰한 내용을 책으로 엮었다. 이때 각 작가의 특성으로 '이야기의 집중력, 형식은 파괴한다, 웃음의 탐구, 본능의 힘, 열혈의 정석, 독자 공감, 취재는 나의 힘, 협업의 상승 효과, 장르의 매력'으로 나누어 웹툰의 작품 세계를 웹툰 작가의 삶과 연관지어 분석하였다. 이러한 구분에는 현재까지 인기를 끌어 온 웹툰 및 그 작가의 세계가 잘 요약되어 있다.

다양한 플랫폼에서 연재되고 있는 좀더 최근 웹툰을 살펴보고자, 2018년 9월 말 기준으로 연재 중인 웹툰을 플랫폼별로 정리해 보았다. 표 4-3은 플랫폼별 검색 인기 순에 따라 나눈 것이다. 표 4-3의 검색 순위는 토요일 검색 결과로, 다른 요일에 검색하면 순위가 달라질 수 있다. 어

표 4 - 3. 각 플랫폼별 웹툰 검색 순위

	다음	카카오페이지	네이버	올레
1	미생(윤태호/드라마)	미생 시즌 2(윤태호)	고수(류기운, 문정후)	즐거우리 우리네 인생(현이씨)
2	퀴퀴한 일기(2B/코믹, 일상)	독고 2(민, 백승훈)	신과 함께(재)(주호민)	썸툰 시즌 2(모히또모히칸/ 순정)
3	좋아하면 울리는(천계영/순정)	왕의 딸로 태어났다고 합니다(마젠타블랙, 팀 린치, 김렉나, 이제야, …)	외모지상주의(박태준)	성불시켜주세요(순정, 코믹)
4	쌍갑포차(배혜수/드라마, 판타지)	달빛 조각사(김태형, 이도경, 신C, 김준형)	호랑이형님(이상규)	크리스마스는 쨈과 함께(루시드)
5	N번째 연애(율로/드라마, 순정)	닥터 최태수(DURUFIX, 신철, 조석호)	연애혁명(232)	짧은 괴담 그을음(심윤수/액션, 스릴러)
6	아비무쌍(노경찬, 이현석/판타지, 무협)	실(보리)	유미의 세포들(이동건)	야오네집(이지현/드라마)
7	밤의 향(보리/순정, 성인)	열혈강호(챔프D 연재)(전극진, 양재현)	마음의 소리(조석)	프라이드(전수영/액션)
8	취향저격 그녀(로즈 옹/드라마, 순정)	정령왕 엘퀴네스(나르, 이환)	복학왕(기안84)	꼼수새끼 내새끼(서영민/일상)
9	트레이스(고영훈/판타지, 액션)	이미테이션(박경란)	창궐(황조윤, 윤균)	살인마 VS 이웃(수사반장, 고민중/판타지, 액션, 스릴러)
10	껍데기(김탐미/드라마, 스릴러)	롱리브터킹(버드나무숲)	타인은 지옥이다(김용키)	버니 로즈(순정)

* 괄호 안은 작가명/장르. 다음 사이트의 스마트앤서 검색 참조.

쨌든 이 표를 통해서 여러 플랫폼에 연재되는 웹툰의 종류가 매우 다양하다는 사실을 알 수 있다. 이 장의 서두에서 소개했듯이 지금까지 알려져 있는 한국의 웹툰은 총 1만 편에 근접하고 있을 정도로 붐을 이루고 있다.

이처럼 다양한 웹툰 콘텐츠가 존재한다는 것은 웹툰 독자에게 선택권이 그만큼 넓다는 사실을 방증한다. 수많은 웹툰 중에서 사람들의 '관심'과 '주목'을 끌어 '선택 받은' 웹툰을 중심으로 웹툰 시장 전체가 움직이고 있는 것이다.

동시대 삶의 공유와 웃음 유발

동시대의 삶을 공유하고 위로하다

젊은 층은 웹툰을 보면서 마치 자신의 삶을 대변해 준다고 느낀다. 실제 생활에서 '갑'에 해당하는 사람들에게 억울한 일을 당하면서도 속마음을 있는 그대로 표현할 수 없었던 답답한 상황이 웹툰을 통해 그려진다. 그 주인공이 자신이 실제로 하고 싶었던 말을 대신해 주기도 하고 현실을 환상적으로 극복해 가기도 하는 모습을 보면서 속 시원함, 통쾌함에 해당하는 카타르시스를 경험하는 것이다(나은영, 2010 참조). 또한 실제 생활에서 벌주고 싶었던 사람들이 웹툰 속의 캐릭터로 등장하여 곤란해지는 모습을 보며 짜릿한 쾌감을 느끼기도 한다.

웹툰은 대개 젊은 층이 많이 선호하는 장르이지만, 젊은 층도 더욱 세분화되어 각기 조금씩 다른 콘텐츠를 더 많이 즐기는 경향이 있다. 젊은 층에게 공통적으로 퍼져 있는 생각은 신조어에서 엿볼 수 있는데, 최근에는 '비관적'인 단어들로 나타나고 있다. '이번 생은 망했다'는 뜻을 지닌 '이생망,' 사회경제적 지위가 낮으며 상승의 가능성이 없음을 함축하는 '흙수저,' 삶에서 중요한 것들을 포기하고 살아야 함을 의미하는 'N포 세대,' 살아가기 힘든 한국 사회를 지칭하는 '헬조선' 등과 같은, 젊은 층의 좌절감을 대표하는 단어들이 유행처럼 번지며 공감을 얻고 있다. 따라서 젊은 층이 창작자이며 젊은 층이 주 독자인 웹툰도 이러한 주제들이 대세를 이루고 있다.

류철균과 이지영(2013)은 웹툰의 주제가 '자기 재현적'이라는 사실에 주목한다. 즉 주인공이 작가와 동일시되며 개인의 사적인 체험을 재현한다는 것이다. 그러다 보니 웹툰 제작자의 개인적 경험이 동시대를 살아가고 있는 유사한 경험 공유자들과 호흡을 함께하기가 더 용이한 것으로 풀이된다. 즉 누구나 웹툰을 제작해 그리 어렵지 않게 올릴 수 있으며, 그 내용에 공감하는 이들이 많으면 보는 사람들도 많아지고, 그러면 그 플랫폼에 눈독 들이는 사람들의 수도 점점 증가하게 되는 구조가 된다.

20세기에는 거대 담론의 압력이 한국의 서사 문화를 지배해 왔지만, 지금은 "일상적 개인의 가치를 복원하는 미시 서사의 움직임"이 활발해지고 있다(류철균·이지영, 2013: 118). 이와 같은 '작은 이야기'의 담론이 〈마린 블루스〉(정철연, 2001~2007)나 〈스노우캣〉(권윤주, 2000~)처럼 2000년대 초반 웹툰의 초창기에 주류를 형성했다. 이들 웹툰은 지면 만화를 웹으로 옮기는 정도를 뛰어넘는 독특하면서도 유용한 창의적 플랫폼으로 자리잡았다.

최근 이동건 작가의 〈유미의 세포들〉(2015~2020)도 누구나 겪을 수 있는 일상의 '작은 이야기'를 담고 있다. 웹툰 독자들은 웹툰 속의 삶을 자기 자신의 삶과 '비교'하며 유사한 삶의 모습에 공감과 위로를 느낀다. 그러면서 마음 깊은 곳의 내면적 성찰을 짧은 시간 매일 일기를 쓰듯 이어간다. 이러한 과정은 마치 커뮤니케이션의 기본 과정에서 화자가 일정 부분 '자기 노출'을 시도하고, 이에 대응하여 커뮤니케이션의 청자에 해당하는 웹툰의 독자가 명시적인 자기 노출 없이 일상의 삶과 연계된 '의미 공유'를 경험하는 과정과 유사하다(나은영, 2015). 즉 웹툰을 통해 작가와 독자 사이의 의미 공유로 커뮤니케이션이 완성되는 것이다.

웃음 유발 기제와 웹툰의 희극적 수사법

웃음을 유발할 수 있는 요소는 크게 법석떨기, 익살스러운 유머, 놀라움, 오해, 비꼬기, 빈정거림 및 패러디로 나뉜다(Buijzen & Valkenburg, 2004). 좀 더 구체적으로는 서투름, 기괴한 외양, 무지, 어린애 같은 언동, 심술궂은 쾌락, 재치, 독특한 소리, 조롱, 풍자, 시각적 놀라움 등이 웃음을 유발한다(나은영, 2010: 120~121; 박근서, 2006 참조). 이러한 요소 중 한두 개만 있어도 웃음을 유발하기에 충분하다.

웹툰 콘텐츠의 상당 부분은 웃음 유발 기제를 포함하고 있다. 웹툰 전체의 분위기가 그러하지는 않더라도, 중간 중간 몇몇 컷에서라도 코믹 또는 풍자의 요소를 포함시켜 독자들을 웃게 만든다. 개그 웹툰의 웃음 유발 기제에 관해 홍난지(2013)는 개그 웹툰의 성격이 일탈과 저항의 성격이 강하며 주로 패러디를 통해 표현된다고 주장한다. 패러디적 표현이 독자에게 적극적 참여를 유발시킨다는 것이다.

'패러디'를 통한 웃음의 유발은 웹툰에서 빼 놓을 수 없는 특성이다. 패러디는 아리스토텔레스의 《시학》에서도 소개될 만큼 오래된 기원을 가지고 있다. 따라서 패러디는 일종의 모방이지만 모방되는 대상과 모방 후의 작품 사이에 차이를 내포하고 있으면서도 비평적인 의미를 담고 있다. 〈패션왕〉(기안84, 2011~2013)에 나타난 패러디를 분석한 연구(김종은, 2012)에서 실제 인물, 이슈화된 사진, 또는 만화를 패러디하는 사례들이 제시되고 있다. 이 연구는 패러디의 특성을 ① 낯설게 하기, ② 유머, ③ 시선 끌기라는 세 가지로 정리한다. 즉 기존의 이미지에 새로운 해석이 가미된다는 점에서 낯설게 하는 요소가 들어가며, 해학적 요소로 즐거움을 준다는 점에서 유머 코드가 있고, 익숙한 대상을 약간 일탈시켜 주의를 끈다는 점에서 시선을 끄는 이미지의 특성을 지닌다는 것이다. 〈패션왕〉 30

화에서 송충이 야상 패션을 패러디함으로써 이슈화된 사진을 활용한다든지, 영화 〈아저씨〉(2011)의 장면 중 총을 쏘는 배우 원빈의 모습을 패러디한다든지 하는 사례들이 전형적인 패러디의 기법이다. 어떤 식으로든 사람들이 이미 익숙하게 알고 있는 대상을 조금 비틀어 낯설게 함으로써 주목을 끌면서 해학적인 웃음을 자아내는 패러디 기법도 웹툰에서 심심치 않게 사용되는 도구라 할 수 있다.

웹툰의 희극성을 병맛 만화 전후로 나누어 설명한 또 다른 연구를 살펴보면, 병맛 만화의 서사 구조 특성은 해체와 전복이며, 개연성의 파괴를 통한 '놀람'이 희극성의 중심을 형성한다고 본다(홍난지, 2014; 홍난지·박진우, 2014: 151). 이말년의 〈이말년씨리즈〉 이후 웹툰 사례에서도 이야기 구조를 유지하면서 중간 중간 재미를 넣고 싶은 부분에 '놀람'을 통한 병맛 요소들을 반복적으로 활용함으로써 사람들을 즐겁게 해 주려는 경향을 보였다.

최근 웹툰의 '템포'가 재미 요소를 더해 준다는 연구도 있다(김성재, 2017). "긴장의 축적과 해소"가 재미의 핵심이며(이현비, 2004), 웹툰에서 템포를 활용한 연출로 이러한 긴장의 축적과 해소를 통한 재미를 만들어 낸다. 이것은 마치 드라마나 영화에서 갈등이 극에 달해 서스펜스를 강하게 느끼다가 마침내 갈등이 해소됨으로써 카타르시스를 느끼며 즐기게 되는 구조와 닮아 있다(나은영, 2010; 이가영·나은영, 2011 참조). 미디어의 특성에 따라 긴장을 발생시켜 축적하고 해소하는 방식은 다양하게 나타날 수 있지만, 중요한 점은 심리적 '긴장'이 있고 이것이 어느 정도 '축적'되었다가 '해소'되는 과정이 있어야 사람들이 재미를 느낄 수 있다는 내러티브 원칙에는 변함이 없다.

환상, 감성, 몰입

웹툰이 소소한 일상의 삶을 그려 공감을 얻거나 유머 요소를 통해 웃음을 유발하기도 하지만, 다른 한편으로는 환상적인 세계에 몰입하게 함으로써 마음을 어루만지기도 한다. 물론 환상적인 세계에서 일어나는 일들도 인간이 겪는 일들에 바탕을 두고 있기는 하다. 이는 내러티브를 즐기려면 '자기 관련성'이 필수 요소이기에(나은영, 2010), 자신의 삶과 상당 부분 관련이 되는 스토리로 전개되어야 감정을 느낄 수 있다. 인간의 삶과 전혀 무관한 환상으로 이야기를 채운다면, 인간의 기억과 경험에서 연관성을 떠올릴 수 없기에 감동을 주기 어렵다.

웹툰 〈신과 함께〉는 저승편, 이승편, 신화편으로 이어진다. 특히 저승편과 신화편은 상상 속의 세계를 그려내고 있지만, 수많은 사람들의 마음을 움직이며 자신의 삶을 되돌아보게 만들었다. 특히 저승편은 영화로도 제작되어 개봉 당시 많은 이의 가슴에 깊은 인상을 남긴 바 있다. 우리가 실제로 경험해 보지 못한 저승의 세계를 실감나게 그리고 있어, 사람이 죽은 후 이승에서 했던 일들에 대해 하나하나 평가 받을 때 독자나 관객이 자신과 주변 인물의 실제 삶을 반추해 보게 한다. 그래서 올리버(Oliver, 2008, 2009)가 이야기했던 통찰, 의미, 이해, 반추라는 인생의 총체적인 의미와 관련된 '부드러운 정서tender-affectiveness'를 느끼며 슬픈 감정까지도 아름답게 받아들이는 것이다. 이러한 환상과 감성을 통한 몰입은 최근의 웹툰에서도 지속적으로 인기를 끌고 있다.

웹툰의 서스펜스와 감정

서스펜스를 이끄는 힘: 〈조의 영역〉

드라마나 영화와 같은 픽션 스토리에서 갈등을 바탕으로 한 조마조마함, 즉 서스펜스는 나중에 통쾌한 카타르시스를 전제로 할 때 더욱 큰 의미를 지닌다(나은영, 2010). 즉 지금의 스토리를 보며 마음을 졸이는 것은 다음 스토리가 어떻게 전개될지에 관한 궁금증에 더하여, 결국은 카타르시스를 느끼게 될 것이라는 일종의 믿음이 있기에 현재의 서스펜스를 더 즐긴다는 것이다. 웹툰의 픽션 스토리에서도 독자들 나름대로 미래에 발생하게 될 스토리를 추론하며 자신의 추리가 맞아떨어질 때 기뻐하면서 또 다음의 스토리를 기대한다.

그런데 적절한 카타르시스 없이 지나친 서스펜스만 지속될 경우에는 그 자체를 즐기는 이들도 있겠지만 일부 독자가 이탈하기도 한다. 통쾌한 카타르시스가 없음에도 불구하고 이와 유사한 웹툰 콘텐츠를 즐기는 사람들의 심리를 고려해 보면, 꿈과 희망을 찾기가 그리 쉽지 않은 현실에서 '이렇게 끔찍한 웹툰 속 다음 장면은 어떻게 될까' 또는 '도대체 이 웹툰의 결말은 어떻게 되는 것일까' 하는 궁금증을 끊임없이 유지해 가며 한 화 한 화를 클릭하게 될 가능성이 있다.[4]

〈조의 영역〉을 예로 들어보자. 〈조의 영역〉은 조석의 웹툰으로 2012년 10월부터 2013년 1월까지 시즌 1이 연재되었다. 5년이 지난 2017년 9월 시즌 2를 시작하여 2019년 6월 완결될 때까지 꾸준히 인기를 모았던 작품으로, 2018년 7월에는 VR 영화 콘텐츠로 선보이기도 했다. 이 작품

---

4 이와 관련된 토론에 참여해 준 '미디어 심리학' 수업의 수강생들에게 고마움을 표한다.

의 가장 큰 장점은 흔하지 않으면서도 호기심과 궁금증을 자아내는 스토리에서 오는 서스펜스에 있다. 그래서 〈조의 영역〉은 '재난 스토리' 장르로 분류된다. 옴니버스나 에피소드가 아닌 스토리로 이어지는 웹툰 콘텐츠는 1화부터 연속적으로 볼 때 그 진가를 제대로 맛볼 수 있다. 중간의 몇 화만을 보면 스토리가 끊겨 몰입에 방해가 되기 때문이다.

〈조의 영역〉은 물 자원 부족으로 인한 인간들의 갈등에서부터 첫 화를 시작한다. 거대화된 물고기들로 인해 인간의 수자원이 부족해지자 처음에는 총으로 물고기들을 죽이지만, 점점 더 그런 행위를 할수록 수자원은 더욱 오염되어 간다. 그러다가 마침내 인간이 진화에서 뒤쳐져 인어화된 사람들과의 갈등과 대립 등이 반전을 거듭하며 이야기가 전개된다.

〈조의 영역〉의 등장인물들이 지속적으로 암울한 상태에서 탈출이 어렵다고 느껴질 때면 다음과 같은 댓글이 달리기도 한다.

〈조의 영역〉 시즌 2의 54화(2018. 9. 29)에 대한 댓글

댓글 1: 암만 봐도 이 세계는 그냥 죽는 게 편할 거 같다. (좋아요 13721회, 싫어요 107회)

댓글 2: 소원이도 자기 생각만 하게 되다니 이게 쉴 틈 없이 사람 심리가 그대로 반영되네요. 정상적인 사람 시점에서 성격 변화부터 인어화 과정을 이번 인천공항 편에서 자세히 다루는 것 같네요. (좋아요 5089회, 싫어요 66회)

댓글 3: 저 세상과 현실이랑 다른 게 뭘까? 사실 우리도 살기 위해 몸부림치고 있는 게 저 사람들이랑 다른 게 없겠지…… (좋아요 1435회, 싫어요 200회)

위 댓글 내용 중 댓글 2는 웹툰 자체에 대한 분석이 주를 이루는 데

비해, 댓글 1과 댓글 3은 웹툰의 세계를 지금 우리가 살고 있는 세계에 비추어 판단하는 과정이 들어가 있다. 댓글 1은 '내가 저 세계에 있다면 죽는 게 편할 것 같다'고 생각하는 것이고, 댓글 3은 '저렇게 힘든 세계의 현실이 마치 지금 내가 살고 있는 이 세상에서 힘든 것과 유사하다'고 생각하는 것으로, 둘 모두 나은영(2010)이 이야기한 '자기 관련성'을 높게 지각하고 있는 것이다. 이 둘 중에서는 특히 댓글 1이 상대적으로 공감을 더 많이 받고 있음을 알 수 있다.

웹툰의 상호 작용적 특성 중 하나가 이처럼 매 화마다 즉각적으로 댓글을 달 수 있고, 각 댓글에 대해 '좋아요'와 '싫어요'를 표현할 수 있다는 점이다. 댓글의 기능 중 하나는 동일한 웹툰 콘텐츠를 즐긴 후 다른 독자들도 자기와 비슷한 생각을 하는지 확인해 볼 수 있다는 점이다. 즉 적극적인 댓글 표현으로 자신의 감정을 즉각적으로 표출할 수 있을 뿐만 아니라, 다른 사람들의 댓글들을 훑어보며 자신의 감상 느낌을 다른 사람들과 '비교'해 보는 즐거움(Festinger, 1954)을 함께 느낄 수도 있다. 웹툰을 보며 사회 비교social comparison 심리까지 충족시킬 수 있는 것이다.

감정을 세밀하게 표현한 〈유미의 세포들〉

이동건의 〈유미의 세포들〉은 2015년 4월부터 2020년 11월까지 연재된 네이버 웹툰으로, 중간에 잠시 휴재 기간이 있기는 했지만 상당히 오랜 기간 인기를 끌었다. 이 작품은 컷들이 세로가 아닌 가로로 이어지는 일명 '컷툰'에 해당한다. 이 웹툰에도 전체적인 스토리가 있기는 하지만 몇 회씩의 묶음마다 에피소드가 있고 우리 주변에서 쉽게 볼 수 있는 일상적인 소재를 다루고 있기 때문에 굳이 1화부터 순서대로 보지 않더라도 공감하며 이해하기가 쉽다.

© 네이버웹툰〈유미의 세포들〉/ 작가: 이동건

그림 4 – 2. 이동건의〈유미의 세포들〉중 현실 속 대화 장면과 마음속 세포들 간 갈
등 장면(339화 중에서).

〈유미의 세포들〉이라는 웹툰의 가장 큰 장점은 우리가 일상에서 겪는 상황들에서 '겉으로 드러나는 커뮤니케이션' 이면의 '속마음'까지 겉으로 표현해 준다는 점이다. 유미라는 주인공의 감정을 '뇌세포'로 의인화해 표현함으로써, 예컨대 현실 속의 러브 스토리 안에서 '존경'과 '사랑'의 마음이 혼동을 일으키고 있다면 이것을 액면 그대로, 마치 마음속의 뇌세포들 하나하나가 사람이 되어 대화하는 것처럼 마음속의 갈등을 그대로 웹툰 캐릭터로 표현해 내고 있다.

이러한 설정은 마치 애니메이션 영화 〈인사이드 아웃Inside Out〉(2015)을 연상시킨다. 특히 마음속에 있는 감정을 겉으로 끌어냈다는 점이 유사하다. 그러나 〈인사이드 아웃〉이 다섯 개의 감정에만 초점을 둔 데 비해, 〈유미의 세포들〉은 아주 세세한 부분의 충동적 느낌들까지도 정교하게 표현하고 있다.

예를 들어 〈유미의 세포들〉 339화 "내가 너무 예민한 거야"(2018년 9월 21일)를 살펴보자. 여기서 바비가 유미에게 "너 작업해야 하잖아 이만 가볼게"라고 이야기하자 유미의 감성 세포는 바비에게 더 있다가 가라고 한다. 그러나 이성 세포는 할 일이 많으니 보내 줘야 한다고 말한다. 마침내 바비가 가려고 하자 손을 잡는다. 응큼 세포가 열심히 잡고 있었던 것이다. 이성 세포가 억지로 떼어 놓자 마침내 사랑 세포가 "작업은 자는 시간을 좀 줄이면 되잖아!" 하며 유혹한다. 실랑이 끝에 손을 놓고 바비가 가는 길에 명탐정 세포, 요리 세포 등이 등장하며 최근에 있었던 일들을 떠올린다.

현실 속의 대화 장면과 마음속 세포들 간 갈등 장면을 제시하면 그림 4-2와 같다. 이 그림에 첫 번째 장면은 현실을, 두 번째와 네 번째는 마음속 세포들을 표현하고 있으며, 세 번째에서는 현실을 위쪽에, 마음속을 아래쪽에 표현함으로써 갈등 상황을 동시적으로 표현하고 있다. 이 그림에는 유미의 뇌세포들만 표현이 되고 있으나, 바비의 마음을 표현하는 뇌세포들은 또 다른 모양으로 그려진다. 일상생활 속에서 겪을 수 있는 작은 상황들이지만 우리는 매번 마음속에서 이렇게 할까 저렇게 할까 수많은 생각을 하게 된다. 〈유미의 세포들〉은 바로 이런 점들을 세세하게 잘 표현하고 있어 오랫동안 공감을 받아 왔다고 할 수 있다.

전반적으로 사람들에게 '공감'을 일으킬 수 있는 웹툰들이 관심을 끄는 것은 당연하다. 자기 자신에게도 일어날 법한 일들, 사소해 보이지만 결코 간과할 수 없는 사건들을 마치 '내 이야기를 하듯' 풀어놓고 있는 웹툰에 이 시대의 20대가 특히 자연스럽게 몰입하게 되는 것으로 보인다.

웹툰의 미디어적 기능

틈새 시간 활용 및 공감의 공유

현대인의 삶에서 틈새 시간은 '자투리'라는 의미 이상의 가치가 있다. '해야 할' 일들로 가득한 일상 속에서 '하고 싶은' 일을 자유롭게 할 수 있는 '나만의 짧은 시간'이 틈새 시간으로서 귀중한 가치를 지니기 때문이다. 스마트폰이 대중화된 이후 웹툰은 이런 틈새 시간에 즐기기 가장 좋은 장르가 되었다. 웹툰의 특성상 이동 중이나 일하는 중에도 잠깐 잠깐 짬을 내어 간단히 즐길 수 있어서, 현실 속에서 현실을 잠깐씩 벗어날 수 있는 힐링 타임의 엔터테인먼트라 할 수 있다. 일상적으로 공감할 수 있는 내용을 잠깐씩 어디서나 쉽게 접할 수 있기에 웹툰은 그만큼 빨리 성장할 수 있었던 것이다.

동시대에 공감을 얻는 웹툰의 주제를 가지고 비슷한 연령대와 대화하기 쉽게 만들었다는 점도 웹툰 확산에 기여하였다. 대부분의 미디어 콘텐츠는 혼자서만 즐기고 끝내기보다 그 내용을 주위 사람들과 공유하면서 그 즐거움을 더욱 만끽하기 때문이다. 웹툰이 '우리'의 이야기를 담고 있어 그 내용에 내가 공감했다면, 이를 오프라인상의 '우리'와 공유하고 싶은 것은 당연한 일이다. 그러한 오프라인상의 대인 공유를 통해 해당 미디어 콘텐츠를 즐기는 기쁨이 배가될 수 있다.

공간 표현의 수직적 확장

웹툰은 대개 아래쪽으로 스크롤하며 읽어 내려가는 미디어적 속성을 지니고 있기 때문에, 수직적 공간 표현이 매우 효과적으로 나타날 수 있다. 서채환과 함재민(2010)은 강도하의 〈로맨스 킬러〉(2006)와 〈큐브릭〉(2007)을 중심으로 하여, 웹툰에서 공간 표현의 수직적 확장으로 인해 "공간 표현의 확장 예술"로서 웹툰의 가치가 상승할 수 있음을 강조하였다.

세로로 긴 컷에 담기는 이미지를 통해 "단일 이미지의 종형 파노라마," 즉 수직적으로 확장된 컷에서 다른 미디어로는 쉽게 느낄 수 없었던 정서를 느낄 수 있다. 더 나아가, 강도하 작가는 단순히 공간 표현을 수직적으로 확장하는 데서 그치지 않고 공간 '모핑'을 시도함으로써 이미지를 서서히 변화시키는 컴퓨터 애니메이션 기법을 사용한 컷들의 사례도 보여 준다(서채환·함재민, 2010). 세로 스크롤이 주가 되기 때문에 웹툰에서도 둘 이상의 컷 사이에 충분히 모핑 효과를 줄 수 있게 된 것이다.

최근에는 더욱 다양한 웹툰들이 등장하면서 세로 포맷이 아닌 가로 포맷을 선호하는 '컷툰'들도 존재한다. 사람들이 웹툰을 즐기는 디바이스가 PC에서 모바일로 점점 더 많이 이동해 감에 따라, PC에서의 마우스

스크롤 수직 이동뿐만 아니라 아이패드나 스마트폰 화면의 수직 및 수평 이동 모두에 적합한 웹툰들이 등장하는 것이다. 이러한 웹툰 제작의 변화 과정을 고찰해 보면, 동일한 웹툰 콘텐츠라 하더라도 이것을 즐길 수 있는 미디어 환경과 기기에 따라 즐기는 사람들의 이용 패턴에 맞도록 제작 방식이 변화를 겪으며 정착되어 간다는 사실을 알 수 있다. '즐기기 편한' 방식으로 제작 방식도 달라져 간다.

웹툰의 특수 효과

웹툰의 멀티미디어적 요소들은 사운드, 플래시, BGM과 같은 음악, 진동 등 다양한 효과들의 도입을 가능하게 해 준다. 〈옥수역 귀신〉(호랑, 2011)이라는 2011 미스터리 단편이 발표될 때 작품 후반부에 손이 튀어나오며 큰 소리가 나는 장면이 사람들을 놀라게 만들었다. 이러한 놀람의 경험은 '웹툰 효과 에디터'의 개발로 이어져 웹툰을 더욱 동적으로 만드는 데 기여했고, 이어 2015년 하일권 작가의 〈고고고〉(2015) 등 작품이 효과툰으로 제작되었다(고민정, 2016: 137). 웹툰의 특성인 세로 스크롤은 유지하면서 배경의 밝기가 달라지며 움직인다든지 그러한 움직임이 소리나 진동과 함께 작동한다든지 하는 방식은 특히 공포 장르에서 큰 효과가 있다. 이러한 특수 효과는 웹툰의 내용을 더욱 실감나게 느끼도록 한다는 점에서는 몰입에 도움이 되기도 하고 한편으로는 현실을 깨닫게 하여 웹툰에서 빠져나오게 하는 경험으로 이어지기도 한다. 분명한 점은 웹툰도 발전을 거듭해 가면서 인간의 다섯 가지 감각 중 더욱 많은 수의 감각을 동시에 자극시키는 방향으로 가고 있다는 점이다.

웹툰 기반의 2차 제작물

웹툰을 기반으로 하여 만들어지는 2차 제작의 대표 장르는 영화와 드라마다. 이미 제작된 작품들부터 앞으로 제작될 작품까지 그 사례가 넘쳐나고 있다. 제피가루의 〈아리동 라스트 카우보이〉(2010)를 영화화한 〈반드시 잡는다〉(2017), 주호민의 〈신과 함께〉를 동일한 타이틀로 영화화한 사례, 〈치즈 인 더 트랩〉이나 〈내 아이디는 강남미인〉과 같이 드라마로 제작된 사례 등이 대표적이며, 속편이 영화로 제작된 〈신과 함께〉를 비롯해 2019년 선댄스 영화제에 초청받은 VR툰 〈조의 영역〉에 이르기까지 인기 웹툰의 2차 제작 시리즈가 끊임없이 이어지고 있다.

영화화되어서도 인기를 이어갔던 〈신과 함께〉는 오히려 웹툰에서 보여 주지 못했던 움직이는 화면 변화의 박진감, 대략 두 시간 정도면 웹툰의 스토리 전체를 즐길 수 있다는 편리함 등이 영화의 매력으로 어필했다. 이미 웹툰의 스토리를 알고 있는 사람들도 영화를 볼 만한 이유는 충분했고, 비록 형식은 달랐지만 웹툰의 핵심 스토리를 영화의 방식으로 즐길 수 있었다. 웹툰과 영화는 그 장단점이 다르기에, 각 플랫폼의 장점을 살린 연출은 웹툰은 웹툰대로, 영화는 영화대로 사람들의 관심을 충분히 끌 수 있다.

웹툰이 드라마화된 사례로는 〈미생〉, 〈우리 헤어졌어요〉(2014), 〈지킬박사는 하이드씨〉(2011), 〈냄새를 보는 소녀〉(2013~2015) 등의 작품들뿐만 아니라 2018년에도 〈내 아이디는 강남미인〉(2016~2017), 〈김 비서가 왜 그럴까〉(2016) 등 다양한 작품들이 계속 합류하고 있다. 드라마로 전환될 때 캐릭터가 거의 변하지 않는 경우도 있지만, 정혜지(2015)의 연구에서 보여 주듯이 어느 정도의 변화는 발생하게 된다. 〈신과 함께〉처럼 영화로 전환된 웹툰의 경우에는 상영 시간의 제약 때문에 구체적인 논증이나 에피소드, 또는 특정 인물이 생략되는 경우가 상당히 발생하지만, 드라마는 영화에 비해 시간 제약이 덜하기 때문에 역으로 인물 관계가 더 복잡해질 수도 있다. 또한 웹툰에 비해 드라마의 등장인물이 더 보편적인 수용자들에게 어필해야 하기 때문에, 웹툰이 드라마로 변형되는 과정에서 사람들에게 일반적으로 받아들여질 수 있는 인물로 어느 정도 각색을 거치기도 한다.

웹툰은 영화나 드라마뿐만 아니라 게임으로 만들어지기도 하며, 그 밖에 백봉의 〈노점 묵시록〉(2013~2016)에 등장했던 흑마귀 떡볶이가 실제 떡볶이로 출시되기도 했다(박인찬, 2017). 이처럼 '잘 만들어진' 웹툰은 다양한 형태로 사람들의 마음에 더욱 큰 인상을 남길 수 있다.

2부

엔터테인먼트와
정서 경험

공연 예술을 즐기는 심리

연극, 뮤지컬, 오페라

5장

연극, 뮤지컬, 오페라 등과 같은 공연 예술은 미디어의 발전을 이겨내며 오랜 세월 동안 면면히 이어져 오고 있다. 공연 예술의 가장 큰 장점은 배우와 관객이 같은 공간에서 호흡하며 즐긴다는 데 있다. 서로 먼 곳에 있는 사람들을 연결해 주는 미디어가 아무리 눈부신 발전을 거듭해 왔다 해도, 사람이 바로 앞에서 공연하는 것을 보고 싶어 하는 인간의 심리는 몇 천 년이 지나도 변함없이 이어져 온 근본적인 심리라 할 수 있다.

달라진 것이 있다면 예전에는 '온전히 사람의 말과 표정과 몸으로만' 보여 주던 공연이 많았던 데 비해 최근으로 올수록 '미디어의 도움을 받아' 보여 주는 영역이 점점 더 증가해 온 점이다. 이 장에서는 공연 예술이 사람의 마음에 영향을 주는 과정에서 다른 장르들과 어떤 차이점을 보이는지를 알아본다. 또한 최근 미디어의 발전으로 공연 예술의 어떠한 부분이 달라졌으며 이로 인해 사람이 공연 예술을 즐기는 심리에는 어떠한 변화가 나타났는지 살펴보려 한다.

공연 예술이란 무엇인가

공연 예술의 범주에 속하는 대표 장르인 퍼포먼스는 단순히 '공연'에만 한정되는 것이 아니라 다양한 인간의 행위를 광범위하게 포괄한다. 여기서 말하는 다양한 인간의 행위에는 ① 일상생활의 퍼포먼스, ② 예술의 퍼포먼스, ③ 스포츠와 대중 오락의 퍼포먼스, ④ 사업의 퍼포먼스, ⑤ 기술의 퍼포먼스, ⑥ 성性의 퍼포먼스, ⑦ 종교적, 세속적 의례의 퍼포먼스, ⑧ 놀이의 퍼포먼스와 같은 8개 항목이 포함된다(Schechner, 2002: 25; 김용수, 2017: 28). 이 가운데 특히 무대에서 이루어지는 공연은 '행위'들로 이루어지는 퍼포먼스의 일부로서 미학적 퍼포먼스에 속하며, 일상생활 안에서 이루어지는 결혼식이나 스포츠 등은 비미학적 퍼포먼스에 속한다. 시위도 일종의 퍼포먼스에 속한다.

이렇게 광범위한 퍼포먼스 가운데 여기서는 연극이나 뮤지컬 또는 오페라 등과 같은 무대 위의 '공연'과 이에 대한 관람자들의 반응에 초점을 둘 것이다. 인간의 행위 중 일부가 스토리화되어 무대 위에 오르고, 이 과정에서 배우의 연기뿐만 아니라 무대 장치, 음악, 의상, 관객의 호응 등이 모두 합쳐져 공연이 완성되면, 이를 배우와 근접한 물리적 공간에서 배우와 함께 호흡하며 즐기는 관객의 심리는 어떠할지가 논의의 중심이될 것이다.

연극

연극은 가장 오래된 인간의 엔터테인먼트 방식 중 하나다. '배우, 무대, 관객, 희곡'이라는 연극의 4대 요소에서 알 수 있듯이, 배우가 스토리(희곡)를 가지고 행동(연기)을 보여 주고 이것을 관객이 즐길 수 있는 공간(무대)이 있으면 그 어떤 형태의 연극도 가능하다는 점이 연극의 가장 큰 장점이다.

공연이 진행되는 현장에서 사람이 직접 연기하는 것이기 때문에 잔재주가 통하지 않을 뿐만 아니라, 미디어를 통해서 볼 때의 편집된 화면이 아니라 있는 그대로의 현장감과 생동감이 배우의 표정과 행동에 그대로 드러나 이것을 관객이 함께 느낄 수 있다. 이 세상 전체가 거대한 연극 무대라는 비유는 연극이 인생과 닮아 있음을 대변한다. 이 세상에는 '나'라는 배우가 있고, 활동할 수 있는 공간이 있으며, 이것을 바라보는 관객, 즉 '타인들'이 존재한다. 다른 점은 희곡이라는 미리 설정된 스토리가 있는 것이 아니라, '나'라는 배우가 행동하는 모든 것들이 하나의 '스토리'가 된다는 것이며, 그 스토리의 끝은 물론이려니와 바로 다음 장면도 미리 예측할 수 없다는 사실이다.

김만수(2000)는 특히 소극장 연극이 거대 자본과 인력이 투입되는 영화나 TV 프로그램에 비해 '완성도'가 떨어진다는 평가에 대해, "완성도가 떨어지는 것만큼 상상의 여백이 크다는 것이 매력"이라고 이야기한다 (p.379). "상상의 공간을 채워나가는 것이 바로 연극 읽기의 즐거움"이라는 것이다. 그러면서 그는 연극이 점점 TV 드라마를 닮아가는 현실을 안타까워한다. 구체적으로, 소재가 자잘한 일상에서 나옴으로 인해 사소한 갈등과 오해 상황이 많고 가벼운 말다툼으로 시간을 때우는 등, 연극이 TV 드라마와 비슷해 연극만의 장점을 찾기 어려운 현실이 안타깝다고 하였다. 그보다는 좀 더 "생생한 연극적 과장, 신명나는 놀이 정신, 진지하게 상황과 맞서는 주인공의 영웅적인 모습" 등과 같은 "연극다운 것"이 사라지지 않기를 바라는 마음(p.376)을 강조하고 있다.

뮤지컬

뮤지컬은 스토리에 음악과 춤, 무대 장치 등이 어우러진 종합 예술이라 할 수 있다. 클래식 음악에 기반을 두고 성악가를 포함한 대규모 출연진과 합창단까지 등장하는 오페라와 비교하면 비교적 소수의 출연진이 노래와 무용을 통해 스토리를 전달하며 관객과 함께하는 연극적 특성이 더 많이 포함되어 있는 편이다. 오페라는 처음부터 작곡가의 고전 음악 작품에 더 큰 초점을 두고 공연이 이루어지는 데 비해, 뮤지컬은 보다 대중적인 음악과 율동을 통해 스토리를 연극적으로 전달하는 데 초점이 있다고 할 수 있다.

뮤지컬 중에서도 〈레베카Rebecca〉와 같은 작품은 카리스마 있는 주제곡을 중심으로 무대 전체를 압도할 뿐만 아니라, 처음부터 끝까지 무대에 등장하지는 않지만 공연 내내 그 인물에 관해 생각할 수밖에 없는 '레베카'라는 인물의 설정으로, 일반적인 뮤지컬에 비해 다소 묵직한 감동을 제공한다. 어느 정도 정해진 틀이 있는 오페라에 비해 더욱 다양한 스토리와 연출이 가능하다는 점도 뮤지컬의 특색이자 장점이라고 할 수 있다.

이유진과 안형준(2016)은 인터파크의 예매 자료를 바탕으로 2004년부터 9년 간 국내 주요 뮤지컬에 출연한 배우 221명의 사회 연결망을 분석하였다. 구성원 간 공동 출연 횟수가 그래프의 노드node 간 거리에 반영되게 했을 때, 연결 정도를 기준으로 중심이 되는 구성원들에 비해 그렇지 않은 구성원들은 멀리 떨어져 중심 배우 군집과 다른 형태의 군집을 보이고 있었다. 또한, 뮤지컬 배우의 연결 정도와 매개 중앙성이 향후 활동을 더 잘 매개하는 것으로 나타나, 많은 배우들과 연결이 되어 있으면서 그 연결의 중심 역할을 하는 것이 활동의 양과 관련이 깊다는 것을 알 수 있었다.

뮤지컬 배우들과 관객들은 스토리와 음악을 현장에서 함께하며 '감정의 전이'를 경험할 수 있다. 물론 연극이나 오페라에서도 배우와 관객이 동일한 공간 안에서 메시지를 전달하고 수용하기 때문에 특히 배우를 통한 스토리와 음악의 감정 전이가 발생하지만, 뮤지컬은 연극보다는 더 음악적인 부분이 많아 정서에 직접적인 영향을 주는 경향이 있고(나은영, 2010 참조), 오페라보다는 상대적으로 격식을 덜 중요시함으로써 관객과의 거리감을 좁힐 수 있다는 장점이 있다.

〈맘마미아Mamma Mia〉나 〈레 미제라블Les Misérables〉이 뮤지컬과 음악 영화로 모두 제작되어 많은 사람들의 사랑을 받은 이유도 '음악'이라는 매개체가 장르의 차이를 불문하고 사람들에게 스토리를 더 강렬히 각인시키는 기능을 했기 때문이다. 〈맘마미아〉의 음악은 대체로 경쾌하고 신나는 음악인 반면 〈레 미제라블〉의 음악은 묵직한 카리스마를 지닌 감동적인 음악이라는 차이점은 있으나, 두 경우 모두 스토리와 음악이 잘 어울려 '음악 속의 스토리' 또는 '스토리와 함께하는 음악' 속에 관객이 푹 빠져들게 함으로써 독특한 감정을 풍요롭게 즐길 수 있는 장을 제공한 것이다.

오페라

오페라는 "음악에 맞춰진 드라마"라 할 수 있다(Sayre & King, 2010: 454).

중세 드라마에 그 뿌리를 두고 있는 오페라는 19세기를 지나면서 이탈리아, 독일, 및 프랑스를 중심으로 번성하기 시작했다. 특히 이탈리아 작곡가 베르디의 〈라 트라비아타*La Traviata*〉, 〈일 트로바토레*Il Trovatore*〉, 〈리골레토*Rigoletto*〉, 〈아이다*Aida*〉 등은 지금까지도 자주 무대에 오르는 인기 있는 오페라에 해당한다. 노래로 불리는 오페라의 대사가 비록 이탈리아어로 되어 있지만, 다양한 언어로 번역해 전달하는 것이 요즘 점점 더 쉬워지고 있기 때문에 오페라를 즐기는 데 거의 방해가 되지 않는다.

오페라는 연극이나 뮤지컬에 비해 다소 격식을 차리는 분위기에서 공연이 이루어진다. 물론 클래식 음악회와는 달리 성악가가 멋진 아리아를 부른 직후 오페라 중간에라도 열광적인 박수를 치며 반응을 보일 수는 있다. 그래도 무대에 오른 성악가 및 배우들이나 관람석에 앉아 있는 관객들이나 경박해 보이지는 않아야 한다는 암묵적 합의하에 공연과 관람이 이루어진다. 물론 다른 공연 예술도 관객과 배우 모두 서로를 존중해야 하지만, 오페라가 공연에서 갖추어야 하는 격식은 좀더 엄격하다. 오페라는 전통적으로 서양의 귀족들이 더 많이 즐겨 왔으며 최근에도 연극이나 뮤지컬에 비해서는 상대적으로 대중이 쉽게 다가가기 어렵다는 거리감이 있긴 하지만, 대표적인 공연 예술 장르임에는 틀림이 없다.

공연 예술의 콘텐츠 특성

스토리와 현장성의 결합

공연 예술의 콘텐츠에는 거의 제한이 없다. 그러나 세부 장르에 따라 담아내기 좋은 내용이 있고 그렇지 않은 내용이 있다. 예컨대, 오페라의 스

표 5 - 1. 공연 요소별 기술 구현 방식

구분		기술 구현 방식
스토리 기반	감정적 요소	3D 입체 영상, 관객 참여용 소품, 프로젝션 매핑, 3D 홀로그램, 와이어 액션
	창의적 요소	디지털 철골 구조의 무대 장치, 좌표 감지 센서, 3D 프로젝션, 다중 영상 제어 시스템, 에지블랜딩, 클리스탈 클레이 & LED 조명, 다관절 액추에이터, RTLS 위치 추적 시스템
	상호 작용 요소	좌표 감지 센서, 3D 프로젝션 매핑, 다중 영상 제어 시스템, 에지블랜딩, 크리스탈 클레이 & LED 조명, 다관절 액추에이터, RTLS 위치 추적 시스템, 3D 홀로그램
	장치적 요소	디지털 철골 구조 형대의 무대 장치, 3D 입체 영상, 관객 참여용 소품, 3D 프로젝션 매핑, 다중 영상 제어 시스템, 에지블랜딩, RTLS 위치 추적 시스템, 3D 홀로그램
비스토리 기반	감정적 요소	3D 홀로그램, 소리 센서, 네트워크 시스템, 지향성 스피커, 마일러(수족관), 와이어 장치
	창의적 요소	3D 홀로그램, 소리 센서, 네트워크 시스템, 지향성 스피커, 마일러(수족관), 와이어 장치
	상호 작용 요소	소리 센서, 와이어 장치, 트레드 밀(러닝머신)
	장치적 요소	3D 홀로그램, 마일러(수족관), 와이어 장치, 트레드 밀

출처: 문신철 · 한지애(2015: 109).

토리를 연극으로 담아낼 수 있지만 오페라만큼 감동을 전하기 힘든 부분이 있으며, 연극에 따라 뮤지컬로 각색 가능한 스토리도 있고 그렇지 않은 스토리도 있다. 동일한 스토리라 하더라도 특정 형식이 더 맞춤형으로 큰 감동을 줄 수 있는 여지는 있다는 것이다.

또한 현실적인 것과 비현실적인 것 모두 공연 예술의 소재가 될 수 있다. 인간이 상상할 수 있는 스토리라면 모두 공연 예술로서 가치가 있는 것이다. 더 나아가, 공연하는 사람과 이를 관람하는 사람, 그리고 함께하는 공간이라는 요소가 있으면 공연 예술이 가능하기에, 길거리 응원이나 시위도 공연 예술로 볼 수 있다. "대~한민국!"을 외치는 월드컵 응원,

정치적 의사를 표현하는 촛불 시위 등, 특정 공간에서 일정 행위를 하는 사람과 그것을 보는 사람이 있으면 넓게 보아 공연 예술로 볼 수 있다. 이처럼 공연 예술의 콘텐츠에는 제한이 없다. 하지만 이 책에서는 일정한 스토리를 가지고 무대에 올리는 공연 예술에 한정하여 설명할 것이다.

공연 예술의 콘텐츠에는 스토리에 기반을 둔 요소들뿐만 아니라 스토리가 아닌 것에 기반을 둔 요소들도 있다. 이러한 공연 요소별 기술 구현 방식을 정리하면 표 5-1과 같다. 이 요소들 중 특히 3D 홀로그램, 프로젝션 매핑, 3D 입체 영상 등 시각 요소가 스토리 기반 공연과 비스토리 기반 공연에서 가장 많이 사용되어 왔다. 이러한 기법들은 관객의 시각적 흥미를 유발하고 임장감을 확대하는 데 특히 효과적이었다. 그러나 기술적인 개입은 연출과 배우가 커뮤니케이션 역량으로 전달할 수 있는 부분을 방해할 수도 있어 주의가 요망된다.

근래에는 공연 예술 콘텐츠가 영상으로 촬영되어 또 다른 가치를 창출하고 있다(허난영, 2016). 공연 예술은 그 특성상 시공간의 제약을 받게 되어 1회적 경험으로 제한될 수밖에 없기 때문에, 이를 공연 실황 생중계를 통한 공간의 극복(홍선희·박찬인, 2017) 및 녹화 방송을 통한 시공간 동시 극복으로 그 외연을 넓혀 가고 있다. 전통적인 방송뿐만 아니라 모바일 앱으로 연동되는 포털 사이트와 소셜 미디어를 통해 공연 전체 또는 일부가 더욱 많은 사람들과 더 쉽게 공유되고 있는 것이다. 특히 오페라, 발레, 클래식 음악 등과 같이 '고급 예술'로 불리던 공연 예술도 영상 산업과 결합됨으로써(허난영, 2016), 현재성과 공간적 제한성을 뛰어넘어 '창의적 원천 콘텐츠'로서 그 가치가 확장되고 있을 뿐만 아니라, 특권 계층만이 아닌 '모두가' 즐길 수 있는 보편적 접근성도 확장되고 있다.

동일 공간에서 느끼는 마음과 경험의 공유

공연 예술을 하는 사람과 보는 사람은 동일한 물리적 공간에서 '함께' 느끼며 공감하는 부분이 있다. 배우는 등장인물의 배역을 함축성 있는 대사로 표현함으로써 최대한 그 스토리가 발생하던 당시의 현장감을 살리며 실제로 그 역할에 빠져들어 간접적인 삶의 방식을 체험하고, 관객은 그것을 바라보며 한 단계 더 간접적인 유사한 삶의 방식을 '함께' 호흡하며 체험하게 된다.

2018년 6월에 공연된 윌리엄 셰익스피어William Shakespeare의 〈리처드 3세*Richard III*〉 연출가 토마스 오스터마이어Thomas Ostermeier는 원래 베를린 샤우뷔네 극장을 위해 디자인한 무대를 한국의 무대에 적용하여 배우들과 관객들이 더 가까이 있도록 공연 현장을 구성하였다. 이렇게 함으로써 형의 왕좌를 빼앗고자 시도하는 욕망 지향 범죄를 마치 관객들도 함께 모의하는 듯한 '공범 의식'을 느끼게 한 것이다. 연극 안내책자에 소개된 오스터마이어의 표현을 빌리면 "당신은 리처드가 하고 있는 일들을 하고 싶었던 적이 없습니까? 당신은 과연 도덕적으로 부끄러운 행동을 저지르고 싶었던 적이 한 번도 없습니까?" 이렇게 묻는 듯한 느낌을 관객이 현장에서 함께 공유하게 된다.

연극을 포함한 공연 예술을 영상 미디어로 재매개할 경우, 공연의 '라이브니스liveness'는 어떻게 표현될 수 있을까? 이에 대해 지혜원(2016)은 공연과 영상 미디어를 구분하던 고전적 라이브니스의 개념에서 벗어나, 시간적 요소와 관객성을 강조하며 수용자의 경험, 정서, 인식 체계를 포함하는 '매개된 라이브니스'의 개념을 재구성하였다. 그는 매개된 라이브니스를 개념화하기 위해 연극성과의 연계성 속에서 시간적 요소, 공간적 요소, 관객성이라는 세 가지 작동 요소를 제시하였으며, 관객성은 다시 '현장성'과 '수용 경험의 공유'로 구분하였다. 매개된 라이브니스의 경우, 공간적 요소보다 시간적 요소, 관객성, 수용자의 인식이 더 크게 작동한다는 점이 중요하다. 미디어 환경과 수용자의 인식이 연동하여 라이브니스가 발현된다는 것이다.

최근에는 영상 미디어로 재매개되는 공연 예술이 점점 더 많아지는만큼, 수용자가 동일한 내용을 현장에서 느끼는 심리와 영상 미디어를 통해 느끼는 심리에 관한 실증적 비교 연구도 더 필요해 보인다. 배우와 관람객이 현장 공간에 물리적으로 함께 있지는 않기 때문에 공간적 요소는 그만큼 덜 중요해지며, 어떤 시간에 미디어를 통해 그 공연 예술을 접하는지에 따라 느껴지는 부분도 달라질 것이고 수용자가 그것을 어떻게 인식하는지가 중요해질 것이기 때문에, 당연히 시간적 요소와 수용자의 인식이 재매개된 공연 예술의 관람 심리에서 큰 비중을 차지할 것이다. 나은영(2015)이 지적했듯이, 미디어의 숙명은 연결해 주되 미디어 자체의 존재는 사라질수록 더 미디어의 역할을 잘하는 것이고 이럴수록 현장감이 더 강화될 것이기 때문에, 지금보다 더욱 발전된 미디어가 나온다면 우리가 '재매개된' 공연 예술을 감상하면서도 마치 현장에 있는 것처럼 느끼며 감상하게 될 날이 올 것으로 기대된다.

공연 예술의 관객과 무대

누가 공연을 보는가

공연 예술의 보편적 접근성 확장에도 불구하고 여전히 영화에 비해 공연 예술을 즐기는 이들은 제한적이다. 그 이유는 무엇일까? 이은미와 정영기

(2017)는 이러한 질문에 답하기 위해 공연 예술 관람 활성화를 위한 연구를 진행하였다. 이들은 영화와 비교할 때 공연 예술 관람이 지니는 장애 요인이 무엇인지를 탐색하였다.

이들의 연구 결과, 2014년 기준으로 관람률(공연 예술 37.2%, 영화 65.8%)과 관람 횟수(공연 예술 0.65회, 영화 3.6회)에서는 공연 예술이 영화에 비해 떨어졌으나, 관람자 대상 관람 횟수(1회 이상 관람자들이 연간 관람한 횟수)는 공연 예술 8.42회, 영화 5.44회로서 공연 예술이 앞서는 것으로 나타났다. 관람 만족도는 영화(6,846회)의 경우 '만족'이 94.1%로 매우 높게 나타났으나, 공연 예술(3,510회)의 경우는 '만족'이 67.6% 정도였고 '보통'이 30.3%로 나타났다.

사람들이 공연 예술을 영화보다 덜 즐기고 있는 큰 요인으로 등장한 것은 공연 예술이 영화에 비해 '비용이 많이 든다'는 점이었다. 이어 가까운 곳에 시설이 없거나 교통 및 편의 시설이 부족하다는 점, 프로그램의 질과 내용, 이해하기 어려움 등도 장애 요인으로 꼽혔다. 공연 예술의 경우 영화처럼 대중적이지는 않더라도 마니아층의 사랑을 받는 작품들도 많이 있는 만큼, 작품의 내용에도 공을 들이면서 접근성을 높이고 비용을 낮출 수 있는 방안을 찾는다면 대중의 사랑을 더욱 많이 받게 될 것이다.

관객도 공연의 일부

다른 장르와는 달리 공연은 배우와 관객이 (무대와 객석으로 조금은 떨어져 있더라도) 동일한 물리적 공간에 존재하기 때문에, 관객의 반응이 배우에게 영향을 줄 뿐만 아니라 관객의 반응 자체가 공연의 일부가 되기도 한다. 배우가 노래나 연기를 잘했을 때 '브라보, 브라바, 브라비!'를 외치며 큰 박수 보내기, 재미있는 장면에서 집단적으로 웃음을 터뜨려 분위기 고양시키기,

휴대폰은 꺼두고 기침소리마저 삼가는 등의 노력이 모두 합쳐져 공연의 분위기로서 그 공연에 열심히 임하는 배우들은 물론 그 공연을 즐기는 동일 공간의 관객들에게 큰 영향을 준다.

이렇게 보면, 관객도 해당 공연장에서 일정한 '행위'를 하고 있는 것이므로(조용히 앉아서 공연을 즐기는 것도 '행위'이며, 따분하게 느껴 꾸벅꾸벅 조는 것도 '행위'에 해당한다), 배우는 물론 관객을 포함해 해당 시간 해당 공간에 함께 참여한 모든 이가 큰 범주의 퍼포먼스의 일부가 된다고 할 수 있다. 동일한 내용으로 동일한 배우가 공연을 하더라도 '해당 시간과 공간을 공유했던' 관객들의 분위기에 따라 전혀 다른 내용의 공연이 이루어질 수도 있다.

생생하게 사람과 사람이 마주하는 공간에서 이루어지는 것이 공연만의 매력이기에, 공연이 끝난 후 관객들의 박수가 계속 이어질 때 배우가 여러 번 나와 인사를 하게 되는 커튼콜도 배우에게는 큰 영광이 된다. 이것은 다른 장르에서는 볼 수 없는 공연만의 배우-관객 상호 작용 특성이라 할 수 있다.

무대 연출에 따라 감동이 다르다

같은 내용을 연극과 웹툰으로 보면 어떤 차이가 나타날까? 임정식(2014)은 〈삼봉이발소〉를 중심으로 웹툰이 연극에 어떻게 다른 방식으로 표현될 수 있는지를 살펴보았다. 웹툰에서는 공간의 표현이 비교적 자유롭지만, 이것을 연극으로 나타내려면 작은 공간 하나를 상황에 따라 여러 장소로 연출할 수 있는 장치가 필요하다. 예컨대, 이 연극의 공간에서는 무대 왼쪽은 이발소, 오른쪽은 교실로 꾸민 다음, 교실이 운동장, 교정, 다리, 옥상 등 여러 곳으로 사용되었다. 배우들이 행동으로 보여 주는 연극 공간 사이의 이동이 곧 공간의 이동을 뜻하며, 조명이나 음향 등으로 더 다양한 공간을 표현할 수 있다.

이외에도 〈레 미제라블〉, 〈마틸다〉, 〈바람과 함께 사라지다〉 등 많은 스토리들이 다양한 형식으로 표현되어 왔다. 스토리가 탄탄하여 사람들에게 감동을 줄수록 소설, 영화, 웹툰, 연극, 뮤지컬 등 더욱 다양한 형식으로 리메이크될 확률이 높다. 동일한 스토리라 하더라도 이를 보여 주는 형식에 따라 수용자가 느끼는 감동도 조금씩 달라지기 마련이다. 각 형식의 장단점이 다르기 때문이다. 그중에서도 특히 연극이나 뮤지컬처럼 '무대'를 중심으로 한 공연 예술은 큰 스토리 안에서 작은 스토리들의 연결, 이 공간과 저 공간의 연결, 과거와 현재의 연결 등 상당히 많은 부분이 관객의 상상으로 메워질 때 비로소 완전한 큰 스토리를 형성할 수 있기 때문에, 바로 그런 부분을 현장성과 함께 즐기려는 것이 공연 예술의 묘미라 할 수 있다.

공연 예술을 즐기는 심리

스토리의 힘

연극이나 뮤지컬과 같은 공연에서도 스토리의 힘은 사람의 마음을 움직이는 데 핵심적인 작용을 한다. 먼저 뮤지컬 〈레베카〉는 카리스마 넘치는 넘버 '레베카'와 '불타는 맨덜리' 등 음악적인 부분의 여운이 귓가를 맴돌 정도로 강력한 인상을 남기는 작품이다. 아무나 부를 수 있는 곡도 아니지만, 그 곡 자체가 워낙 힘이 있어 '레베카'라는 노래를 부르는 주연 배우(집사인 댄버스 부인)는 악역임에도 불구하고 단연 관객의 귀와 시선을 사로잡는다.

〈레베카〉는 원래 대프니 뒤 모리에Daphne du Maurier의 소설을 원작으로 한 오스트리아 뮤지컬이다. 알프레드 히치콕Alfred Hitchcock 감독의 영화로도 유명하다. 레베카는 이야기의 가장 중요한 존재이지만 처음부터 끝까지 전혀 모습을 드러내지 않는다. 이미 사망한 상태이기 때문이다. 그러나 레베카가 사망한 후에도 저택의 집사 댄버스 부인은 그녀에 대한 집착으로 저택 곳곳에 레베카의 흔적을 아주 소중하게 간직하고 있다. 따라서 댄버스 부인은 갑자기 저택의 새 안주인이 된 '나'(화자, 드 윈터 부인)를 인정하지 못하며 끝없이 레베카를 그리워한다. 이 뮤지컬을 관람하다 보면 누군가가 위대하게 보이는 것은 스스로 위대하다고 이야기해서가 아니라 누군가 다른 사람이 너무나 위대하게 바라보아서가 아닌가 생각된다.

앞서 언급한 연극 〈리처드 3세〉는 셰익스피어의 희곡을 연극 무대에 올린 것이다. 리처드 3세는 영국 요크 왕가의 마지막 왕으로, 형인 에드워드 4세가 급사하고 어린 조카 에드워드 5세를 쫓아낸 뒤에 왕위에 올랐다. 마치 단종을 죽이고 왕위에 오른 조선의 수양대군, 세조를 떠올리게 하는 스토리다. 파란만장한 스토리 덕분인지 이 작품도 영화와 연극으로 다수 제작되었다. 이 연극을 추천하는 사람들은 리처드 3세를 "셰익스피어가 창조한 매력적인 악인"이라 표현한다. 장애를 타고나 열등감에 사로잡힌 리처드 3세가 각종 악행을 기획하고 저지르면서 인간의 마음 깊은 곳에 있는 욕망을 현실 속으로 끌어올리기 때문이다. 수많은 악행 끝에 거머쥐게 된 권력도 그를 결국 행복하게 만들지는 못한다. 그러나 그 과정에서 모두 착한 척하며 살고 있는 사람들에게 '너도 이와 비슷한 욕망을 꿈꾼 적이 있지?' 하며 되묻는 듯 관객의 마음을 사로잡는다.

어떤 공연이든 특정 경험을 했던 사람과 그렇지 않은 사람의 감동 차이는 조금씩 다를 수밖에 없다. 레베카와 같은 여신급 리더를 숭배한 경험이 있는 사람과 그렇지 않은 사람, 리처드 3세와 같은 열등감 속에서 누군가를 굴복시키고 싶었던 욕망이나 경험이 있는 사람과 그렇지 않은 사람, 이들 간에는 당연히 그와 유사한 스토리를 바탕으로 연출된 공연을 보고 느끼는 것이 다를 것이다. 하지만 이미 '많은' 사람들의 사랑을 받아 왔고, 그래서 수없이 반복 공연됨에도 불구하고 여전히 시대를 초월해 더욱 많은 관객들에게 감동을 주는 작품들이 있다. 그러기 위해서는 당연히 그 스토리가 대부분의 사람들에게 '나와 관련된' 정서를 제공해야 한다(나은영, 2010). '자기 관련성'을 지닌 감정을 그 공연에서 느낄 수 있을 때 비로소 사람들의 마음이 움직이며 그 순간을 즐기고 일상의 삶을 이어간다.

비연속적 스토리텔링에서 채움의 즐거움

공연 예술은 소설과 달리 그 안에서 상세한 묘사, 연속적인 묘사가 불가능하다. 따라서 관객은 불연속적인 스토리들을 담은 장면과 장면 사이의 빈 공간을 채워 가며 감상해야 한다. 일견 불완전해 보이기도 하는 이러한 빈 지점들을 관객의 상상력과 논리력으로 메우고 채워 가는 즐거움도 또한 공연 예술만의 독특한 엔터테이닝 포인트라 할 수 있다. 선형적인 소설처럼 일일이 '이렇게 생각하고 느낀다'는 디테일이 묘사되어 있는 것이 아니라, 1막과 2막 사이에 훌쩍 뛰어넘은 시공간적 변화가 있더라도 관객은 그사이의 공백을 충분히 메워 가며 이를 즐기며 감상하는 것이다.

　1900년대 초 독일에서 시작된 '게슈탈트 심리학' 원리의 핵심 명제는 '전체는 부분의 합과 다르다'는 것이다. 원 모양으로 점들을 찍어 놓아도 우리는 그 점과 점 사이를 연결하여 '원'으로 지각한다. '점들의 모임'으로 지각하지 않는다. 이처럼 인간은 '잘 연결되는 도형' 또는 '잘 연결되는 스토리'를 구성할 수 있는 능력을 가지고 있기에 이처럼 '모든 것을'

다 알려 주지 않아도 충분히 연결하여 부드러운 스토리를 만들어 이해할 수 있다. 인간이 엔터테인먼트 콘텐츠를 즐길 수 있는 것도 이를 가능하게 해 주는 생리학적 기반들, 즉 뇌에서 감정을 느낄 수 있는 기반, 진짜 스토리가 아닐지라도 진짜 스토리인 것처럼 착각할 수 있는 몰입 능력, 잘 연결되어 있지 않은 조각들도 잘 맞추어 연결할 수 있는 지각 능력 등이 바탕이 되어 주기 때문이다.

이러한 비연속적 스토리텔링에서 채움의 즐거움을 주는 것은 영화와 연극에 공히 활용되는 '몽타주' 기법과도 관련이 있다. 특히 "단편과 단편의 비연속적인 결합, 즉 충돌을 야기하는 그래서 부조화를 지향하는 충돌 몽타주"는 "관객의 상상력을 자극하는 미학적 행위"라 할 수 있다. "두 개의 이질적인 행위를 통해, 다시 말해 비약적 구성을 통해 하나의 의미를 도출해낼 수 있다"는 점이 중요하다(하형주, 2010: 118). 이러한 몽타주 기법도 비어 있는 공간을 지각적, 심리적 작용으로 채워 넣을 수 있는 인간의 능력이 없었다면 효과를 발휘할 수 없었을 것이다.

뮤지컬 〈광화문 연가〉를 예로 들어 보자. 주인공 명우는 현실 속에서는 응급실에서 심폐 소생 중으로 곧 죽게 될 운명이지만 무대 위에서는 인연을 관장하는 월화의 안내로 명우 기억 속 수아와의 첫사랑의 추억을 하나하나 찾아가도록 그려진다. 젊은 시절의 명우와 중년의 명우를 연기하는 배우도 다르며, 연극의 스토리가 진행되는 방식이 시간의 순서에 따라 연속적으로 진행되기보다는 기억의 단편들이라 할 수 있는 순간순간의 추억들이 토막의 이야기들로 현실과 기억 사이를 왔다 갔다 하며 비연속적으로 진행된다. 그럼에도 불구하고 객석의 관객들은 각자의 기억 속에 있는 편린들을 떠올리며 명우와 수아의 첫사랑 이야기를 시간 순서에 맞춰 이음의 흔적 없이 매끄럽게 연결시킨다.

이처럼 환상과 기억, 현실과 꿈을 교차시키는 비연속적 스토리텔링에서도 관객들은 그 빈 곳을 채워 가며 충분히 감동의 물결 속으로 스며들 수 있는 것이 바로 공연 예술의 묘미다. 심리학적으로 해석해 보자. 우리는 대체로 완성하지 못한 과제를 더 잘 기억하는 경향이 있는데, 이 것을 "자이가르닉 효과Zeigarnik effect"라고 한다(Zeigarnik, 1927). 뮤지컬 〈광화문 연가〉는 아름다운 서정적 음악에 더하여 이루어지지 않은 첫사랑을 다룸으로써 자이가르닉 효과를 자극함과 동시에, 관객이 빈 부분을 채워 가며 즐기는 공연 예술의 특성까지 합쳐져 사람들의 마음을 더 깊이 자극한다고 볼 수 있다.

관객의 몰입과 즐김

모든 미디어 콘텐츠를 즐기는 데 적절한 몰입이 필요하지만(나은영, 2010), 특히 공연 예술의 경우는 배우와 관객이 물리적으로 동일한 공간을 점유하고 있기에 몰입이 특히 더 중요하다. 스토리와 음악과 율동이 함께 존재하는 뮤지컬 공연의 경우, 관객이 몰입flow하는 경험은 어떤 요소들의 영향을 받으며, 몰입 이후 어떤 결과가 나타나게 될까? 이에 대해 지주은과 김소영(2009)은 뮤지컬 관람 경험이 있는 응답자 486명의 자료를 분석하여 다음과 같은 연구 결과들을 얻었다.

① 관람객의 관여도와 콘텐츠 상호 작용성은 몰입 경험에 직접적인 긍정적 영향을 주었지만, 대인적 상호 작용성은 플로우 경험에 영향을 주지 않았다. 즉 뮤지컬에 몰입하게 하기 위해서는 대인적 상호 작용보다 개인적 마니아 층의 관리가 더 필요하다는 점을 시사한다.

② 집중된 주목은 플로우 경험에 긍정적 영향을 주었지만, 지식(기술)과 도전은 영향을 주지 않았다. 이는 뮤지컬에 몰입하는 경험을 향상시키기 위해

지식이나 도전보다 집중된 주목의 관리가 더 중요함을 시사한다.

③ 몰입 경험이 강할수록 뮤지컬 관람 후의 긍정적 감정, 탐색적 행동, 시간 왜곡, 충성도가 모두 증가하였다. 그러나 긍정적 감정이 충성도에 영향을 주지는 않았다.

이러한 결과로 미루어 보아, 뮤지컬을 포함한 공연 예술에 몰입하여 즐기는 것은 비록 많은 관객이 같은 공간에 함께 존재하더라도 한 사람 한 사람이 개인적으로 잘 몰입하며 무대와 자기 자신 간의 관계 속에서 심리적 경험을 만끽하는 과정이라 할 수 있다. 동일한 공간에 많은 관객이 동일한 공연을 보더라도 개인마다 몰입의 정도가 다르면 즐김의 정도도 달라질 것이다. 또한, 동일한 내용을 보면서도 각자 살아온 경험들에 관한 기억에 바탕을 두고 정서가 느껴지기 때문에 감동의 강도와 느낌의 종류도 조금씩 다를 것이다. '단체로' 관람하더라도 즐김 자체는 '개인적'이라는 뜻이다. (물론 다른 관객의 행동이 관객 개인의 몰입을 방해하는 외적인 요소로 작용할 수 있는 여지는 여전히 남아 있다.)

미디어 기술의 발전과 공연 예술

미디어 기술의 발전은 공연 예술에도 변화를 가져왔다. 연극이 복합적인 표현 예술 장르의 하나임을 감안할 때, 무대 공간의 협소함이나 표현의 제약 등을 넘어설 수 있는 방안으로 영상을 활용하는 것은 어찌 보면 당연한 귀결이라 할 수 있다(이재중·김형기, 2007).

원래 연극에서 임장감이나 현장감의 뜻으로 사용했던 프레즌스라는 개념이 최근의 미디어 환경에서는 '비매개성의 지각적 착시'로 정의된다

(나은영·나은경, 2015; Lee, 2004; Power, 2008 참조). 가상이지만 미디어의 도움으로 실제로 눈앞에 존재하는 것처럼 느끼는 것을 말한다. 예를 들어, 〈레 미제라블〉이나 〈타이타닉〉과 같이 바다가 등장하는 경우, 미디어를 포함한 여러 장치를 통해 실제로는 바다가 아닌 곳을 바다처럼 보이게 하여 현장감을 증가시킬 수 있다.

이것을 심리적 용어로 이야기하면 '착시 효과의 극대화'라 부를 수 있다. 실제로는 육지 안에 있는 공연장의 무대임에도 불구하고 우리는 그곳을 '바다'라고 '착각'하며 공연을 관람해야 그 공연을 온전히 즐길 수 있다. 착시가 없으면 엔터테인먼트 미디어 콘텐츠를 100% 마음으로 느끼며 즐기기가 힘들다. 그래서 시선이 중요하고 시선에 맞는 연출이 중요하며, 실제 같은 허구가 핍진성 또는 그럴듯함plausibility의 원리를 바탕으로 잘 구현되어야 관객의 마음을 얻을 수 있다.

연극기호학자인 앙드레 엘보André Helbo는 미디어의 발전으로 인한 프레즌스의 효과를 "무대에는 이제 배우의 몸만이 존재하는 것이 아니며 '또 다른 몸들'이 존재한다"고 표현한다(Helbo, 2010: 2). "심지어 몸이 부재하더라도 특정한 효과나 기술적인 인공물의 삽입, 혹은 가상 세계의 환상을 통해서 몸이 존재하는 것처럼 보이게 할 수 있는" 기술을 통해 "마치 실재하는 것처럼 보이게" 한다는 것이다(김미도, 2010: 15~16). 이와 유사하게 필립 아우슬란더Phillip Auslander는 생동감, 즉 '라이브니스'를 고전적 라이브니스, 라이브 중계, 및 라이브 녹화로 구분한다(Auslander, 2010: 20~23). 고전적 라이브니스는 배우와 관객이 물리적, 시간적으로 공존하는 것을 말하며, 라이브 중계는 시간적으로만 공존하며 공간적으로는 떨어져 있는 것을 말한다. 또한 라이브 녹화는 배우와 관객이 시간적, 공간적으로 공존하지 않지만 예전에 있었던 공연을 나중에 '나만의 시간과 공간' 속에서 경험하는 것을 의미한다. 이처럼 미디어를 통해 공간적 제약을 극복함으로써, 최근에는 공연 예술을 즐기는 데 공간적 공존보다 '시간적 공존'이 더 중요해진 측면이 있다.

최근에는 증강 현실 기술을 퍼포먼스에 활용하기도 한다. 공연 예술에 사용된 이미지 영상을 중심으로 공간 증강 현실 기반 융합형 퍼포먼스를 연구한 이규정(2016)에 따르면, 연극 공연에서 활용된 영상이 관람자의 흥미를 유발하며 볼거리를 제공함으로써 이해를 돕는 데는 유용했으나 이야기에 대한 만족도는 영상 사용 유무와 무관하다는 결과를 보여, '내러티브' 영역에서는 영상이 기대만큼 크게 기능하지 못한 것으로 나타났다. 또한 공연을 즐기는 본래의 목적이 무용, 연극, 혹은 사물놀이에 따라 다르기 때문에, 즉 무용과 연극은 '시각'에, 사물놀이는 '청각'에 우선순위를 두고 즐기는 형식이므로, 시각에 초점을 둔 영상 이미지는 무용이나 연극과 같은 시각 위주의 공연에서 몰입을 방해하는 경향을 보인 반면 사물놀이에서는 몰입 방해가 적었다. 더 나아가, 내러티브가 있는 연극 공연에서도 배우가 표현하기 힘든 내면 세계 등을 영상으로 표현하는 경우 관객의 이해도를 높일 수 있었다. 이러한 결과를 지지하는 사례를 예로 들어 보면, 〈달의 저편〉이라는 2018년 연극 공연에서도 무대 뒤편의 영상과 이미지가 스토리의 이해도를 높이는 데 기여했다고 볼 수 있다.

'미디어 퍼포먼스'가 보여 주는 미디어와 예술의 융복합적 관계를 볼터와 그루신(Bolter & Grusin, 1999)의 재매개 이론으로 설명하기도 한다. 퍼포먼스는 '인간'을 하나의 미디어로 하여 예술과 삶을 결합한 형태이기에, 인간이 이용하는 디지털 미디어의 발전으로 이러한 퍼포먼스는 더욱 다양한 형태를 띠게 되었다. 미디어 퍼포먼스의 특성은 즉흥성, 상호 작용성, 문화 흡수성으로 요약되며(박신민 등, 2008), 미디어의 존재 자체를 투명하게 하는 비매개성으로 인해 몰입감을 높임과 동시에 하이퍼매개에 의해 기존 미디어와 새로운 미디어의 경쟁과 공존 속 재매개를 경험하게 된다.

'미디어 아트'는 매스 미디어를 포함한 대중의 주요 소통 수단들을 예술 창조의 수단으로 활용하는 예술 행위를 말하는데, 20세기 후반부터 대체로 미술사에서 비디오 아트, 레이저 아트, 컴퓨터 아트, 웹 아트 등의 '표현 수단'이 바로 그 예술의 명칭으로 이용되고 있다(박신민 등, 2008: 49). 한편 '퍼포먼스'는 넓은 의미에서 인간의 행위 그 자체를 뜻하나, 예술 범주에서는 이를 통한 예술 표현을 의미하는 것으로 대개 대본이 없고 재현할 수 없는 1회적 즉흥성과 우연성이라는 특성을 지닌다.

물론, 미디어를 매개로 한 예술 공연을 또 다른 미디어로 생중계하거나 녹화하여 유통할 수도 있다. 이것은 삶과 예술의 융합이 미디어 기술의 발전으로 더욱 가속화되고 있으며, 이것이 재매개, 하이퍼매개를 통해 더욱 많은 공간에서 시간에 구애받지 않고 공유될 수 있음을 뜻한다. 공연 예술도 미디어 기술의 발전으로 그 고유한 특성이자 제한이었던 시공간을 넘어서고 있다고 할 수 있다.

'따로' 또 '같이'
경험하는 대중음악

6장

음악을 듣는다는 것은 가장 불가사의한 인간 행동 중 하나다. 대부분의 인간 행동은 생존이나 번식과 같은 실용적 동기가 그 기저에 추적될 수 있는 식별 가능한 유용성을 가지고 있으나 음악은 그렇기 않기 때문이다. 얼핏 보기에는 실용성이 없어 보이는 인간의 행동들 중에서 음악 청취는 가장 대중적인 여가 활동 중 하나이며, 음악은 우리의 일상생활 곳곳에 동행하는 친구다. 그래서 우리는 인간의 엔터테인먼트 심리를 논의할 때 음악을 빼놓을 수가 없다.

음악을 왜 들을까?

사람들은 왜 음악을 듣는가? 지난 수십 년에 걸쳐, 학자들은 음악을 들어 채우고자 하는 수많은 기능적 이유를 제시해 왔다. 그러나 상이한 이론적 접근들로 인해 음악의 심리적 기능에 관한 이질적인 그림만 남겼으며, 이 기능들의 기저를 이루는 차원에 대한 합의도 없는 실정이다.

일찍이 메릴린 브루어Marilynn Brewer(1991)가 음악이 '사회적 자아'와 관련되는 방식을 "(남들과) 같으면서도 동시에 다르고도 싶은" 마음이라고 말한 바 있다. 음악 청취는 온전히 개인의 내적인 작용이면서 동시에 사회적 영향을 가장 많이 받는 영역이기도 한 것은 분명하다.

음악에 대한 우리의 열정은 최근에 등장한 것이 아니다. 음악적 행동으로 간주되는 것은 25만 년보다도 더 오래전인 고대에 뿌리를 두고 있으며, 지금까지 지구상의 모든 문화에 존재해 왔다. 음악의 편재성과 고대성은 그 기원과 기능에 대해 상당히 많은 추측들을 불러왔다. 수많은 철학자, 심리학자, 인류학자, 음악학 연구가, 신경과학자들이 음악의 기원과 본질 및 목적에 관해 학술적인 접근들을 제시해 왔다.

음악 청취의 기능에 관한 논의에는 음악 관련 이론 문헌과 경험 연구가 있다. 음악에 대한 이론적 접근 중 가장 두드러진 것은 진화론적 주장이며, 비진화론적 접근들인 실험 미학이나 이용과 충족 접근도 있다. 음악의 기능은 이들 이론적 접근들에서 연역적으로 도출되었다. 진화론적 접근은 음악 창작이 생물학적인 적응의 지표라 주장한다. 즉 수컷 공작새의 꼬리처럼 자웅 선택의 발현이라는 것이다. 음악을 만드는 것과 같은 생물학적 사치를 할 능력이 있는 사람은 그만큼 강하고 건강하다는 표시가 된다는 것이다.

음악을 사회적, 정서적인 소통의 산물이라고 보는 접근도 있다. 자연 환경에 맞서 삶을 영위했던 인류의 조상들에게 소리는 결속적 집단 행동을 조직화하는 가장 효과적인 방법 중 하나였다. 이런 식으로 사회적 결속에 음악이 기여하는 사례로, 작업 노래, 전쟁 노래, 자장가, 애국가 같은 것들이 사회적인 스트레스와 공격성을 누그러뜨려 가족과 집단과 국가 전체를 끈끈하게 하나로 묶는 기능을 수행했다는 입장이다.

비진화론적인 접근들 중에는 오랜 미디어 이론 중 하나인 '이용과 충족' 접근이 있다. 음악의 진화론적 논의들과 달리 사람들이 일상생활에서 음악을 이용하는 방식에 초점을 맞추는 접근이다. 청취자들의 욕구와 관심에 중점을 두어 사람들이 어떻게 능동적으로 음악을 선택하고 자기 목적에 맞게 사용하는지를 설명하고자 한다. 이에 따르면 음악은 주로 오락, 정체성 형성, 자극 추구, 문화적 동일시 등과 같은, 다양한 인지적, 정서적, 사회적, 생리적 기능에 음악을 이용한다는 것을 밝혀왔다.

음악 청취의 심리 기능에 관한 기존 연구들이 제시하는 129개 기능을 추출하여 사람들에게 평가하게 한 결과(표 6-1 참조), 3가지 근본적인 차원이 도출되었다(Schafer et al., 2013). 사람들은 흥분과 기분을 조정하기

표 6 - 1. 우리가 음악을 듣는 이유

자기 인식/자의식	사회적 관계성	각성과 기분 조절
1. 나 자신에 대해 생각할 수 있기 때문에	1. 내가 특정 사회 집단에 속한다는 것을 보여 줄 수 있기 때문에	1. 기분 전환에 좋기 때문에
2. 생각을 다른 곳으로 이끌기 때문에	2. 같은 음악을 좋아하는 모든 사람들과 연결될 수 있기 때문에	2. 주의를 돌릴 수 있게 하기 때문에
3. 걱정거리들에 더 잘 대처할 수 있기 때문에	3. 친구들과 연결될 수 있기 때문에	3. 다른 일을 하는 동안 지루하지 않을 수 있기 때문에
4. 생각과 마음(감정)을 더 잘 이해할 수 있기 때문에	4. 일상생활에 유용한 정보를 주기 때문에	4. 시간이 훨씬 더 빨리 가게 하기 때문에
5. 내 정체성에 대해 생각할 수 있기 때문에	5. 친구들을 만날 수 있(는 이유이)기 때문에	5. 시간을 보낼 수 있게 하기 때문에
6. 내 영혼의 치료이기 때문에	6. 다른 사람들과 연결될 수 있기 때문에	6. 그동안 덜 지루하기 때문에
7. 슬플 때 위안을 주기 때문에	7. 다른 사람들을 만날 수 있기 때문에	7. 다른 일을 하는 동안 배경으로 필요하기 때문에
8. 안정감을 주기 때문에	8. 비슷한 음악 취향을 가진 사람들과 우정을 쌓을 수 있기 때문에	8. 기운 나게 해 주기 때문에/기분을 밝게 해 주기 때문에
9. 나를 표현하는 수단이기 때문에	9. 다른 사람들이 무슨 생각을 하는지 알려 주기 때문에	9. 기분을 나아지게 해 주기 때문에
10. 나 자신의 길을 찾을 수 있기 때문에	10. 다른 사람들에 대해 뭔가 배울 수 있기 때문에	10. 아무도 말 안 할 때 불쾌한 침묵을 채워 주기 때문에

출처: Schafer et al.(2013: 27, 29, 32).

위해, 자의식을 고취하기 위해, 그리고 사회적인 유대 관계의 표현으로 음악을 듣는다. 음악이 사회적 통합과 소통의 수단으로 진화해 왔다는 주장이 있는가 하면, 그림 6-1과 같이 '자기 인식' 및 '각성과 기분 조절' 기능이 '사회적 관계성' 기능보다 훨씬 더 중요한 것으로 여겨진다는 결과도 있다.

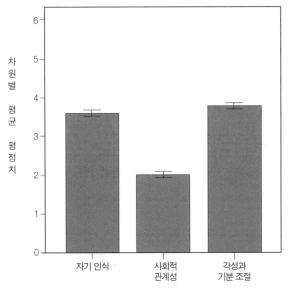

출처: Schafer et al.(2013: 6).

그림 6 - 1. 음악을 듣는 3가지 이유

음악의 사회적 맥락

많은 연구들이 지적하듯이, 음악이 인간의 삶에서 지니는 많은 기능들은 대체로 사회적이다. 앞서 정리한 음악의 세 가지 기능 중 사회적 관계성 기능뿐만 아니라 자기 인식과 각성 및 기분 조절 기능도 자세히 살펴보면 사회 속에서의 타인과의 사회관계망이 중요한 역할을 한다. 음악은 경험을 공유하는 기초를 형성하면서 매우 강력한 감정을 촉발시키는 힘을 가지고 있다. 대부분의 음악은 우리에게 어떤 의미를 전달한다. 그 의미는 대개 사회적이고 문화적인 맥락에 놓여 있어서 음악은 청취 상황이라는 맥락과 함께 작용한다.

음악에서 사회적 맥락의 중요성은 거의 모든 의미 있는 사회적 이벤트나 생과 사의 전환 의례 때 음악의 중요한 역할에서 가장 분명하게 드러난다. 결혼식, 장례식, 종교 의식에서부터 대관식과 정치 행사 그리고 스포츠 경기, 민속 축제, 클럽 현장에 이르기까지 음악은 사람들 사이에서 만남과 분위기를 조절하는 중요한 촉매제다.

음악과 기분의 관계를 분류하는 작업은 '즐거움'과 '각성'이라는 두 가지 주요 차원에서 두드러진다. 이 두 가지는 정서 자체의 핵심이 되는 두 차원이기도 하고 유인가valence와 각성arousal으로 더 많이 언급되곤 한다. 다양한 유형의 음악에서 느껴지는 다양한 기분의 속성들이 있다. '흥분/신남'의 기분은 빠르고 불균등한 리듬, 중간 음높이, 불협화음, 큰 볼륨, 장조의 음악에 의해 만들어진다. 좀 더 '고요한 기분'은 템포가 느리고 중간 음높이, 매끈한 리듬, 협화음, 부드러운 소리, 장조로 된 음악과 관련 있다. '행복'은 빠른 템포, 높은 음높이, 매끈한 리듬, 협화음, 중간 볼륨, 장조 음악에 의해 촉발된다. '슬픔'은 느린 템포, 낮은 음높이, 중간 볼륨, 강한 리듬, 불협화음, 단조 음악과 연관되어 있다. 그리고 심각한 음악은 대개 낮은 음높이, 강한 리듬, 협화음, 중간 볼륨, 장조의 느린 음악이다. 음악의 이러한 구성 요소들이 적절한 조합을 통해 세부적인 '장르'를 형성하고 사회적 맥락 속에서 사람들의 정서와 심리에 작용한다.

기분과 정서

상점 매장에서 틀어 주는 다양한 빠르기의 음악이 매장 내 사람들의 행동에 영향을 미친다는 앞으로 살펴볼 설득 연구들이 보여 주듯이, 음악은 주의집중에 큰 영향을 미친다. 매장의 배경 음악이 느린 템포일 때 손님들은 가게 안을 더 천천히 걸으며 더 많은 지출을 한다. 이에 대해서는 연구들이 저마다 다른 이유를 들어 설명하는데, 음악의 효과가 시각적인 환경과 상호 작용한다고 보기도 하지만, 다양한 빠르기의 음악 효과는 우리의 시간 인식뿐 아니라 행복과 각성의 전반적인 수준에 영향을 미친다는 근거들이 있다.

최근 몇 년간 마케팅과 브랜딩, 특히 광고에 음악을 직접 적용하는 경우에 관한 연구가 증가하고 있다. 몇몇 연구에 따르면(North, Hagreaves & Mckendrick, 1999; Yalch & Spangenberg, 2000), 주의를 끌기 위해, 정서 상태를 조장하기 위해, 기억 연상 실마리를 제공하기 위해, 핵심 메시지의 암시적이거나 노골적인 전달을 위해, 광고 중 40~50%가 음악을 사용하며 이 수치는 해외 광고의 경우 더 높아진다고 한다.

소비자 행동 연구에서는 상점 안의 음악이 구매자의 행동에 미치는 영향에 관한 연구를 진행해 왔다(Yalch & Spangenberg, 2000). 음악의 각성 기능은 고객 행동의 빠르기에 영향을 미칠 수 있다. 높은 각성 수준을 일으키는 시끄럽고 큰 소리의 음악은 부드러운 소리의 음악에 비해 매장 안에 머무는 시간을 짧게 하는 것으로 나타났다. 더 중요한 것은 고객들이 느린 템포의 음악 조건에서 확연히 더 많은 지출을 했다. 느린 템포의 음악은 또한 더 긴 식사 시간과 더 많은 음료 및 술 구매로 이어졌다. 흥미롭게도, 빠른 템포의 음악은 음식점 안에서 "분分당 먹는 양"을 증가시키고 바에서는 술을 더 빨리 마시게 하는 것으로 나타났다.

클래식 음악과 대중음악의 비교에서 한 와인 상점의 조사 결과(North, Hagreaves & Mckendrick, 1999), 음악 유형이 소비자의 와인 구매 수량에는 영향을 미치지 않았지만, 클래식 음악이 들릴 때 구매하는 와인 병당 평균 가격은 높아지는 것으로 나타났다. 특정 장소에서 나오는 음악을 좋아한 경우 그 장소 자체에 대한 호감도가 높아졌는데, 이러한 호감의 상승은 그 장소에 대한 소속감을 강화시켜 다시 오게 할 가능성을 높인다.

자아와 정체성

음악은 사람들이 자신이 누구인지, 어디에서 왔는지, 어떤 사람이 되고 싶어 하는지를 되돌아볼 수 있게 함으로써 자기 탐구를 위한 기회를 제공한다. 사람들은 음악을 들으면서 자신의 정체성을 상기하고 구성하는 반성적인 과정을 경험하는데, 이는 자기 긍정(자아 확인)과 발견의 역할을 한다. 선호하는 스타일의 음악이 불러일으킨 테마와 심상은 청취자들의 내적 측면을 인식하거나 구현하고자 함으로써 청취자들에게 전달된다. 음악의 스타일에 관련된 사회적 함의야말로 사람들이 가장 매력적으로 느끼는 요인 중 하나일 수 있다. 사람들이 특정 스타일의 음악에 매료되는 만큼, 청취자들은 해당 음악에 연관된 특징들에 맞추어 자신의 사적 이미지를 조정할 수도 있다. 그래서 음악은 개인의 특성과 가치관을 포함하는 옷이나 치장 등의 구체적인 물질적 이미지를 넘어서는 정체성 계발과 탐색을 위한 수단으로 기능하기도 한다.

음악 선호가 개인의 자존감에 미치는 영향에 대한 연구들도 있다. 개인이 속한 사회 집단이 자아 개념의 일부를 나타낸다는 사회 정체성 이론 social identity theory에서 나온 것으로(Tajfel & Turner, 1979), 음악에 기반을 둔 사회 집단들(예컨대, 펑크, 록, 이모emo 등)과의 연계가 청취자의 자존감과 어떻게 관련되는지를 탐구했다. 연구 결과, 사람들이 자신이 선호하는 음악의 기반이 되는 사회 집단의 가치관과 라이프스타일을 채택하면서 해당 집단의 특성에 동화되는 점을 일관되게 밝혀왔다(North & Hargreaves, 1999; Tekman & Hortacau, 2002). 더욱이 특정 집단과의 동일시는 내집단 편애와 외집단 폄하를 증가시킴으로써 자존감을 높이는 것으로 나타났다.

최적 차별성 이론optimal distinctiveness theory(그림 6-2) 역시, 음악이 자아 정체성에 기여하는 방법에 대한 설명을 제공한다. 브루어(Brewer,

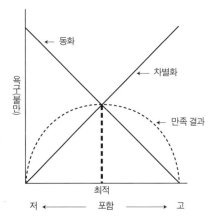

출처: Brewer(1991: 477).

그림 6 - 2. 최적 차별성 이론

1991)에 따르면, 인간은 유사성과 고유성(독특성)을 동시에 갈망하는 상호 반대 작용적인 욕구를 가지고 있다. 넓은 사회적 범주에 속해 동일시하는 것만으로는 자기 인식에 불충분한데 그렇다고 자신을 온전히 고유한 존재로 생각하는 것 역시 고립적인 것이다. 그래서 사람들은 최적화된 수준의 차별성을 위한 어느 정도 고유한 특질을 확인 받으려 애쓰는 속성이 있다.

이 최적화된 차별성을 얻기 위해 사람들은 음악을 이용하는데, 음악의 차별성을 통해 개인 정체성의 중요한 일면을 보여 줄 수 있기 때문이다. 구체적으로, 중간 정도의 인기만큼 알려진 (그래서 최적으로 새롭고 고유한) 음악을 선호하는 사람들은 아주 인기 없거나 아주 인기 많은 음악을 선호하는 사람들에 비해 자신의 음악적 정체성에 더 많은 자원을 투자하고 헌신하는 경향이 있었다(Abrams, 2009).

매력과 사회적 결속

우리가 선호하는 음악은 사회적 결속과 매력을 위해서도 사용된다. 예컨대, 온라인 데이팅 사이트에서도 대부분 자신이 좋아하는 음악을 기록하게 한다. 마치 음악 선호 취향이 다른 사람보다는 음악 취향을 공유하는 사람과의 관계에 더 만족할 것이라는 뉘앙스를 준다. 음악이 사회적 대인 관계에도 의미가 있을까? 혹은 음악 선호 취향의 유사성은 대인 관계에서의 매력이나 만족과도 관련이 있을까?

음악은 대인 관계상의 매력에 분명히 영향을 미친다는 근거가 있다. 이성 관계에서 음악 취향의 영향을 살핀 연구(Zillmann & Bhatia, 1989)는 참가자들에게 데이트 가능성 있는 상대자들의 비디오를 보여 주면서 그들의 음악 취향을 조작해 알려 주는 실험을 했다. 연구 결과, 음악은 여성 참여자들이 상대가 얼마나 매력적인지를 평가하는 데 유의미한 영향을 미치는 것으로 나타났다. 구체적으로, 컨트리 음악을 선호한다고 밝힌 데이트 상대들은 다른 음악 장르를 선호한다고 한 상대들에 비해 덜 매력적으로 인식되는 경향이 있었다. 남성 참여자들은 클래식 음악을 선호한다고 한 여성 상대자들을 신체적으로도 매력적이고 세련되었다고 인식한 반면, 헤비메탈을 선호한다고 한 여성 상대자들은 반항적이고 덜 매력적으로 인식했다.

그렇다면 음악은 궁극적으로 관계의 성공이나 질적인 측면에도 중요한 영향을 미칠까? 연구에 따르면, 물론 그렇다. 사람들은 자신의 음악 취향을 공유하는 사람들에게 매료된다. 청소년들 사이의 우정 형성을 살펴본 연구에 따르면(Selfhout et al., 2009), 서로를 가장 친한 친구로 꼽은 참여자들의 경우 음악 선호 취향이 매우 유사하고, 무작위로 꼽은 낯선 이들과 비교했을 때는 훨씬 더 그러한 것으로 나타났다. 더욱이, 음악 취향이 비슷했으나 1학년 때 친구가 아니었던 참여자들은 2학년이 되어 서로 친구가 되는 경향이 음악 취향이 다른 참여자들에 비해 더 높았다. 이러한 효과는 참여 청소년들의 인구학적 속성들을 통제한 상황에서도 여전히 유효했다.

음악과 사회적 결속에 대한 연구의 기본 전제 중 하나는 취향의 공유는 가치관과 성향이 비슷함을 반영한다는 것이다. 즉 같은 음악을 즐기는 사람들은 세상을 보고 경험하는 방식이 비슷하고, 따라서 음악 취향이 다른 사람들에 비해 더 많은 문제에 대해 의견이 같다는 것이다. 이러한 추론은 사회적 결속에서 중요한 것은 음악 자체가 아니라 음악이 개인의 가치관과 특성의 지표로 작용하여 취향 공유와 매력의 관계를 매개함을 뜻한다. 구체적으로, 음악 취향 공유는 사회적 매력에 영향을 미치는데 이 둘의 관계는 비슷한 가치관에 의해 매개되지만 비슷한 성격에 의해서는 매개되지 않았다.

대중음악 변천사: 노랫말과 정서 변화

클래식 음악에 비해 대중음악의 주요한 힘은 노랫말, 즉 가사에서 나온다. 대중음악의 가사에 관한 가장 흥미로운 연구 중 하나로, 대중가요 노랫말은 사회의 인식과 가치관, 문화와 같은 인간 심리의 변화를 반영한다는 상식적인 생각을 경험적으로 검증해낸 연구를 먼저 살펴보자.

나 vs 우리: 개인주의, 반사회성 증가

1980년부터 2007년까지의 히트곡 노랫말을 분석한 심리학자들의 연구에 따르면, 지난 30년 동안의 미국에서 히트한 노래들의 가사를 컴퓨터 분석한 결과, 대중음악에 나르시시즘과 적대감이 통계적으로 유의미하게 증가하는 트렌드가 발견되었다(DeWall et al., 2011). 영어에서 1인칭 단수 주격의 "나는(I)" 그리고 목적격의 "나를/나에게me"라는 단어들이 분노 관련 단어들과 함께 더 자주 등장하는 반면, 영어에서 1인칭 복수 주격의 "우리는we" 그리고 목적격의 "우리를/우리에게us"라는 단어들과 긍정적인 정서를 표현하는 단어들은 그에 비례하여 감소해 온 것으로 나타났다. 이는 근래로 올수록 인기가 높아진 랩과 힙합으로 인해 결과가 왜곡되는 것을 막기 위해 노래의 장르를 통제한 결과다. 이것은 오늘날의 청소년과 대학생들이 이전 시대보다 스스로를 더 많이 사랑하는 현상과 관련이 있다는 것이 연구자들의 설명이다.

이러한 트렌드에 대한 연구는 그 의미에 의구심을 던지는 학자들도 있고 논란이 있는 면이 있어서, 앞선 세대들에 비해 지금의 젊은이들이 더 자기중심적이지는 않다는 주장도 오래도록 맞서 왔다. 위에 제시한 연구가 이러한 논란을 종식시키지는 않을지 모르지만, 빌보드 인기 가요 100순위를 자아도취나 자기 몰두를 가늠하는 또 다른 방법으로서 제시했다는 점이 중요하다. 언어학적 가사 분석 방법을 도입한 위 연구에 따르면, 1980년대 히트곡들은 인종적 화합과 같이 '함께해서 행복함'을 강조하는 경향이 있었다면, 오늘날의 히트곡들은 하나의 매우 특별한 사람, 바로 가수 자신에 대한 것이 더 많은 경향이 있었다.

공교롭게도, 같은 기간 동안, 젊은이들의 외로움과 우울의 정서는 더 높아졌다는 통계들이 나온 것은 우연이 아니라는 것이다. 나르시시즘은 분노 증가 및 인간관계 유지에서의 어려움들과 관련이 있다. 노랫말 분석의 결과, 사회적 연결과 관련된 긍정적인 정서들(가령 love 또는 sweet)은 감소하고, 분노와 반사회적 행동 관련 단어들(가령 hate 또는 kill)은 증가한 것으로 나타났다. 1980년대 노랫말에서는 사랑이 편안하고 좋은 것이며 두 사람 사이에 대한 것이었던 반면, 최근으로 올수록 노래들은 한 개인이 원하는 것, 이 사람이 얼마나 실망했는지 또는 얼마나 부당한 대접을 당하고 모욕감을 느꼈는지에 대한 것이 주를 이루는 현상을 검증한 것이다.

대중음악의 노랫말이 부정적인 경우, 공격성, 폭력성, 편견 강화 등 부정적인 영향을 미친다는 연구가 많다(Anderson et al., 2003 등). 대조적으로 대중음악의 노랫말이 사랑, 평화 등으로 긍정적인 경우, 기부와 자선, 친사회적 행동 등 긍정적인 행동으로 이어진다(예컨대 Greitemeyer, 2009). 이는 실험 연구와 현실 상황 적용 연구 모두에서 검증되었다.

폭력적인 가사와 친사회적인 가사

폭력적인 음악 청취가 공격성에 미치는 영향을 연구한 결과, 비폭력적인 가사의 음악에 비해 긴장감 높은 사운드에 폭력적인 가사의 음악을 청취한 경우, 더 적대적인 감정과 공격적인 생각을 갖게 되는 것으로 나타났다(Anderson et al., 2003). 이러한 결과는 폭력적 생각과 감정을 촉발시킨 것이 음악의 긴장감 높거나 비틀어진 사운드가 아니라 노랫말의 폭력적 내용이라는 점을 시사한다. 여성 혐오적인 음악 청취가 공격적 행동에 미치는 영향을 살핀 연구에서는, 여성 혐오 음악을 청취한 남성 참여자들이 그렇지 않은 남성 참여자들보다 여성에 대해 더 공격적으로 행동하는 것을 발견했다(Fischer & Greitemeyer, 2006). 젠더 고정 관념 내용이 담긴 뮤직 비디오를 시청한 경우 젠더 고정 관념이 없는 내용의 비디오를 시청했을 때에 비해 전통적인 젠더 관념의 태도를 더 많이 보였다. 대중음악 노랫말의 주제가 폭력성, 여성 혐오, 성 고정 관념을 시사할 때, 그러한 음악 청취가 부정적인 영향을 미칠 수 있음을 관련 연구들이 보여 준다.

물론, 음악 청취가 모두 나쁜 영향으로만 이어지는 것은 아니다. 음악 청취가 친사회적 행동이나 편견 감소와 같은 긍정적인 영향도 미칠 수 있다. 평화와 사랑을 고양시키는 노랫말을 많이 들을 경우 청취자들의 감정이입이 높아진다. 친사회적인 주제의 노랫말을 가진 음악을 청취한 사람들은 중립적인 가사의 음악을 들은 경우에 비해 어려움에 처한 사람을 도울 의향과 대인간 감정이입을 더 많이 보였다(Greitemeyer, 2009). 또한 특정 집단에 대한 긍정적 의미를 내포한 음악을 청취한 경우 해당 집단에 대한 편견이 감소할 수 있다는 근거도 있다. 한 집단에는 플라멩코 음악을 들려주고 다른 집단에는 클래식 음악을 들려준 후 소수 집단에 대한 태도를 측정했는데, 플라멩코 음악을 들은 사람들이 클래식 음악을 들은 사람들에 비해 집시에 대한 편견을 더 적게 보였다(Rodriguez-Bailo, Ruiz & Moya, 2009).

노랫말과 행동 변화

앞에서 대중음악 가사의 내용이 사람들의 인지적, 심리적, 정서적 반응에 영향을 미친다는 점을 이야기했는데, 노래가 사람들의 행동까지 변화시킬 수 있을까? 놀랍게도, 그렇다는 연구가 나왔다. 그 연구에 따르면(Ruth, 2017), 독일의 한 카페에서 친사회적인 가사의 음악을 틀어 준 경우 손님들이 공정 무역 커피를 더 많이 구매하였다. 사회적인 소재를 다룬 노래들은 우리의 인지만이 아니라 행동에도 영향을 미치는 것이다. 이러한 결과는 실험실에서만이 아니라 커피점과 같은 현실의 상황에서도 사람들의 행동을 실제로 변화시키는 것으로 유효하게 검증되었다.

이 연구는 독일의 시내 한 카페에서 아침 10시부터 정오까지 8일간, 배경 음악으로 특별히 준비된 두 가지 선곡들을 틀어주었다. 하나는 친사회적인 가사의 노래들만으로 된 선곡, 다른 하나는 동일한 가수가 부른 중립적인 가사의 노래들로 된 선곡이었다. 친사회적인 행동의 지표로는, 커피가 들어가는 모든 뜨거운 음료에 유기농 공정 무역 커피 구매의 선택권이 있었고 이 정보는 카페 중앙 칠판에 제시해 놓았다. 그리고 손님이 도착한 후에 주문을 받기까지 최소한 6분(선곡된 노래 두 곡을 들을 시간)을 기다린 후 주문을 받았다. 연구 결과, 친사회적인 가사로 된 음악을 들은 사람들은 중립적인 가사의 음악을 들은 사람들에 비해 공정 무역 커피를 두 배 더 많이 주문했다. 구체적으로, 존 레논의 〈이매진 *Imagine*〉과 같은 노래들을 카페에서 들은 경우 38%가 공정 무역 커피를 주문한 반면, 비정치적인 가사의 음악을 들은 경우 18%만이 공정 무역 커피를 주문한 것이다.

손님들이 무의식적으로 영향을 받은 것인지, 그 노래의 내용을 의식적으로 인식한 것인지는 분명하지 않다. 그러나 어느 쪽이든 노래가 많은 사람들에게 더 좋은 상품에 더 많은 돈을 쓰도록 일깨워 주는 영향이 있는 듯하다.

음악 선호와 정서

대중음악 선호 취향

연인 사이에는 많은 공통의 관심이 있겠지만 음악에 관한 한 어느 한쪽의 주류 대중음악 사랑이 다른 한쪽에서는 견디기 어려울 수 있다. 음악 선호 취향의 심리에 대해 우리는 무엇을 알고 있는가? 이에 관해 두 가지 반대 견해가 있다. 하나는 음악 선호는 무작위라는 주장(완전히 주관적인 경험으로 인해 동일한 노래가 좋을 수도 싫을 수도 있다는 생각을 포함), 다른 하나는 우리의 음악 선택이 자기 성격의 중요한 측면을 반영한다는 주장이다.

우리의 음악 취향은 우리 내면의 생각과 감정을 어떻게 반영하고 노출하는가? 학술 연구들이 밝힌 바에 따르면, 사람들은 (1) 특정 작업 행위를 향상시킬 목적으로(운전이나 공부, 일을 할 때 음악이 지루함을 줄이고 주의집중하는 데 최적 수준을 유지하게 도와줌), (2) 지적 호기심을 자극할 목적으로(우리가 듣는 음악에 집중하여 분석함), (3) 원하는 기분 상태(행복, 신남, 슬픔 등)에 도달하기 위해 정서 상태를 조절할 목적으로 음악을 듣는다.

음악에 관한 이러한 많은 연구들은 사람들에게 왜 음악을 듣는지 질문하는 방식을 취했으나, 사람들은 실제로 자신이 왜 음악을 듣는지 항상 의식하거나 생각하지 않는다는 문제가 있다. 그럼에도 사람들이 자주 듣는 음악은 그 사람의 어떤 측면과 연관이 있을 수 있다. 기분이 우리의 성격과 긴밀한 관련이 있으며(성격이 기후라면 기분은 날씨와 같다) 사람들이 음악을 정서 조절의 목적으로 이용한다는 점에서, 음악 취향에 대한 이해는 개인의 마음에 대해 보여 주는 창문을 제공한다.

그러나 음악 취향과 성격의 관계에 관해 밝혀진 대부분의 연구 결과들은 일반인의 직관에서 벗어나지 못한다. 예를 들어, 공격 성향의 사람이 헤비메탈을 좋아한다든지, 영리한 사람들이 재즈와 클래식 음악을 좋아한다든지, 반항적인 사람이 힙합과 록을 좋아한다든지. 우리가 일반적으로 남의 집에 방문했을 때 그 사람이 모아둔 DVD나 CD 목록을 보면서 그 사람의 성격을 판단하는 경향이 있고 이러한 판단이 대체로 정확하기도 하다는 점과 다를 바 없는 결과를 얻고 있는 것이다.

음악 취향에 관한 연구들이 이런 식으로 상식적이기만 하다면 어떠한 쓸모가 있을까? 이용과 충족 접근과 유사하게, 음악 취향 연구의 기저에는 사람들이 자신의 성격, 태도, 정서의 여러 측면들을 반영하거나 강화하는 음악 환경을 추구한다는 전제가 깔려 있다.

지금까지 나온 음악 취향의 구조에 관한 십여 개의 독립적인 연구들은 음악 장르 구분으로 개인의 음악 취향 차이를 분석했는데, 그 결과를 보면 크게 4~5가지 음악 선호의 차원이 있는 것으로 나타났다. 이에 관한 종합적인 최근 연구에서 5가지 음악 선호 차원으로 정리한 개념은 흥미롭게도, 부드러운Mellow, 소박한Unpretentious, 세련된Sophisticated, 강렬한Intense, 동시대적인Contemporary의 앞 자를 따서 MUSIC으로 명명했다(Rentfrow, Goldberg, & Levitin, 2011). 부드러운 차원은 소프트록, R&B, 애덜트 컨템포러리로 구성되고 로맨틱, 편안함, 느림, 조용함의 특징을 갖는다. 소박한 차원은 컨트리와 포크로 구성되며 단순하고, 편안하고, 평화롭고, 어쿠스틱한 특징이 있다. 세련된 차원은 클래식, 오페라, 재즈, 월드 뮤직으로 구성되고 영감을 주며, 지적이고, 복잡하고, 다이내믹하다. 강렬한 차원은 록, 펑크, 헤비메탈로 구성되며, 비틀리고, 시끄럽고, 공격적이며 로맨틱하지 않고, 영감을 주지는 않는다. 동시대적 차원은 랩, 일렉트로니카, 팝으로 구성되며, 타악기 소리의 느낌이 많고, 전자적이고, 힘이 있으며 슬프지 않다.

이러한 음악 선호의 구조는 음악 취향이 성격, 정치 이념, 가치관, 성적인 태도, 인지 능력 등과 뚜렷한 관련성을 보이는 결과들이 나오고 있다는 점에서 의미를 찾을 수 있다. 예를 들면, 클래식 음악이나 오페라, 재즈 같은 세련된 음악 스타일을 선호하는 사람들은 편협하지 않고 창의적이며 상상력이 높고 진보적인 가치관을 가졌으며 예술적 표현에 높은 가치를 두고 언어 능력에서 높은 점수를 얻는다. 헤비메탈과 펑크 같은 강렬한 스타일을 선호하는 사람들은 편협하지 않고 감각 추구 경향이 있고 충동적이며 운동 능력이 높다. 팝, 랩, 댄스 음악 같은 동시대적 음악을 선호하는 사람들은 외향성이 높고 사회적 인정을 높이 사며 젠더 고정 관념이 높고 성에 관해 자유로운 태도를 가졌고 스스로를 신체적으로 매력적이라고 생각한다.

다른 한편으로, 음악 취향 연구는 음악과 문제적 행동의 관계를 탐구하는 데도 유용한 접근을 제시한다. 선호 음악에 있어서 개인의 차이가 마약, 성, 범죄 등에 관련된 다양한 위험 행동과 연관될 수 있음을 보인 연구들도 있다. 청소년 4000명을 대상으로 선호 음악과 여러 문제적 행동의 내면화 및 표면화 관계를 탐구한 연구 결과(Mulder et al., 2007), 내면화 문제 행동의 경우 자해 행위는 헤비메탈과 록 음악 팬들에게서 비교적 높게 나타난 반면, 우울증은 클래식 음악과 기타 이른바 엘리트 음악 선호 팬들 사이에서 높게 나타났다. 공격성과 약물 남용 등의 표면화 문제 행동들은 록, 헤비메탈, 랩 음악 팬들에게서 비교적 높게 나타났다. 종합해 보건대, 음악 취향에 영향을 미치는 많은 심리적 변인들은 문제 행동들에도 원인이 될 수 있으며, 음악 취향과 문제 행동은 모두 동일한 잠재 성향의 발현일 수 있다.

음악과 정서

갑자기 빠르고 신나고 행복한 노래를 듣고 싶으면 사람들은 어떻게 할까? 우리는 대개 인기 가요 순위 채널을 먼저 살펴볼 것이다. 하지만 대중음악의 경우 어쩌면 옛날 노래 채널을 선택하는 것이 더 나을 수 있음을 뒷받침하는 연구 결과가 나왔다(Schellenburg & Scheve, 2012). 이 연구에 따르면, 지난 50여 년에 걸쳐 히트곡들은 더 길어지고 더 느려지고 더 슬퍼졌으며, 뒤섞인 감정 단서들이 더 많아진 것으로 나타났다. 앞서 노랫말의 심리적 영향에 관해서도 언급한 것처럼, 대중음악의 가사가 과거에 비해 점점 더 자기중심적이고 부정적이 될 때, 대중음악의 음악적 속성 자체는 더 슬픈 사운드와 함께 정서적으로 더 모호하게 되었다고 한다. 1960년대 중반부터 2010년까지의 빌보드 인기 톱 40이었던 1000여 곡의 노래들을 분석한 결과, 현대로 올수록 우울과 절망을 연상하는 단조 선율로 된 노래의 비율이 점차 증가한 것으로 나타났다. 또한 히트곡 목록에 여성 가수의 비율이 2000년대 들어 조금 후퇴하기는 했지만 1990년대를 거치면서 꾸준히 증가해 왔다고 한다.

이 연구는 시대별 히트곡들의 음악적 속성으로, 분당 비트로 측정한 템포(빠른지 느린지), 전문 음악가가 판단한 음계(장조인지 단조인지)를 분석했다. 결과는 놀랍게도 단조로 된 노래들의 비율이 지난 50여 년간 두 배 가까이 증가했다. 또한 노래들의 평균 템포는 지난 수십여 년에 걸쳐 점차 느려져 왔다. 다시 말해, 모호한 정서 상태를 담은 노래들이 증가했을 뿐 아니라 명백하게 신나는 사운드의 노래가 전반적으로 감소했음을 뜻한다. 이는 아마도 작곡가들이 한 곡 안에 담아내 표현할 수 있는 정서가 광범위하고 다양해졌음을 시사한다고 볼 수 있다.

이러한 결과는, 앞서 노랫말의 변천사에 관한 연구 결과와 같은 맥락이라 할 수 있다. 대중음악은 지난 수십여 년을 걸쳐오면서 가사 내용에서도 사회적 상호 작용과 긍정적인 정서가 줄고 분노와 반사회적인 단어 등의 부정적인 정서가 늘었는데, 선율과 박자와 같은 음악적인 측면에서도 비슷한 정서적인 변화 경향이 발견된 것이다.

그렇다면 대중음악은 왜 이렇게 점점 더 슬픈 사운드로 변하게 된 것일까? 추론컨대, 현대 사회의 변화인 소비주의와 개인주의의 증가에도 원인이 있을 것이다. 더 많은 선택 가능성에 대한 요구가 늘고, 문화적, 사회적으로 과거의 집단 경계가 모호해지고 있으며, 대중문화 소비자들은 자신의 취향이 독특하고 복합적임을 보여 주고자 하는 바람이 강해지고 있기 때문일 수 있다.

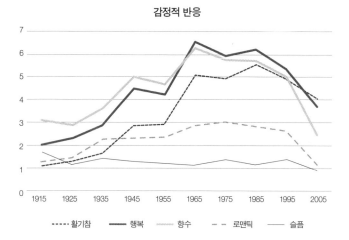

감정적 반응

······ 활기참　━━ 행복　━━ 향수　－ － 로맨틱　── 슬픔

출처: Krumhansl(2017: 6).

그림 6 - 3. 시대별 음악에 대한 정서 반응

　그런데 이에 관한 후속 연구들을 살펴보면 흥미로운 결과가 발견된다. 가장 최근의 2017년 연구에서 시대별 대중음악에 대한 사람들의 '과거 회상'식 정서 반응을 살펴보았다(Krumhansl, 2017). 그 결과, 템포나 선율 같은 음악적 속성으로 대중음악의 정서 변화를 살펴본 앞서의 연구(Schellenburg & Scheve, 2012)와는 일견 달라 보이지만 결국 비슷하다고 할 수 있는 결과를 얻었다. 사람들은 확실히 과거 시대의 노래들, 특히 1960~1990년대 음악들에 대해 활기차다거나 행복하다고 생각하는 경향이 있었고 슬픔 정서에 대해서는 시대별 노래에 따라 차이가 거의 없었지만, 1995년을 기점으로 2000년대 이후의 노래들에 대해서는 과거의 그 활기참과 행복감의 긍정 정서가 확연히 줄어드는 것으로 나타났다(그림 6-3 참조).

　이러한 결과는 시대에 따른 대중음악의 장르 및 스타일의 변화 경향과 함께 살펴보면 더 분명해진다. 그림 6-4에서 볼 수 있듯이, 록과 댄스

6장 '따로' 또 '같이' 경험하는 대중음악　165

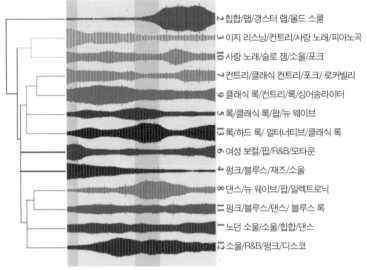

출처: Mauch et al.(2015: 5).

그림 6-4. 1960~2010년 빌보드 인기 순위 100에 나타난 음악 스타일의 진화

음악이 주를 이루었던 1980년대 대중음악은 확실히 더 행복하고 신나는 노래들이 많았던 데 반해, 1990년대 이후 상대적으로 어두운 정서가 지배적인 힙합이 급증한 것을 알 수 있다. 지난 50여 년간 대중음악에서 슬픈 정서의 증가는 이러한 음악 장르 및 스타일의 변화와도 맞물려 있을 수 있다. 이러한 대중음악의 이해는 개인이 사회와 맺고 있는 관계에 대한 이해, 그리고 사람들의 정서적 욕구와 표현에 의해 문화가 어떻게 형성되는지에 대한 이해를 돕는다.

대중음악의 인기 요인

히트곡은 가수들의 경력에도 늘 중요하다. 화제가 된 노래나 비디오는 음반 제작과 수익 높은 콘서트 제안을 이끌어 내면서 무명의 가수를 단숨에 유명인으로 만든다. 같은 이유에서, 히트곡이 없는 가수는 대중음악 가수라고 불릴 수조차 없다. 화제성 있는 노래를 만드는 것이 대중이 원하는 것이다. 독창적인 마법을 되살려 비슷한 히트곡을 계속 만드는 가수에게는 큰 보상이 있다.

거기에는 어떤 정형화된 공식이 있어서, 혹자에 따라서는 아무나 그렇게 귀에 쏙 들어오는 후크hook 음악을 쓸 수 있을 거라 생각할지 모른다.[5] 하지만 음악계는 거대 기획사의 프로듀서들이 모인 집단에 지배되고 있어서 오늘날 대중음악 히트곡들은 그들에게 가장 큰 몫의 책임이 있다. 대중음악 제작자들은 과학적인 작업을 통해 현재의 히트곡들을 용의주도하게 빚어진 혼합물로 만들어 낸다. 사람들 머릿속에 맴돌며 기억하기 쉬운 코드 진행으로 구성된 이른바 '후크'를 가득 넣음으로써, 우리의 머릿속에 여운이 감도는 노래 소절로 특정한 기분을 불러일으키게 된다.

음악 작업이란 원래 이렇지는 않았다. 크리스 앤더슨Chris Anderson이 롱테일 이론Long Tail theory을 제창할 때만 해도 디지털(음악) 시장은 전통적인 의미의 히트곡들과 더불어, 주류가 아닌 소수의 대안적인 음악들도 상업적으로 성공할 수 있는 공간을 더 많이 제공할 것이라는 낙관적 예측이 있었다.

그러나 《송 머신: 히트곡 제조 공장The Song Machine: Inside the Hit

---

5   후크는 듣는 이의 귀를 사로잡기 위해 짧고 강렬하면서 기억에 남는 멜로디로 구성된, 음악의 일부분이다.

Factory》(2015)을 쓴 존 시브룩John Seabrook과 《히트 메이커스*Hit Makers: How Things Become Popular*》(2017)를 쓴 데릭 톰슨Derek Thompson은, 현실은 그 반대라고 주장한다. 모든 음악 산업 수익의 90%가 단지 10%의 히트곡들에서 나오는데, 이러한 격차는 디지털 음악 시대가 도래한 이래 더욱 커지고 있다는 것이다.

이러한 변화의 기점은 2000년대 초반이었다. '멜로디와 노랫말'의 작곡 스타일이 더 효율적인 '트랙track과 후크' 방식으로 거의 대체되기에 이른 것이다. 제작자는 한 곡의 비트와 코드 진행을 책임진다. 일괄 배치된 한 묶음의 비트들을 만들어서 유명 뮤지션에게 보내면 이들이 멜로디와 후크를 만든다. 이런 식으로 '트랙과 후크' 방식으로 노래를 만드는 것은 텔레비전 오락 프로그램을 만들듯, 노래를 만드는 과정이 한 곡의 여러 부분들을 각기 다른 전문가들마다 노랫말, 간주 부분, 비트 등을 쪼개어 맡는 방식이다. 거물 작곡가들이 노래의 기반이 되는 후크를 만든 후에 그 노래는 이렇게 여러 사람들의 작업을 순회하며 조각들이 덧붙여져서 여러 작업자들의 손을 거쳐 완성된 작품이 된다.

청취자들의 주의/관심 지속 시간이 짧아짐에 따라 기억하기 쉬운 반복성이 점점 더 음악의 중요한 요소가 되었다. 노래의 도입부에 후크가 하나 화음 들어가기 직전에 후크가 하나, 화음 부분에 후크가 하나, 간주에도 후크가 하나 있어야 한다. 사람들이 우연히 라디오에서 흘러나오는 음악을 들을 때 채널을 돌리기 전에 한 곡에 7초의 시간을 할애하는데, 그때 그들을 낚아야hook 하기 때문이다.

이러한 작법 방식이 좋은 노래를 만드는지의 여부는 논란의 여지가 있지만 이것이 인간 심리를 잘 이용한다는 사실은 분명하다. 우리가 노래를 들을 때 다음에 어떤 선율이 나올지를 알고 있다면 그 선율이 흘러나오기 직전에 다음 부분을 상상하면서 몸을 앞으로 기울여 적극적으로 집중하게 된다. 이런 종류의 '앞서 가며 듣기'는 그 음악에 대한 참여의 느낌을 형성하는 것이다. 이는 사람들이 종교 공동체에서나 느낄 법한 일종의 사회적인 교감과 유사하기 때문에, 많은 이들이 여기에서 큰 즐거움을 느끼는 경험을 하게 된다.

2011년 연구에 따르면 노래의 친숙함은 우리가 그 노래를 딱히 좋아하지 않는다 하더라도 반성적인 관여로 이어진다. 이러한 친숙함과 공동체적 관여의 느낌은 뇌에서 기쁨과 동기 부여의 조절을 돕는 도파민을 분비하게 만든다. 우리의 신경 반응은 그래서 반복적이고 후크가 가득한 노래들을 보상하는 것이다. 따라서 라디오나 인터넷에서 한 곡이 상업적으로 성공할 기회는 그 노래가 듣는 이를 기분 좋게 하느냐의 여부와는 별개로, 회상 가능성에 따라 증가한다. 시브룩은 한국 대중음악에서 이러한 후크 방식으로 성공한 대표적인 노래로 소녀시대의 〈Gee〉를 예로 든다.

그러나 거의 모든 노래가 이와 같이 성공을 위한 엄격한 공식을 따르고 있다면, 그 가운데에서 어떤 한 곡의 특성은 어떻게 두드러지게 눈에 띄는가? 왜 이런 소수 집단의 제작자들이 대중음악계를 이끌고 있는가? 이에 대한 답은 데릭 톰슨이 《히트 메이커스》에서 말한 "친숙한 놀라움familiar surprises"에서 찾을 수 있다. 기존에 성공한 대중음악 안에서 아주 약간만 다른 변형을 주어 음악을 만든다. 가령, 악기 종류를 다르게 한다든지, 간주 부분을 확장한다든지, 후크를 늘린다든지 등 다양한 방식으로 친숙함에 새로움과 놀라움을 더해낸다.

이는 앞서 논의한 최적 차별성 이론과 같은 맥락이다. 이 이론에 따르면 사람들은 '(남들과) 같고도 싶고 다르고도 싶은' 모순적 심리를 동시에 추구한다. 이러한 심리는 특히 음악의 청취 심리에서 두드러진다. 사람들은 완전히 새롭기만 한 것을 좋아하게 되지는 않는다. 어느 정도 익숙하고 친숙한 것에 호감을 느끼는 경향이 있는데, 그렇다고 익숙한 것만 반복되면 특히 엔터테인먼트 세계에서는 살아남을 수 없다. 그래서 성공한 엔터테인먼트 콘텐츠가 되기 위해서는 친숙한 것에 기대어, 기존의 것과 유사하여 친숙하면서도 그 안에서 새로움과 놀라움을 맛볼 수 있어야 한다.

대중음악에서 새로움과 고유함의 특성을 찾는 것은 다른 사람들과 다르고 싶은 자아 정체성에 연관된 것인데 반해, 친숙함과 유사성의 문제는 음악에서의 '사회적 영향'을 고려해야 하는 부분이다. 일단 자주 듣고 반복적으로 노출된 사운드가 친숙하다고 여겨지고 호감으로 이어지기 때문이다. 자주 그리고 반복적으로 듣게 되고, 비슷한 정도로 훌륭한 수많은 다른 노래들에 비해 더 좋다고 인식하게 되는 노래는 (그 노래가 음악적으로 반드시 뛰어나기 때문만이 아니라) 특정 시점에 해당 사회의 분위기와 다른 이들의 선곡의 영향도 받을 수밖에 없는 것이다.

엔터테인먼트와 세부 감정:

코미디와 유머, 비극, 공포물

7장

우리는 다양한 장르의 엔터테인먼트 콘텐츠를 즐기는 동안 막연한 감정이 아닌 '구체적인' 감정들을 느낀다. 코미디 프로그램을 보면서 실컷 웃는다든지, 리얼리티 프로그램에서 유머 코드 섞인 장면들을 보며 즐겁게 웃어넘긴다든지, 슬픈 영화를 보며 눈물을 흘리는 가운데 인생의 의미를 되새겨 본다든지, 공포 영화를 보면서 오싹해지는 경험을 한다든지 하는, 단순히 긍정 또는 부정 정서의 범주로만 설명하기에는 어려운 다양한 감정들을 경험한다. 이 장에서는 이처럼 우리가 여러 장르와 콘텐츠에서 느끼는 세부적인 개별 감정들을 살펴보려 한다.

감정과 미디어 오락

미디어 오락, 즉 미디어를 통한 오락은 수용자의 경험임과 동시에 커뮤니케이션 과정임을 강조한 윤영태(2015)는 우리의 일상에서 미디어를 통해 경험하는 구체적인 내용들에 오락적 요소가 내재해 있다고 보았다. 재미를 느끼기 위해서는 어느 정도의 긴장이 필요하며(Zillmann, 1999 참조), 이것은 드라마나 영화와 같은 픽션물에서의 서스펜스, 오디션 프로그램과 같은 리얼리티 장르에서의 불확실성에 따른 조마조마함과 흥분, 놀라움 등을 모두 포괄하는 정서라 할 수 있다.

　다양한 엔터테인먼트 장르 중에서 리얼리티 프로그램은 특히 더 다양한 포맷과 내용으로 사람들에게 친근하게 다가온다. 옥민혜와 박동숙(2010)은 사람들이 리얼 버라이어티 쇼에서 기대하는 현실감은 '다큐적' 리얼리티가 아닌 '오락적' 리얼리티임을 강조한다. 캐릭터나 자막, 소재 등을 그림 7−1과 같이 다각적으로 활용함으로써 재미를 느낄 수 있는 현실감을 준다는 것이다.

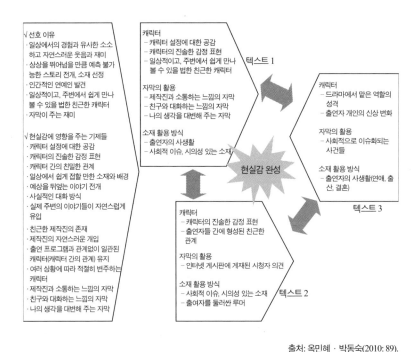

그림 7 - 1. 리얼 버라이어티 쇼의 상호텍스트성과 오락적 현실감

〈무한도전〉(MBC)을 대상으로 한 김용석(2009)의 연구에서는 자막을 활용한 프로그램이 오락적 만족도를 높인다고 밝히고 있다. 특히 "코믹한 내용의 묘사 자막"에서 그 차이가 크게 나타났으며, 고학력 집단보다 저학력 집단에서 자막 버전을 더 즐기는 경향이 있었다(p.124). 결국 사람들에게 오락적 감정과 웃음을 선사하는 부분이 배우의 연기나 행동에 한정되는 것이 아니라, 연출 과정에서 추가하는 자막이나 다루는 소재, 주변 상황 등 다양한 부분이 활용될 수 있음을 알 수 있다.

엔터테인먼트 콘텐츠의 장르를 불문하고 사람들을 울고 웃게 만드는 원리, 또는 불안감이나 공포심을 유발하는 원리는 심리학이나 뇌과학의 영역과도 관련이 있다. 여기에서는 엔터테인먼트의 장르와 내용에 따라 웃음, 슬픔, 공포 등이 독특하게 '달리' 체험되는 부분에 초점을 두고 논의를 전개하려 한다.

감정 유발 엔터테인먼트

코미디와 유머

에릭 슈즈Eric Shouse는 유머에 관한 세 가지 이론을 정리하였다. 즉 불일치 이론incongruity theory, 우월성 이론superiority theory, 안도감 이론relief theory이다. 슈즈는 하지만 이 세 가지만으로는 유머를 설명하는 데 불충분하며 '정서의 전이'가 실제로 발생해야 한다고 보았다(Shouse, 2007). 먼저 유머의 불일치 이론에서는 "어떤 상황에서 당연히 기대했던 것과 충돌되는"(Morreall, 1987: 6) 예기치 못한 상황에서 발생하는 정신 과정으로, 놀람의 정서를 동반하는 것이 유머라고 설명한다(Shurcliff, 1968). 그러나 맥기(McGhee, 1979)가 지적했듯이, 불일치는 유머의 필요조건이기는 하나 충분조건이 되지는 못한다. 불일치한 상황 중에서 유머 이외의 놀라움을 경험하게 하는 상황도 있기 때문이다. 유머가 되기 위해서는 존 모리얼John Morreall(1983)이 이야기한 "개념적 변화의 즐김enjoyment of conceptual shift" 또는 엘리엇 오링Elliott Oring(2003)이 이야기한 "적절한 불일치appropriate incongruity"가 있어야 한다.

유머의 우월성 이론에서는 "다른 사람들의 바보 같은 행위들에 등장하는 흉내 내기, 경멸, 웃음 등이 유머 경험에 핵심이 된다"고 주장한다(Keith-Spiegel, 1972: 6). 앞서 언급한 '불일치' 이론은 거의 대부분의 유머 상황에 적용될 수 있으나, '우월성' 이론의 적용 범위는 어느 정도 제한되어 있다(Shouse, 2007: 37). 즉 우월성 이론은 특히 지위나 계층의 차이가 두드러졌던 전통 사회에서 이른바 높은 계층의 사람들이 광대의 우스꽝스러운 모습을 즐긴다든지, 또는 역으로 지위가 낮은 사람의 입장에서 지위가 높은 사람들을 풍자적으로 묘사한다든지(Mindess, 1971) 하는 상황에서 터져 나오는 웃음에 비교적 잘 적용되는 이론이라 할 수 있다.

유머의 안도감 이론은 신체의 생리적 반응과도 연계되는 이론으로, 우리 몸의 긴장이 증가했다가 어느 순간 갑자기 해소될 때 유머를 경험한다고 본다(Lynch, 2002; Meyer, 2000: 312). 따라서 이 이론에서는 유머가 우리에게 어느 정도 치유력을 지님으로써 치료 효과를 준다고 주장한다.

유머에 관한 세 가지 이론 가운데 유머의 안도감 이론은 신체가 경험하는 정서의 문제를 다루기는 하지만, 이 세 이론으로 완전히 설명되지 않는 부분이 바로 유쾌함과 같은 정서의 '전이'다(Shouse, 2007). 코미디뿐만 아니라 유머 요소가 포함된 다른 장르들, 예컨대 리얼리티 프로그램이든 뮤지컬과 같은 공연이든 영화나 드라마와 같은 픽션물이든, 유쾌한 유머를 보고 함께 웃음을 터뜨리며 스트레스를 날려 버린다면 이는 그 유머 내용에 포함되어 있는 정서가 이를 즐기는 사람에게 전이된 것이라 할 수 있다. 유머가 포함된 공연이나 코미디 등을 감상할 때 관객은 사회적 경험과 체화된 경험을 함께 느낌으로써 정서의 전이를 체험하며, 사람들이 이러한 정서의 전이를 실제로 느끼면서 일상의 스트레스를 떨쳐 버리기 위해 신나는 뮤지컬 공연에 몰입하기도 하는 것이다.

〈슈렉Shrek〉(2001)이나 〈빨간 모자의 진실Hoodwinked!〉(2005)과 같은 애니메이션은 그 안의 어떤 요소들이 사람들의 마음을 끌었을까? 김승리와 이상원(2012)은 흥행 애니메이션에 나타난 유희성을 이 두 작품을 중심으로 분석하였다. 무엇이 웃음과 재미를 유발하는지에 관해 아르투어 쇼펜하우어Arthur Schopenhauer는 패러독스의 변환을 통한 불일치 기법, 패러디를 통한 낯설게 하기, 아이러니를 통한 반어를 그 유형으로 꼽았다. 〈슈렉〉이나 〈빨간 모자의 진실〉도 이와 같은 세 가지 웃음 유발 요소를 사용함으로써 흥행을 유발할 수 있었다고 분석하였다.

비디오 게임에 등장하는 캐릭터의 어떤 행위가 웃음을 유발할 때, 그 행위의 어떤 요소가 웃음을 유발했는지를 분석한 연구도 있다. 이 연구(Svelch, 2014)에서는 다음과 같은 요소들이 웃음을 유발하는 데 중요하게 작동한다고 보았다.

① 불일치성: 뭔가 잘 들어맞지 않는 점을 강조하거나 창조해 냄.
② 우연한 동시 발생: 일들이 발생하게 만듦.
③ 슬랩스틱: 통제감 상실을 통제함(주로 신체의 통제 상실로 유머 유발).
④ 넌센스: 예기치 못한 삐걱거림(이상 상황)을 발생시킴.

비디오 게임에서는 장난이나 익살을 유발하는 행위자와 게임 간의 상호 작용으로 웃음이 유발된다는 점에서 다른 장르에서의 웃음 유발과 다른 점이 있기는 하지만, 일반적으로 어떤 요소가 있을 때 사람들이 즐거워하며 웃을 수 있는지에 대해서는 어느 정도 일치하는 요소들을 보여 주고 있다.

TV 예능 프로그램에서도 만화적 표현 기법을 활용해 자막을 연출함으로써 즐거움을 주기도 한다. 마치 TV를 보며 동시에 만화를 즐기는 듯한 느낌을 제공하는 것이다. 만화적 표현 기법은 말풍선, 서체, 픽토그램, 의성어와 의태어, 효과선 등으로 표현된다(장영직·이현석, 2015). 특히 높은 시청률을 보이는 지상파 3사 프로그램을 중심으로 분석했을 때 "① 희화적 상황 묘사, ② 개념적 기호로서 자막 연출, ③ 대사를 대신한 감정 표현, ④ 시청자의 공감 유도, ⑤ 연출자의 해석에 따른 출연자의 심리 및 상황 묘사"와 같은 특성을 보였다(p.788). 굳이 만화적 표현 기법을 동원한 자막이 없어도 사람들이 자연스럽게 느낄 수 있는 감정들을 이러한 기법으로 더 뚜렷하게 느끼며 감정 공유를 이어간다고 할 수 있다.

또한 자기가 질투를 느끼는 사람이 불행에 빠졌을 때 느끼는 묘한 기쁨을 독일어로 '샤덴프로이데Schadenfreude[6]라고 하는데, 한 연구에서 사람들이 부정적 피드백을 받은 후에는 미디어를 통해 다른 사람의 불행을 접할 때 더 강한 샤덴프로이데를 경험한다는 결과를 얻었다 (Ouwerkerk & Van Dijk, 2008). 코미디 프로그램에서 누군가 타인의 '바보짓'을 보며 웃음을 터뜨리는 현상이 이와 관련된다고 할 수 있다.

앞서 유머에 관한 세 이론(불일치 이론, 우월성 이론, 안도감 이론)이 불충분하다며 감정의 전이 이론(Shouse, 2007)을 주장했던 근거는 사람의 마음과 몸이 하나로 이어져 있어 눈과 귀와 몸이 즐거우면 마음도 즐거워지고 마음이 즐거우면 몸도 함께 즐거워진다는 '마음−신체 연결mind-body connection'의 논리다. 무엇으로 인해 웃음이 유발되었든 일단 웃으면 그로 인해 뇌를 포함한 우리의 신체에서 다양한 긍정적 반응을 보이게 되고, 당연히 마음도 즐거워진다. 물론, '웃으니 즐거워지는 것'인지 '즐거워지니 웃는 것'인지는 마치 닭이 먼저인지 달걀이 먼저인지를 묻는 것과 같다.

코미디는 대개 웃음을 만드는 사람, 듣는 사람, 그리고 화제의 대상이 되는 사람이라는 3자로 이루어진다(박근서, 2006). 웃음을 만드는 역할을 하는 발화자는 주로 코미디언이며, 이 발화자가 화제의 대상, 즉 희생자를 웃음거리로 삼아, 이를 보고 들으며 웃는 사람(시청자, 수용자)을 즐겁게 만드는 것이다. 어찌 보면 함께 웃는 시청자도 희생자에 대해 발화

---

6 Schaden은 '손실, 고통,' Freude는 '환희, 기쁨'을 뜻한다.

자와 공모를 실현하는 셈이 되며, 희생자에 비해 우월함을 느끼기도 한다 (백희정·임대근, 2012).

한국 코미디 프로그램을 보는 사람들의 심리는 어떠할까? 어떤 유형의 코미디를 좋아하고 어떤 유형을 덜 좋아할까? 백희정과 임대근(2012)은 〈개그콘서트〉 시청자를 분석한 결과 대체로 코믹 요소들 중 '언어의 유희'를 선호하는 비율이 높았으며, '슬랩스틱'을 선호하는 경향은 낮았다. 또한 '일상생활'에 관한 코미디를 좋아하는 경향이 있었다. 세대별로 분석한 결과를 보면, 10대는 패러디를, 20대 이상은 사회적 이슈 관련 코미디를 선호하였다. 또한 언어의 유희를 가장 선호하는 세대는 초등학생이었으며, 가장 덜 선호하는 세대는 40대 이상이었다. 풍자는 어린 세대일수록 덜 선호하였고 연령이 증가할수록 선호하는 경향을 보였다.

정치 영역에서 어떤 대상을 깎아내리는 유머가 타인을 향할 때보다 자신을 향할 때 더 긍정적인 인상을 준다는 연구 결과도 있다(Becker & Haller, 2014). 누군가 다른 사람을 깔보며 웃음거리로 만드는 유머보다는 자기 자신의 어떤 측면을 유머의 대상으로 삼을 때 이를 받아들이는 사람 쪽에서 더 긍정적으로 생각할 수 있다는 것이다.

코믹 광고와 코믹 영화

가벼운 웃음을 유발하는 코믹 광고의 사례도 사람들의 주목을 끌고 있다. 예를 들면, 롯데리아 티렉스버거 광고의 첫 장면은 GOD의 노래 〈어머님께〉를 배경으로 아이가 짜장면을 먹는 모습이다. 어머니가 아이를 물끄러미 바라보고 있는 흑백 화면으로 내레이션도 노래 가사에 맞게 "어머니는 자장면을 드시질 않았어……"라며 자못 진지한 느낌을 연출한다. 그러다가 갑자기 다음 화면에서 어머니 쪽을 보여 주는데, 어머니가 눈을 크게 뜨고 자장면 대신 햄버거를 먹는 모습이 등장한다. 여기서 어머니를 포함한 다른 배경은 여전히 흑백이지만 햄버거만 컬러로 보여 줌으로써 유머 정서 유발과 함께 주목도를 높이고 있다.

최근 한국 코미디가 큰 웃음을 주지 못하는 이유 중 하나는 전반적인 경기 침체 등으로 웃음이 사라진 사회 분위기 탓도 있겠지만, 코미디에서 웃음을 유발하기 위해 누군가를 '깎아내려야' 하는 상황이 자칫 '혐오' 감정을 불러일으키는 반발에 직면하기 때문일 수 있다. 웃음도 시대와 사회의 분위기에 따라 조금씩 다른 배경에서 유발되는 것으로 보인다.

이러한 상황에서 2019년 개봉되어 많은 사람들에게 즐거운 웃음을 선사한 이병헌 감독의 코믹 영화 〈극한 직업〉은 유머의 결정판이라 할 수 있다. 직업에 따른 전형적인 어휘들을 적재적소에 반복적으로 배치하며 시종일관 웃음을 터뜨리게 만들었다. 경찰 마약수사팀이 잠복근무를 위해 인수한 치킨집이 대박을 터뜨리면서 "세상에 이런 맛은 없었다. 이것은 갈비인가 통닭인가"라는 홍보 문구를 습관적으로 말하게 된 마약반장부터 몸개그로 휘청거리는 막내 팀원에 이르기까지, 예상과 기대를 끊임없이 위반하는 유머의 원리를 코믹하게 이어가는 설정과 배우들의 명연기는 영화를 보는 동안만이라도 사람들로 하여금 힘든 현실을 잊게 만드는 작품으로서 통쾌한 카타르시스까지 선사한다.

슬픔과 감동

사람들이 슬픈 영화를 관람하는 심리는 단지 '슬픔'이라는 감정만으로는 설명되지 않는다. '슬프기 위해' 그런 영화를 보는 것은 아니기 때문이다. 올리버는 사람들이 슬픈 영화를 관람하는 심리를 "부드러운 정서tender affectiveness"라는 개념으로 설명하였다(Oliver, 2009). 이 정서 안에는 슬품이라는 정서 이외에도 인생에 대한 "통찰, 의미, 이해 및 반추reflection" 가 모두 포함되어 있다(p.177). 특히 '죽음에 대한 현저성mortality salience' 이 높은 슬픈 영화에서 인생에 대한 통찰, 의미, 이해 및 반추의 기회가 더 많이 생기기 때문에, 슬프면서도 감동적인 영화에 죽음에 대한 현저성 이 강하게 드러나는 경향이 있다. 예컨대 그리움, 외로움, 낙담, 배신, 용서, 용기 등과 같은 인생 체험의 보편적이면서도 긍정적이지만은 않은 무수한 감정들이 표현되는 '슬픈' 영화를 보면서 사람들은 본인들과 주변 사람들 의 인생에 대해 한 번 더 깊이 생각해 보며 감동을 느끼는 것이다.

이러한 정서는 전통적인 스토리나 셰익스피어의 비극 작품들에도 녹 아들어 있다. 《맥베스Macbeth》, 《햄릿Hamlet》, 《리어 왕King Lear》 등 유명한 희곡들도 모두 슬픈 내용을 담고 있는데, 이러한 슬픈 이야기를 오랜 세월 동안 다양한 형식으로 즐겨 오고 있는 것은, 바로 이런 슬픈 이야기가 인생 에 대한 통찰을 주기 때문이다.

사별의 슬픔을 재현하는 한국과 일본 영화를 비교한 연구(조아라, 2013)에서, 한국의 장례식에서는 슬픔이 격렬하게 표출되며 일본의 장례 식에서는 "슬픔이 침착하게 표출되다 못해 슬픔이 무화되는" 경향이 있 음을 보였다(p.436). 이러한 슬픔 표현의 문화 차이는 같은 '동양'이면서도 차이가 나타나기에 의미가 있다.

'재현representation'이란 "언어나 이미지를 사용해 주변 세계에 의미를 부여하는 것"으로 정의된다(조아라, 2013: 426). 영화 〈학생부군신위〉(1996)는 박철수 감독이 1992년 실제 부친상 경험을 소재로 자신이 직접 큰아들 역 을 맡았다. 블랙 코미디 형식으로 묘사된 상갓집의 모습은 마치 떠들썩한 잔치판 같았다. 시골 상갓집 5일간의 에피소드 안에 현실 속 다양한 인물들 의 성격, 감정, 행동 등이 상징적으로 드러나고 있다. 장례식을 계기로 흩어 져 살던 가족들이 함께 모이고 갈등 관계의 구성원까지 화해의 장에 들어

오는 모습이 그려지며, "아이고 아이고" 하는 곡소리가 표현하듯 다소 격렬한 슬픔으로 표현된다. 그 이유로 유교적 가치에 준하는 한국의 장례식에서는 사별로 인한 슬픔 표출을 격려해 온 문화적 분위기가 있다.

반면에 일본 영화 〈오소시키お葬式〉(이타미 주조, 1984)에 나타난 사별의 슬픔은 다소 엄숙하고 평온하며 담담하게 표현된다. 눈물이 잠시 나타나기는 하지만 오열과 몸부림 등 격렬한 표현은 나타나지 않는다. 조아라(2013)는 이러한 슬픔 표현의 저변에 일본의 '은자隱者' 사상이 존재한다고 분석하였다. 은자란 "사회적 지위와 재산을 자신의 의지로 던져 버린 채 산야에서 가난한 은둔 생활을 하던 사람들"을 말하며(p.436), 이들은 정신적으로 평온한 삶을 추구하며 타인에 대해 관찰자나 방관자의 태도를 지닌다. 그 사상적 토대는 불교에 뿌리를 두고 있는 '무상관無常觀'으로, 죽음은 삶의 연장선상에 있어 죽음이 삶에 필연적일 수밖에 없음을 아는 것이 곧 영원히 사는 것임을 강조한다.

슬픔을 표출할 것이냐 절제할 것이냐, 그 정도와 방식은 문화에 따라 차이가 있지만, 슬픈 상황에 처하면 슬픔을 느끼고 표현하는 것은 자연스러운 일이다. 슬픔은 인생에 대한 통찰마저 얻게 해 주기에 슬픔이라는 감정이 담긴 콘텐츠를 사람들은 공감하며 즐기는 것이다.

사회 현실과 엔터테인먼트 감정

사회에 대한 불안이 공포 영화를 보게 한다

공포와 분노는 모두 부정적이면서도 각성 수준이 높은 정서에 해당한다. 다만, 공포스러운 대상은 우선 피하려 하기 때문에 회피avoidance 반응을 유발하는 반면, 분노를 일으키는 대상에게는 일차적으로 공격을 가하려는 부정적 접근approach 반응을 보일 수 있다.

1998년 〈여고괴담〉이 개봉하면서 한국에서도 공포 영화의 새로운 흐름이 형성되었다. 그전까지는 대체로 〈13일의 금요일*Friday the 13th*〉과 같은 할리우드 공포 영화가 젊은 층의 관심을 끌었다(송아름, 2013). '한국형 좀비' 영화나 '괴물' 영화의 등장과 함께 한국에서 제작되는 일련의 공포 영화는 세대 정체성과 문화 현상의 관점에서 해석되기도 한다. 비록 신체가 훼손된 괴물이라 하더라도 자신의 의지를 표현할 수 있기에 괴물에게 어느 정도 동일시의 감정을 느끼기도 한다. 젊은이들이 현실 속에서는 표현하기 힘든 감정이 투영된 공포 영화에 '문화 세대'로서 공감할 부분이 생긴 것으로 볼 수 있다.

송아름(2013)은 괴물, 좀비, 귀신이라는 용어를 다음과 같이 구분한다(p.187).

- 괴물: '우리'라고 합의된 집단에서 배제된 부정적인 대상으로, 보통 타도되어야 할 외형이나 성질을 지니고 있는 (인간과 유사한) 생명체.
- 좀비: 기괴한 모습으로 위협적인 행동을 하며, 의식이 없는 채로 사람들을 물어뜯어 감염시키거나 무리지어 돌아다니는 …… 완전히 죽지 않은 상태로 배회하는 괴물군의 한 계열.
- 귀신: (엄밀히 말하면 신령적인 존재에 좀 더 가까우나) 이미 죽은 상태에서 인간 세계와 관계를 맺고자 하는 공포의 대상.

괴물의 하위 범주라 할 수 있는 좀비와 귀신은 동양에서나 서양에서나 공히 배제하고 싶어하는 부정적 대상이다. 머리를 풀어헤치고 등장하는 전통적인 귀신은 죽은 자의 억울함을 대변했다. 반면에, 좀비는 "현실에서 살아갈 수도 있는 이들의 두려움"을 담고 있다는 점에서 의미를 지닌다(송아름, 2013: 190).

최근에 특히 삶의 세계와 죽음의 세계를 넘나드는 웹툰, 영화, 드라마 등이 등장하고 있어, 예전처럼 단순히 '공포 영화'라고 섣불리 단정하기 어려운 작품들이 많아졌다. 예를 들면, 주호민의 웹툰 〈신과 함께〉 중 '저승편'은 죽음을 다루고 있지만(따라서 등장인물 중 일부는 일종의 '귀신'이라 할 수 있지만), 우리는 그들을 두려워하지 않으며 때로는 공감하기도 한다. 우리와 유사한 사람처럼 인식하는 부분이 넓어져 이들을 '무서워'하기보다는 어딘지 모를 동질감까지 느끼게 되는 것이다.

드라마 〈흑기사〉(2017~2018, KBS)에서도 '죽지 못하고 계속 살아가야 하는' 괴력을 가진 인물이 귀신인 듯 인간인 듯 함께 살아가는 모습으로 그려진다. 장르의 융합뿐만 아니라 캐릭터의 특성에서도 사람의 특성과 귀신의 특성을 함께 지니고 있는 등장인물들이 나타나고 있는 상황이다.

송아름(2011)은 1990년대의 사회 불안이 〈여고괴담〉 시리즈라는 공포 영화의 흥행으로 이어졌다고 분석한다. 귀신이 밤에 나타났다가 해가 뜨면 사라지는 유형의 전통적인 공포물은 젊은 층의 관심을 끌지 못했고, 1980년대 후반의 휴지기를 거쳐 1990년대에 〈여고괴담〉이 젊은 층의 마음을 파고들었다는 것이다.

> 1990년대는 개인이 누릴 수 있는 대중문화의 팽창만큼이나 개인을 위협하는 일들 역시 산재해 있었고, 이것은 사건과 사고의 보도, 범인과 귀신을 등장시킨 재연 프로그램들을 통해 일상으로 들어왔다. 이처럼 안방에서 감지된 불안은 개인의 지각 경험에 기초한 인지 방식을 통해 수용자들의 감각 속에 자리 잡았다. 이 속에서 〈여고괴담〉은 익숙한 공간을 설정하고 이를 전복시킴으로써 느낄 수 있는 공포를 보여 주었다. 또한 화면의 운용 방식이나

음향 등을 통해 느낄 수 있는 공포는 이전의 공포 영화와는 다르게 불안을 부각시키는 방식 속에서 움직이는 것이었다(송아름, 2011: 291).

사회에 불안을 가져오는 요소들 중 건강이나 안전에 대한 불안도 뉴스 메시지를 통해 전달되는 공포 및 불안의 감정과 연계하여 사람들에게 영향을 미친다. 뉴스 메시지에 실리는 공포감은 질병이나 테러의 위협에 대한 사람들의 '불안'에 근거해 더 크게 와 닿는 경향이 있다. 한 연구에서 발암 물질과 같은 건강 관련 공포감 유발 뉴스 메시지는 위험 지각을 높이는 경향이 있고, 이에 대해 주변 사람들과 이야기하고 싶어했으며, 특히 사회 수준의 위험보다 개인 수준의 위험일 때 이러한 경향이 더 두드러졌음을 발견하였다(Baek, 2016).

'사회 비교social comparison' 이론을 적용해 보면, 사람들은 특히 불안하거나 두려울 때 자기와 유사한 상황에 놓여 있는 다른 사람들과 이야기하며 그러한 부정적 감정을 감소시켜 보려는 시도를 한다(Festinger, 1954). 실제로 다른 사람들을 만나 이야기하는 것도 이러한 불안이나 공포의 감소에 도움이 될 수 있으며, 더 나아가 영상물을 통해 간접적으로 다른 사람들의 경험을 체험함으로써 이러한 부정적 감정을 희석시킬 수도 있다.

사회적, 개인적인 문제들로 불안한 상태에 있을 때, 공포 영화 관람이 이러한 불안감이나 공포감을 더욱 증폭시킨다면 이를 피해야 할 것이다. 하지만 기본적으로 영화를 보는 동안 극장 안에서는 "본인이 실제로는 안전하다는 가정"을 할 수 있기 때문에(나은영, 2010), 공포 영화 관람을 통해 현실보다 더 지독한 픽션의 공포나 불안을 경험함으로써 실제적인 불안과 공포를 어느 정도 완화시키려는 시도로 공포 영화를 즐기는 것이라고도 볼 수 있다.

시각적, 청각적 자극이나 분장 등을 통해 영화의 공포감을 더욱 증진시키는 방법들이 사용되고 있다. 공포 영화에서 시각적으로 무서운 장면을 보여 주거나 청각 자극으로 공포를 일으키기도 한다. 특히 공포 영화의 주인공이 갖추어야 할 음성의 조건으로 고음 부분은 "음 높이에 비례하여 음에 실리는 에너지가 높아야"하며, 저음 부분은 "음색을 풍부하게 하여 공상력을 높여야" 효과가 있다(조동욱·이범주, 2015: 186). 그 밖에도 유리 깨지는 소리와 같은 주변 배경 소리도 긴장감을 높임으로써 공포 효과를 강화할 수 있다.

공포 영화에는 여러 유형의 악마들이 등장하기도 하는데, 이들이 사용하는 특수 분장도 공포 유발에 큰 효과를 지닌다(장미숙·양숙희, 2003). 예컨대, 늑대인간을 표현하기 위해 송곳니와 모피 등을 활용하기도 하고, 좀비는 핏기 없는 피부와 초점 없는 눈, 상처, 불규칙한 치아 등으로 표현하기도 한다. 뱀파이어도 송곳니나 피 등으로 악의 존재를 표현하여 공포를 유발시킨다.

TV에서 공포물을 시청할 때 사람들의 마음속에서 발생하는 정서 과정이 그림 7-2에 나타나 있다(Lin & Xu, 2017). 먼저, 공격적인 성향이 높은 사람들은 TV 화면에 무서운 장면이 나와도 인지적 정교화 없이 긍정적 반응을 보이며 부정적 정서를 덜 느끼는 경향이 있었다. 이러한 결과는 신시아 호프너Cynthia Hoffner(2009)의 연구 결과와 일치한다. 반면에, 공감을 잘하는 사람들은 이런 프로그램을 시청하는 동안 인지적 에너지를 더 들이는 경향이 있고, 시청 동기도 단지 시간을 보내기 위해 시청하는 경우가 많았다. 공감적인 사람들은 공포스러운 프로그램을 보며 부정적 정서가 생기는 것을 막기 위해 인지적 완화 전략을 사용하기도 한다(Andrade & Cohen, 2007). 전체적으로 프로그램 시청 후 긍정적 정서가 높아질수록, 중성적 정서가 낮아질수록 그 내용을 즐기는 경향이 높아졌으나, 부정적 정서는 공포 내용을 즐기는 데 영향을 주지 않았다.

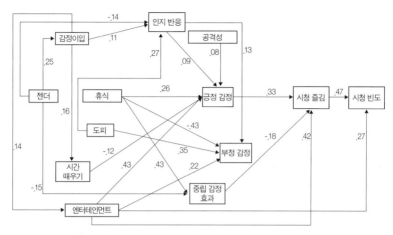

출처: Lin & Xu(2017: 650).

그림 7 - 2. TV에서 공포물을 즐기는 사람들의 심리 과정

TV나 영화에서 무서운 장면을 보는 것이 어린이들의 감정에 어떤 영향을 주게 될까? 로라 피어스Laura Pearce와 앤디 필드Andy Field(2016)의 메타분석 연구에 따르면, 무서운 장면을 보는 것이 어린이들의 공포, 불안, 슬픔, 불면증 등에 별로 영향을 미치지 않았다. 또한 프로그램이 뉴스인지 픽션인지 폭력물인지에 따라 크게 달리 영향을 준다는 증거도 약했다.

그러나 공포물을 지나치게 희화화시키는 경우 처음에는 무섭게 느껴지지 않더라도 실제로는 공포가 점진적으로 유화되어 아무것도 아닌 것처럼 둔화된다면 이 또한 바람직하지 않을 것이다. 특히 어린이의 경우 이러한 공포물이 약한 강도부터 차츰 강한 강도로 노출된다면 마치 개구리가 점점 따뜻해지다가 마침내 끓게 되는 물의 온도를 못 느끼듯 폭력물에 둔감해질 수도 있으므로, 특히 어린이를 대상으로 한 공포물이나 괴물 영화 등을 만들 때에는 더 섬세한 주의가 요망된다.

동일한 내용의 영화를 보아도 모두가 동일한 감정을 갖지 않는 이유

는 개인차 때문이다. 사람마다 살아온 경험도 다르고 느끼는 방식에도 차이가 있으며 감정을 표현하는 정도에도 차이가 있다. 한 연구에 따르면, 감정 경험 욕구need for affect experience가 높은 사람은 비록 경험하는 감정이 부정적이거나 양가감정적이라 하더라도 드라마나 공포 영화를 더 많이 보는 경향이 있다고 한다(Bartsch et al., 2010). 즉 '많이 느끼고 싶어 하는 사람들'의 경우 그 감정이 부정적인 감정이라 하더라도 한때나마 감정에 푹 빠질 수 있는 드라마나 공포 영화를 선호한다는 것이다. 뿐만 아니라, 이들은 스스로의 감정을 더 긍정적으로 평가하는 경향도 보인다. 따라서 감정을 많이 느끼고 싶어 하는 사람들의 경우, 엔터테인먼트 콘텐츠를 즐기며 분노나 슬픔과 같은 부정적 정서를 느꼈다 하더라도 이것을 긍정적으로 해석하는 경향이 더 강하다고 할 수 있다.

사회에 대한 분노와 불안의 표출

사회에 대한 분노와 불안 심리가 있을 때에는 사회 부조리를 고발하는 영화나 드라마가 평소보다 더 자주 등장하는 경향이 있다. 이러한 영화나 드라마는 관람객과 시청자의 구체적인 감정들과 관련이 있기 때문에 여기서 그 사례를 살펴보려 한다.

예를 들면, 영화 〈도가니〉(황동혁, 2011)는 청각장애 아동들에게 실제로 행해진 성폭행 사건을 배경으로 한 공지영의 동명 소설이 원작이다. 이 영화는 사회에서 엄연히 자행되는 장애인 대상 성폭행 사건에 많은 사람들이 관심을 가지게 했고, 마침내 해당 학교의 폐교와 '성폭력 범죄의 처벌 등에 관한 특례법 개정안' 통과에 크게 기여했다. 약자 학대에 대한 분노와 강자의 갑질에 대한 분노는 사회의 추악한 면을 적나라하게 들여다보게 했으며, 사회에 대한 절망감, 사건을 자세히 알고자 하는 정의감과 같은 감정들이 이 영화를 많은 사람들이 보게 만들었다.

한편, 윤태호의 웹툰을 영화화한 〈내부자들〉(우민호, 2015)도 많은 사람들로부터 현실을 닮은 영화라는 찬사를 받았다. 특히 관람객을 더욱 분노하게 만들었던 대사는 "어차피 대중들은 개, 돼집니다"와 같은 표현이었다. 당시에는 분노한 듯 보이지만 이내 잊어버리고 조용해진다는 것을 그렇게 표현함으로써 많은 '대중'의 심기를 건드렸다.

이러한 사회 고발 영화는 유의해서 볼 필요가 있다. 영화가 어느 정도 사실에 근거했다 하더라도 픽션에는 극화dramatization를 위한 다양한 장치가 있어 픽션을 사람들이 사실로 받아들인다면 필요 이상의 사회 불신을 야기할 수 있다. 우리는 실제로 우리 자신이 속해 있지 않은 조직에 대해서는 구체적으로 알지 못하며 언론을 통해서나 다른 사람들을 통해 간접적으로 접하는 경우가 많다. 영화도 일종의 간접적인 정보 습득의 창구가 될 수 있기 때문에, 스스로 접해 보지 않은 조직에 대한 인상이 영화 안의 묘사를 통해 형성되어 마치 그것이 실제와 똑같은 것처럼 오해할 가능성은 남아 있다.

장르의 융합이 가속화되면서 픽션과 논픽션의 경계도 점차 모호해지는 현실에서 사람들이 자기가 속해 있지 않은 집단에 대해 미디어를 통해서만, 특히 픽션을 통해서만 접한다면 그 집단에 대한 오해의 비율이 높아질 수 있다. 따라서 미디어가 발전하더라도 사람들 간의 직접 만남과 직접 소통, 직접 경험의 비율을 높일 수 있도록 노력할 필요가 있다.

스포츠 엔터테인먼트의 심리

8장

스포츠 이벤트는 인류 역사에서 고대 그리스의 올림픽 경기의 예를 통해서도 알 수 있듯이 수많은 사람들에게 엔터테인먼트로서 자리해 온 전통이 유구하다. 근대 이후로 넘어올수록 매스 미디어로 인해, 한 스포츠 이벤트의 동시 관람자의 수는 점점 더 기록적인 크기를 자랑한다. 프로 야구처럼 한 나라의 전국적인 이벤트는 말할 것도 없고 올림픽과 같은 국가 간 대항인 국제 이벤트는 더욱 그러하다. 스포츠와 스포츠 엔터테인먼트의 이러한 인기에 대해 커뮤니케이션학계에서도 이론적인 논의들이 2000년대 들어 일찍이 시작되기도 했다.

스포츠를 왜 관람하는가

서스펜스와 불확실성

스포츠를 인류는 왜 즐기는가에 대한 하나의 답을 꼽으라면 단연 서스펜스라고 할 수 있다(Bryant & Raney, 2000 참조). 스포츠는 결과에 대한 불확실성을 전제로 하는 콘텐츠이기 때문에 관람자는 기본적으로 그에 기인한 서스펜스와 흥분의 감정 변화를 경험한다. 서스펜스는 공포 영화나 액션 영화 혹은 드라마와 같은 허구적 내러티브에 대해서만 생기는 것이 아니라, 각본이 미리 짜여져 있지 않은 콘텐츠인 스포츠와 뉴스에 대해서도 발생할 수 있다. 우리가 크고 작은 스포츠 경기를 응원하면서 손에 땀을 쥐고 가슴 졸이거나 눈물을 흘리고 감격하는 등의 반응을 목격 혹은 경험하는 것은 낯설지 않은 일이다.

　본래 허구적인 드라마 심리 연구에서 발전한 서스펜스 이론은 경기 결과의 불확실성, 그에 따른 긍정적, 부정적 감정과 연관되어 스포츠 엔터테인먼트의 중요한 심리로 작용한다는 점이 경험적으로 밝혀져 왔다. 경기 참가자에 대한 관람자의 감정 성향의 긍정/부정 여부, 그리고 스포츠라는 매 경기의 스펙터클에 내재한 갈등과 드라마는, 해설자든 미디어든 뉴스든 공식적인 경기 전달자의 속성에 의해 증폭되기도 하고, 또한 관람자의 관점에서 본 경기 결과에 대한 만족도, 경기 자체의 질적인 측면 등, 이 모든 요소들이 스포츠를 엔터테인먼트로 경험하게 하는 데 일조하고 있다.

그런데 스포츠 엔터테인먼트의 이러한 심리 요인들은 추정적으로 당연시되거나 또는 추상적으로 복잡하게 뒤얽힌 채로 논의되어 왔다. 2009년 노블로흐-웨스터윅Knobloch-Westerwick 등의 연구는 대학 축구 라이벌전을 시청하는 관람자들의 심리를 관찰하여 그 상호관련성을 경험적으로 밝혔다. 자연스런 텔레비전 시청 환경에서 실시간으로 경기를 시청하던 관람자들을 대상으로, 경기 중간 광고 시간 동안, 각 라이벌 팀의 응원자들에게 해당 시점의 긍정/부정 감정, 자기 응원 팀이 이길 것이라는 확신, 서스펜스 등을 묻는 간단한 설문 조사에 답하게 했다. 경기 상황은 마치 한국 사회에서 유구한, 고려대학교와 연세대학교의 고연전/연고전처럼 라이벌 심리가 극대화된 경기 상황이었다.

연구 결과는 드라마 연구에서의 서스펜스 이론과 일맥상통하는 것으로, 스포츠 경기 관람 중 긍정적 감정과 부정적 감정이 오르락내리락 자주 교차하는 경기일수록 관람자는 더 큰 서스펜스를 경험하는 것으로 나타났다. 자기가 응원하는 팀에 대한 평소 팬덤 충성도에 따라서는 서스펜스 경험이 다르지 않았다. 흥미롭게도, 응원 팀이 질 거라고 생각하거나 점수 차가 얼마 나지 않아 막상막하의 경기를 할 때 관람자가 서스펜스를 더 크게 느낄 것이라는 가정은 승리팀 응원자에 대해서만 유효하게 발견되었다. 다시 말해, 응원 팀이 질 거라고 생각했는데 결국 이겼을 때,

그리고 점수 차가 얼마 나지 않게 겨우 이겼을 때 해당 팀 응원자는 큰 서스펜스를 느끼지만, 응원 팀이 질 거라고 생각했는데 결국 졌거나 점수 차가 얼마 나지 않게 아깝게 졌을 때는 그 팀을 응원하는 사람은 서스펜스를 더 크게 경험하지 않았다는 것이다.

스포츠 팬덤의 심리: 반사 영광 누리기와 반사 실패 차단하기

스포츠 엔터테인먼트가 다른 엔터테인먼트 장르들과 조금 다른 점들이 있다. 음악과 비슷하게 직접 실행할 수도 있지만 '간접 체험'이 더 보편적이며 주요한 콘텐츠 경험의 행태라는 점, 그리고 본질적으로 대결하는 경쟁 상대를 강하게 인식하게 된다는 점 등이다. 간접 체험, 즉 스포츠 관람이 유구하게 인기 있는 이유는 스포츠 팬들이 자기가 응원하는 선수나 팀의 승리나 패배를 자신의 성공이나 실패와 동일하게 인식하기 때문이다. 이러한 특성으로 인해 스포츠는 나름의 독특한 심리가 발현되는 콘텐츠이기도 하다. 특히 축구 경기가 아주 근소한 차이로 혹은 예상치 못하게 패배한 경우, 그런 경기의 관람 후에 음주 관련 범죄, 교통사고 사망, 가정 폭력이 증가한다는 결과들을 다음에서 살펴볼 것이다. 이러한 결과들은 스포츠 관람이 다른 콘텐츠 경험보다 상대적으로 강렬한 자아 인식 및 자기 통제와 관련이 높다는 것을 보여 주는 것이다.

스포츠 팬덤의 심리는 크게 두 영역으로 나누어 볼 수 있다. 하나는 자기 인식과 자기 통제 등 사회 정체성과 관련된 부분, 다른 하나는 스포츠의 근본적인 대결 구도에 기인한 경쟁 정서 관련 심리다.

스포츠에는 수많은 승리와 패배가 있다. 게임과 비슷하게 스포츠 역시 싸워 이기는 형태의 경쟁 스포츠와 기록으로 순위를 정하는 기록 스포츠로 그 유형이 나뉘는데, 결과적으로 해당 시즌에 오직 한 팀(선수)만이 승리하고 오직 한 팀(선수)만이 눈물 흘리지 않는다. 그럼에도 사람들은 스포츠 이벤트에 기꺼이 큰 금액의 소비 지출을 한다. 상당한 감정적 소비는 물론이려니와, 응원하는 팀의 티셔츠를 사거나, 원하는 경기를 볼 수 있는 케이블이나 플랫폼을 연결할 뿐만 아니라, 치킨과 맥주 등 야식 소비에도 거침이 없다. 경기 승리의 이전과 이후에도 스포츠 팬들은 상당 시간을 온라인에 접속하여 보낸다. 이러한 스포츠 팬덤은 과연 어떠한 가치가 있을까?

몇 연구들을 보면 그 근거가 그리 고무적이지는 않다. 응원하는 팀(선수)의 패배를 경험한 팬들은 경기가 끝난 후에 건강에 좋지 않은 음식을 먹고(Cornil & Chandon, 2013), 직장에서도 생산적이지 못했으며(Gkorezis et al., 2016), 심장병으로 사망하는 경향이 더 많았다(Schwartz et al., 2013). 응원하는 팀(선수)이 승리한 경우는 어떨까? 승리 팀의 팬들은 남성 호르몬인 테스토스테론 수치가 증가하는데(Bernhardt et al., 1998), 이는 경기 후 승리 팀을 응원하는 팬들이 상대 팀 응원 팬들에 비해 교통사고 사망률이 더 높게 나타난(Wood et al., 2011) 이유가 될 수 있다.

구체적으로, 스포츠 관람자의 자아가 위협 받는 경우에 인스턴트 음식처럼 몸에 좋지 않은 음식을 탐닉하는 경향과 같은 자기 통제에도 영향을 미치는지 살펴보자. 스포츠 관람 후 음식 섭취와 건강에 미치는 영향을 살핀 한 연구에 따르면(Cornil & Chandon, 2013), 일요일에 본 축구 경기에서 자신이 응원하는 팀이 패배했을 때 바로 다음날인 월요일에 포화 지방과 칼로리가 높은 음식의 섭취가 ― 승리 팀 응원자들이나 아무 팀도 응원하지 않은 사람들에 비해 ― 증가한 것으로 나타났다. 이러한 영향은 충성심이 강한 팬들의 경우에 상대 팀과 막상막하의 경기를 하여 근소한 차이로 졌을 때 더 크게 나타났다.

그 이유는 다른 연구들에서 밝힌 것처럼 남성 호르몬이 증가한 탓도 아니고 스포츠 팬들이 아무 생각 없이 그냥 그렇게 행동하기 때문도 아니다. 연구자들은 이러한 결과가 나타나는 이유를, 경쟁 스포츠의 경우 어느 한 팀을 응원할 때 팀의 승리 혹은 패배에 대한 대리적인 심리가 강하기 때문으로 해석한다. 실험에서 경기를 관람한 후 자기 가치를 확인해 보게 하는 것과 같은 자기 긍정self-affirmation을 시도하게 했을 때는 건강에 안 좋은 음식을 소비하는 행위가 줄어들었다. 즉 해당 팀의 승리나 패배는 곧 자기자신의 승리나 패배와 다름없기 때문에 그러한 대리 심리에 빠졌을 때는 건강에 안 좋은 행위를 서슴지 않지만 거기서 한걸음 떨어져 자기 긍정을 하게 되면 자기 몸을 해치는 행위를 덜하게 되는 것이다.

스포츠 경기 관람이 직장 업무에까지 영향을 줄까? 41개 분야의 공공 부문 직장인이자 축구 팬이기도 한 164명이 작성한 일기를 바탕으로, 응원하는 축구 팀의 경기 결과가 직장 업무에 미치는 영향을 살펴보았다(Gkorezis et al., 2016). 그 결과, 일요일 경기의 결과에 만족하는 정도는 다음날 월요일의 직장 업무에 영향을 미치는 것으로 나타났다. 특히 경기 결과의 만족도가 긍정적인 감정을 일으킬 때는 상관이 없지만 주로 부정적인 감정을 일으킬 때 업무에 대한 영향으로 이어졌다. 이러한 결과는 팀에 대한 동일시와는 무관하게 나타났다.

경쟁 팀들의 팬들 사이 관계도 그다지 건강해 보이지는 않는다. 최근 뇌신경 영상 연구 결과(Cikara et al., 2011), 스포츠 팬들은 비경쟁 팀들이 졌을 때에 비해 경쟁 팀이 졌을 때 더 큰 기쁨을 느끼는 것으로 나타났다. (한국과 일본의 한일전 경기들을 생각해 보자.) 이들은 경쟁 팀 팬들에게 야유하거나 위협하거나 폭력을 행사하는 경향도 유의미하게 높았다.

찰리 후글랜드Charlie Hoogland 등에 따르면, 이러한 악의는 심지어 상대 팀 선수들의 건강과 복지로까지 이어질 수 있다. 이들의 2015년 연구에 따르면 경쟁 팀 선수의 부상에 대한 기사를 볼 때 스포츠 팬들은 샤덴프로이데(타인의 불운에 대해 느끼는 기쁨)를 느끼고, 이후 그 선수의 예상치 못한 빠른 회복에 대한 기사를 볼 때 글룩슈메르츠Gluckschmerz(타인의 행운에 대해 느끼는 불쾌감)를 느끼는 것으로 나타났다(Hoogland, Cooper, & Brown, 2015).

다시 말해, 응원 팀에 대한 동일시 정도가 경쟁 팀에게 일어난 좋거나 나쁜 결과에 대한 사람들의 정서 반응에 큰 영향을 미친다는 점을 밝힌 것이다. 즉 내집단 동일시가 높은 경우 동일시가 낮은 사람에 비해 경쟁 팀의 불운에 대한 샤덴프로이데 그리고 경쟁 팀의 행운에 대한 글룩슈메르츠가 높게 나타났다. 구체적으로, 외집단 팀 선수가 부상을 당한 사실을 알았을 때 샤덴프로이데를 느낀 사람들은 그 선수가 회복되었다는 것을 알았을 때 글룩슈메르츠도 느끼는 경향이 있었다. 하지만 그 부상의 심각한 정도나 신체 고통의 강도는 집단 동일시와 샤덴프로이데 및 글룩슈메르츠의 관계에 아무런 매개 영향을 미치지 않았다. 예컨대, 야구 선수가 한 시즌만 못 뛰는지, 선수 커리어 전체도 위험할 정도로 의심되는지 등의 차이에 따른 영향은 없었다. 한편, 연관된 다른 변인들, 즉 내집단의 이익과 손실 인식(상대편이 회복되면 우리 팀의 손해), 외집단에 대한 반감, 그리고 외집단이 행운/불운을 받아 마땅함(상대편이 회복되어 잘되는 것이 싫음) 등에 대한 인식은 내집단 동일시와 외집단 정서의 관계 사이에 어느 정도 영향을 미치는 것으로 나타났다.

물론 스포츠 팬이 되는 것은 긍정적인 영향도 많이 있다. 예컨대, 응원하는 대상이 지역 팀인 경우 우울함과 소외감을 막고 소속감과 자아존중감을 형성할 수 있다(Wann, 2006). 이는 대부분 팬들 사이의 사회적 유대에 기인한 것인데, 스포츠 숭배가 팬 개개인에게 인생의 정서적 난관을 헤쳐 가는 데 도움이 되는 전략들을 알려주기도 한다.

이 분야의 기념비적 연구인 1976년 로버트 치알디니Robert Cialdini의 연구는, 스포츠 팬들이 승리 팀을 포용하는 경향을 "반사 영광 누리기(basking in reflected glory: BIRGing)"라 개념화한 바 있다(Cialdini et al., 1976). 이 연구에 따르면, 경기에서 이긴 후에 팬들은 승리 팀과 연관된 (팀 로고가 그려진) 의류를 평소보다 더 많이 입고, 대화에서 팀을 칭할 때 '그들they' 대신 '우리we'라는 대명사로 표현함으로써 팀 승리의 자랑스러움을 차지하려는 경향이 있었다. 이러한 태도는 연구 과정에서 비판을 받아 의도적으로 자존감이 낮아지게 된 팬들에게서 특히 두드러지게 나타났다. 즉 자신이 처한 현실에서 손상된 자존감을 승리 팀의 반사 영광 누리기를 통해 만회하려는 처절한 노력의 결과일 수도 있다. 앞 장에서도 언급된 바 있는, 집단과 개인의 관계에 관한 사회 정체성 이론에 따르면 (Tajfel & Turner, 1979), 사람들은 자신이 속한 집단(내집단)과 속하지 않은 집단(외집단)을 구별하고 내집단을 긍정적으로 평가하며 거기에 소속된 자신에 대한 평가도 높이고자 하는 경향을 보인다.

일찍이 치알디니 등(1976)은 이러한 인간의 심리 상태를 "BIRGing"으로, 이에 기반을 둔 후속 연구는 "CORFing"이라는 상대적 특성으로 개념화하였다. 반사 영광 누리기BIRGing는 높은 평가를 받고 있는 개인 및 집단과 자신과의 관계를 강조함으로써 자기 평가와 타인의 평가를 높이려는 방안을 말한다. 반사 실패 차단하기CORFing(cutting off reflected failure)는 낮은 평가를 받고 있는 개인 및 집단과의 관계가 없음을 강조함으로써 자기 평가의 보호와 타인의 낮은 평가를 피하려는 전략을 말한다.

그림 8-1에 나타낸 것은 이 이론을 스포츠 팬의 심리에 적용한 대니얼 완Danial Wann과 나일라 브랜스콤Nyla Branscombe의 1990년 연구 결과다. 세로축은 BIRGing(경기에 이겼을 때 팀과의 결합을 강화하려는 태도) 점수와 CORFing(경기에 패배하면 팀과의 결합을 약화하려는 태도) 점수를 나타내며 가로축은 팀에 대한 소속감이나 충성심을 나타내는 '동일시identification'의 수준을 나타낸다. 결과에서 알 수 있듯이 팀에 대한 동일

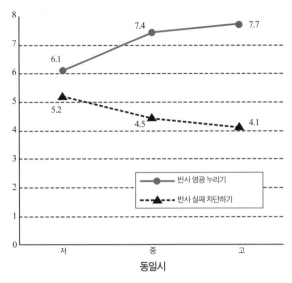

출처: Wann & Branscombe(1990: 110).

그림 8 - 1. 팀 동일시 저 · 중 · 고 수준에 따른 반사 영광 누리기와 반사 실패 차단
하기

시 수준이 높을수록 경기에서 그 팀이 이길 때 팀과의 결합을 강하게 하
고자 하는 태도가 높아지는 것을 알 수 있다. 또한 팀 동일시 수준이 높
으면 그 팀이 패배하더라도 팀과의 관계를 약화시키려 하지 않는다.

한편, 1995년 완과 동료들은 집단 동일시의 중요성을 강조하는 "미래
실패 차단하기(cutting off future failure: COFFing)"를 밝혀냈다. COFFing
은 자신의 자아를 보호하기 위해 실패 집단과 거리를 두려는 전략이라는
점에서 CORFing과 비슷하지만, 후자는 현재의 자아를 보호, 전자는 미래
의 자아를 보호하려는 노력이라는 점에서 차이를 보인다. 이 개념들은 얼
핏 유사해 보이지만 생각보다 복잡해서, 스포츠 영역에 한정하여 생각해
보더라도 경기에서 만나는 경쟁 상대가 대학 축구 리그처럼 동일 상대를

반복적으로 만나기 쉬운 상황인지 혹은 올림픽처럼 같은 상대를 다시 만나기 힘든지의 여부, 경쟁 상대가 명백하게 우월한 상대인지의 여부 등에 따라 관람 팬들의 미래 자아에 대한 인식까지 동원되느냐가 영향 받을 수 있다. 이는 스포츠 팬덤의 심리뿐 아니라, 선거와 같은 경쟁적인 정치 이벤트에서 승리하는 후보를 지지하는 행위의 심리에도 적용될 수 있다. 치알디니의 1976년 연구 이후로, 후속 연구들은 그의 'BIRGing' 모델을 확장하여 1986년에 'CORFing'을 그 상대 개념으로 제기하였고(Snyder, Lassegard, & Ford, 1986), 앞서 언급한 1995년 'COFFing' 등과 같은 연관 인상 관리 전략을 언급하기도 했다.

한편, 반사 영광 누리기나 반사 실패 차단하기 등으로 설명되지 않는 팬덤의 행동도 발견된다. 예컨대, 많은 스포츠 팬들이 경기에서 계속 패배하는 결과에도 불구하고 팀에 대해 충성심이 높은 채로 남아 있는 경우가 많다. 미국 메이저리그 야구 경기에서 시카고 컵스와 보스턴 레드삭스의 유구한 승리와 패배의 역사를 보거나 한국 프로 야구에서 눈물의 역사를 쓴다는 롯데 자이언츠 팬들의 경우가 그러하다. 또는 팬들이 종종 승리 팀과도 거리두기를 하려는 경향도 발견된다. 이 경우 팬들은 팀이나 구단이 팔려갔다거나 팬들과의 연계에 실패했다거나 스포츠 자체로서 경기의 순수함을 잃었다거나 하는 점에 실망한 경우들이다.

이러한 경우를 설명하기 위해 "반사 실패 누리기(basking in reflected failure: BIRFing)," "반사 성공 차단하기(cutting off reflected success: CORSing)"와 같은 새로운 두 개념을 추가해 포괄하는 팬덤 행동 모델을 제시한 연구도 있다(Campbell, Aiken, & Kent, 2004; 표 8-1 참조). '반사 실패 누리기'는 응원 팀이 지고 있어서 그 반사 실패에도 불구하고 다른 긍정적인 측면들을 강조하면서 — 가령, 좋을 때만 팬이라는 부정적 이미지를 회피하는 방식으로 — 자기 이미지를 관리하는 것이다. '반사 성공 차

표 8 - 1. 응원팀의 성공과 실패에 대한 긍정적/부정적 관여의 개념도

결합 방식	팀 성공	
	긍정	부정
긍정	반사 영광 누리기 (BIRG)	반사 실패 누리기 (BIRF)
부정	반사 성공 차단하기 (CORS)	반사 실패 차단하기 (CORF)

출처: Campbell, Aiken, & Kent(2004: 153).

단하기'는 응원 팀이 이기고 있지만 그 반사 성공에서 자신을 분리하는 것이다. 여기에는 어떤 반발 심리, 이전 시즌의 코치나 운영진에 대한 충성심의 발현, 군중에 함몰되고 싶지 않은 개인성의 욕구, 이번 승리로 한 단계 올라가면 다가올 더 커다란 실패에 대한 두려움 등과 같이, 승리의 새로운 시대보다는 과거의 영광에 머물고 싶어하는 심리가 작용한다.

요컨대, 반사 영광 누리기, 샤덴프로이데, 글룩슈메르츠 사이에서 스포츠 팬이 된다는 것은 우리가 통제할 수 없는 것들에 대한 반응을 관리하는 문제와 유사하다. 스포츠 팬은 필사의 운명에 대해 긍정적인 태도로 되새기기에 반응하며, 패배보다 승리를 훨씬 더 분명하게 기억하는 경향이 있다. 인생을 살아가는 방법으로 꼭 나쁘지만은 않을 듯하다.

스포츠 관람과 행복

그렇다면 스포츠 관람을 즐기는 팬이 되어 인류는 더 행복해졌는가? 안타깝게도 행복에 관한 한, 스포츠는 세상을 더 불행한(물리적인 불행이 아

니라 슬픔과 우울의 감정 측면에서) 곳으로 만든다는 연구가 나왔다.

영국의 경제학자들이 축구 경기가 있을 때마다 장소와 시간을 기록하고, 그에 따라 사람들의 행복을 추적한 응답 300만 개를 분석하여, 자기가 응원하는 팀이 졌을 때 팬들이 느끼는 슬픔이 그 팀이 이겼을 때 팬들이 느끼는 행복보다 더 크다는 것을 계산해 냈다(Dolton & MacKerron, 2018). 다시 말해, 경기를 하는 양측 팀에 각각 대략 비슷한 수의 팬들이 있다고 가정할 때, 예컨대 2018 월드컵에서 프랑스와 크로아티아의 결승전이 열리던 일요일 결승 경기는 그 전날에 비해 세상을 덜 행복한 곳으로 만들었다는 뜻이다. 축구는 행복의 파괴자인 셈이다.

이를 증명하기 위해 연구자들은 3만 2000명의 사람들을 하루에 수차례 추적하는 앱을 통해 얻어진 데이터를 분석하여, 사람들이 지금 누구와 함께 있으며 무엇을 하고 있는지, 그 시점에 얼마나 행복한지를 물어 100점 척도로 측정했다. 스포츠 경기를 보는 경우 사람들이 경기장에서 현재 관람 중인지 아니면 다녀왔는지를 알기 위해 각 응답에 위치 정보를 함께 기록했다.[7]

분석 결과는 그림 8-2에서 보는 바와 같이, 자신이 응원하는 팀이 경기에 이긴 지 한 시간 후에, 승리 팀의 팬들은 평소보다 3.9% 더 행복하게 느끼는 것으로 나타났다. 이는 음악을 들을 때 느끼는 행복과 비슷한 정도다. 반면, 자신이 응원하는 팀이 경기에 진 지 한 시간 후에, 패배 팀의 팬들은 평소보다 7.8% 더 슬퍼했다. 이는 사람들이 일하거나 공부할 때, 줄 서서 기다릴 때 느끼는 답답함이나 짜증, 스트레스보다 두 배

---

7   하루의 특정 시간과 주간의 특정 요일에 따른 행복의 기본적인 차이를 설명하고자 데이터를 조정했다. 한 사람의 전형적인 행복 수준의 차이를 측정했기 때문에 사람들 중에 대체로 늘 불행하거나 마냥 행복한 사람들의 차이도 설명할 수 있었다. 다만, 응답자가 국가 평균에 비해 더 젊거나 더 부유한 정도는 알 수 없었다.

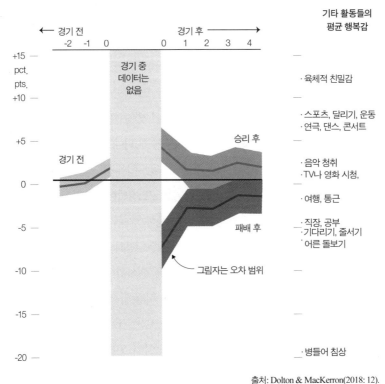

출처: Dolton & MacKerron(2018: 12).

그림 8–2. 경기 승패에 기반을 둔 스포츠 관람 전후의 행복감 변화

가까이 더 우울한 수치다.

    이러한 결과는 스포츠 경기가 끝난 후 사람들이 느끼는 기쁨과 슬픔의 차이가 극명하다는 점에서 놀랍지만 시간이 흐를수록 차이가 더 벌어진다는 점에서도 의미가 크다. 경기 후 승리의 기쁨은 얼마 지나지 않아 사라지는 반면, 경기 후 패배의 슬픔은 오래도록 남아 사람들을 괴롭히기 때문에, 결과적으로 승리 후에 느끼는 기쁨의 네 배나 되는 불행을 안겨준다. 이러한 영향은 응답자가 직접 경기장에 가서 관람했을 때 훨씬

더 크게 나타났다.

그럼에도 불구하고 사람들은 왜 스포츠를 계속 보는 것일까? 연구자들은 그 이유를 사람들이 자기가 응원하는 팀/선수의 실력을 과대평가하는 경향이 있기 때문이라고 본다(Dolton & MacKerron, 2018). 사람들은 일반적으로 자기가 응원하는 팀의 승리를 정확히 예측하지 못한다. 자기 팀이 다섯 경기 중 세 경기를 이길 것이라고 생각한다면 한 번의 패배로 한 번의 승리보다 두 배 더 우울하게 되더라도 경기를 계속 보는 것이 합당한 면이 있다. 팬들은 자기 팀의 승리 가능성을 과대평가하기 때문에 늘 이번 경기에서는 이길 것이라는 기대와 희망을 가지고 경기를 보러가는 것이다. 또한 추적 앱에서는 측정하지 않았지만, 자기 팀이 득점할 때 (결국은 지더라도) 느끼는 순간적인 기쁨, 같은 팀을 응원하는 비슷한 사람들 모임의 일부가 된 즐거움, 경기 자체의 아름다움과 서스펜스 등과 같이, 행복감을 느끼게 하는 다른 요인들이 있을 수 있다.

테크놀로지의 발전과 스포츠 관람 심리의 변화

스포츠는 직접 하기보다는 주로 제3자로서 관람을 통해 엔터테인먼트 콘텐츠로 즐기는 경우가 많다. 관람의 방법에는 경기가 벌어지는 현장에 직접 관람하는 방법이 있는가 하면, 미디어와 기술의 발전으로 점차 영향력을 넓히며 다양해지고 있는 간접 관람의 방식도 있다.

스포츠 경기 관람에서 직접 관람과 미디어의 영향

앞서 스포츠 관람과 행복의 관계를 분석했던 2018년의 한 연구 결과는, 축구 경기가 끝난 후 승리의 즐거움은 금방 사라지는 반면에 패배의 우울은 몇 시간이고 오래 지속된다는 점을 보여 주었다(Dolton & MacKerron, 2018). 경기의 패배는 응원하던 팬들에게서 승리 팀 응원자들이 얻은 행복보다 4배 정도 더 큰 상실감을 안겨 주는 것이다. 아울러, 연구자들은 스포츠 경기의 '직접 관람'과 '간접 관람'의 영향도 함께 살펴보았는데, 응답자가 실제로 당일날 경기장에 직접 가서 관람했을 때 경기장에 가지 않은 팬들에 비해 이러한 효과가 훨씬 더 크게 나타났음을 알 수 있다(그림 8-3 참조).

미디어를 통한 간접 관람의 방식도 한 가지만 있는 것은 아니다. 올림픽 게임이나 월드컵처럼 큰 경기가 열릴 때는 특히 결승전이라든지 빅매치가 열릴 때, 많은 사람들은 경기장에 가지 않는 간접 관람 역시 집안에서 혼자 혹은 가족끼리만 시청하기보다 큰 스크린이 준비된 장소에서 단체 관람의 형태를 즐기기도 한다. 미국의 경우 다양한 스포츠 경기를 극장에 가서 보는 일이 늘고 있는데, 예컨대 그 유명한 혹은 악명 높

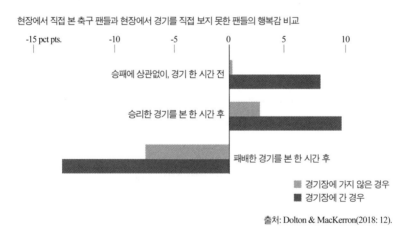

현장에서 직접 본 축구 팬들과 현장에서 경기를 직접 보지 못한 팬들의 행복감 비교

출처: Dolton & MacKerron(2018: 12).

그림 8-3. 경기장에 가서 직접 관람할 때 더 강한 정서

은 프로 야구 보스턴 레드삭스의 월드시리즈 경기 같은 것은 영화관에서 시청하는 경우가 많았다고 한다(Kim, Cheong, & Kim, 2016). 이런 경우, 고화질 대형 화면, 서라운드 스테레오 음향, 입체 영상, 고도로 조작된 조명 등, 기술의 발전이 관람자가 경기에 몰입하는 정도나 감정의 고조에 영향을 미칠 수 있는 것이다.

미디어를 통해 스포츠 경기를 시청하는 간접 관람에서도 시청 환경이나 '어떤 미디어'를 통해 간접 관람했는지의 차이에 따라 관람의 경험에 차이가 발생할 수 있는지를 살핀 연구들이 등장하기 시작했다. 스포츠 경기를 극장에서 시청한 경우와 집에서 전형적인 텔레비전으로 시청한 경우에 어떤 차이가 있는지를 살펴본 연구가 대표적이다(Kim, Cheong, & Kim, 2016). 그림 8-4에 나타난 바와 같이, 스포츠 경기를 간접 관람하는 시청 환경이나 매개하는 미디어가 극장 환경과 가정 내 텔레비전 시청으로 달라지는 경우, 관람자의 현실감realism, 몰입immersion, 그리고 경기 흥미도game attractiveness에 따라 스포츠 관람의 주요 심리인 서스펜스 경

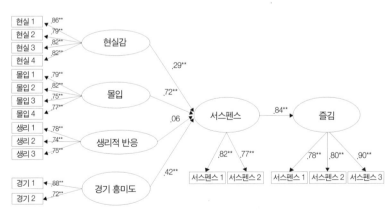

출처: Kim, Cheong, & Kim(2016: 402).

그림 8 - 4. 스포츠 관람 환경 및 미디어의 차이에 따른 몰입과 흥미도

험이 달라지며 결과적으로 최종적인 경기의 즐거움이 영향을 받게 됨을 알 수 있다.

스포츠 콘텐츠 영상에서 카메라 앵글의 영향

어떤 미디어를 통해 스포츠를 관람하는가의 영향과 비슷하면서도 다른, 스포츠 콘텐츠 관람에서 기술의 영향은, 콘텐츠 영상 촬영 방식과 카메라 앵글의 영향이다. 즉 소비의 단계에 앞서 제작 및 생산 혹은 중계의 단계에서도 미디어와 기술의 영향이 작동할 수 있다.

주관적 카메라 앵글의 영향을 분석한 연구에 따르면, 주관적 카메라 subjective camera는 영상 촬영과 제작에서 개인의 주관적 관점으로 바라본 장면point-of-view shot을 제공한다(Cummins, Keene, & Nutting, 2012). 예컨대, 카메라 촬영 기법에 따라 스포츠 중계 영상에서도 멀리 떨어져 제3자의 관찰자 시점으로 경기를 보여 줄 수 있는가 하면, 스카이캠Skycam이라는 특수 카메라를 경기장에 설치하여 마치 현장에서 뛰고 있는 축구 선수의 시점과 유사한 관점의 영상으로 경기를 보여 줄 수도 있다.

연구자들은 주관적 시점으로 촬영한 경기 장면이 객관적 시점으로 촬영한 경기 장면에 비해 현장감presence, 흥분arousal, 재미enjoyment를 예외 없이 더 향상시킬 것이라고 예상했지만, 분석 결과는 연구자들의 당초 예상과는 조금 다르게 나타났다. 그림 8-5에 나타난 바와 같이, 주관적 시점 촬영은 경기 자체가 그다지 흥미롭지 않게 흘러가는 경우에는 객관적 시점 촬영보다 경기 관람자에게 흥분과 재미를 높여 줄 수 있었지만, 정작 경기 자체가 흥미진진한 경우에는 주관적 시점 촬영이 오히려 방해로 느껴져 객관적 시점 촬영이 더욱 효과적으로 흥분과 재미를 높여 주는 결과를 보였다. 이러한 결과는 스포츠 관람자의 심리 연구에서 미

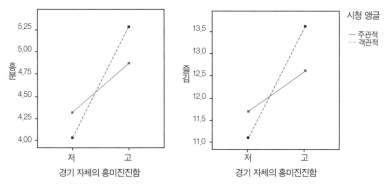

출처: Cummins, Keene, & Nutting(2012: 88~89).

그림 8 – 5. 스포츠 경기에서 주관적 카메라 앵글의 심리적 영향

디어 환경의 영향과 더불어, 경기 내용 자체의 질적인 측면까지 상호관련성이 있음을 보여 준다.

그 밖에도, 현재 많은 연구와 발전이 이루어지고 있는 가상 현실이나 증강 현실 등의 기술을 스포츠 관람의 경험에 도입하고 적용하려는 시도들이 등장하고 있다. 전 미식 축구 선수였던 크리스 클루위Chris Kluwe가 2014년 테드 강연TED Talk에서 보여 주었듯이, 예를 들어 구글 글래스를 통해 경기 중인 운동선수가 실제로 어떤 상황인지를 경험할 수 있다. 시속 160킬로미터로 축구장을 달리는 느낌이라든지, 상대 선수가 내게 돌진하여 태클을 당하는 감각 등을 경험할 수 있는데, 이런 식으로 응원하는 선수가 뛰고 있는 바로 그 장소에 있고 싶어하는 심리를 반영하는 것, 현장감, 현존감, 혹은 실재감으로 알려진 프레즌스의 느낌을 고양시킬 수 있다. 또 다른 테크놀로지인 오큘러스 리프트Oculus Rift라는 장치로는 몰입도를 최고조로 끌어올릴 수 있다.

대단한 변화 같지만 이러한 사례들은 아직 증강 현실이 아니라 가상 현실이다. 크리스 클루위는 증강 현실에 이르면 다양한 데이터(보이지 않는 곳의 수비수나 공의 위치 등)를 한데 모아 경기장에서 뛰고 있는 선수의 헬멧에 지금 사용해야 할 전술을 알려 주는 정도에까지 활용될 날도 머지 않았다고 말한다. 이러한 기술의 발전은 스포츠 관람에서 현장감을 높이고 직접 달리는 선수의 입장에서 뛰어보는 감각을 경험하게 하며 새로운 몰입의 세계로 이끌 잠재력이 있다.

3부

엔터테인먼트와
리얼리티/현실 인식

리얼리티 프로그램과 현실 인식

9장

리얼리티 프로그램은 현실의 사람들과 현실 사건들을 다룬다. 서로 다른 삶의 현장을 살아가는 일반인들이 등장하며 그들의 자연 그대로의 모습을 카메라에 담아낸다. 이러한 형태의 프로그램은 서구 사회에서부터 게임 쇼(《누가 백만장자가 되고 싶은가*Who Want to Be a Millionaire*》), 정서 토크쇼(《제리 스프링어 쇼*The Jerry Springer Show*》), 사람들의 일상생활의 일면을 보여 주기(《리얼월드*The Real World*〉[MTV], 〈빅 브라더*Big Brother*》) 등과 같은 여러 하위 장르를 생산하며 놀라울 정도로 큰 인기를 끌고 있다. 한국에서도 리얼리티 프로그램은 점점 더 다양한 융합 장르로 진화해 가며 많은 시청자들을 매료시키고 있다.

리얼리티 프로그램이란 무엇인가

리얼리티 프로그램이 완전히 새로운 것은 아니다. 라디오 방송은 이미 현실 속 사람들의 삶과 사건을 늘 다루어 왔고, 게임 쇼 역시 초기 텔레비전 프로그램의 일부이기도 했다. 또한 몰래카메라나 경찰 리얼리티 포맷의 시도도 수년간 꾸준히 있어 왔는데, 1984년 미국에서 〈캔디드 카메라 *Candid Camera*〉가 처음 방송된 이후 이것이 초기 리얼리티 텔레비전의 전형으로 여겨져 왔다.

리얼리티 프로그램의 공식은 본질적으로 '성향 이론disposition theory'에서 말하는 드라마의 속성과 동일한 셈이다. 시청자가 응원하거나 싫어할 수 있는 '좋은' 캐릭터와 '나쁜' 캐릭터가 있고, 드라마가 갈등에 의해 진행되듯이 제작자는 갈등이 유발되기 쉬운 상황을 만든다. 개성이 강한 인물들은 함께 맞추어 살거나 서로 경쟁하도록 요구된다. 이러한 상황과 사건들이 대본으로 만들어진 것이라 할지라도 시청자는 이 프로그램들을 즐긴다. 실제로 리얼리티 프로그램은 각본대로 짜여지기보다는 즉

흥적, 자발적인 면이 많지만, '조력형 리얼리티assisted reality' 혹은 '각본형 리얼리티scripted reality'나 '구성형 리얼리티structured reality'라고 불리기도 한다. 이러한 용어들에서도 알 수 있듯이(그리고 한국에서는 '악마의 편집'이라는 비난이 있을 정도로), 프로그램 속 '리얼리티'는 종종 작가와 제작자, 편집의 도움으로 극적인 긴장감을 더한다는 점을 부인할 수 없다. 그러나 이렇게 각본대로 하는 리얼리티 프로그램조차도 더 '현실적인' 느낌과 모습을 반영할 수 있도록 카메라 각도나 패닝, 음질, 제작진 노출 등 여러 장치를 동원하여 기존의 드라마나 완전 각본형 프로그램들과는 확연히 다르게 더 사실적이고 강한 현실감을 느끼게 해 준다.

다시 말해, 리얼리티 프로그램은 엄밀한 의미의 다큐멘터리와 달리 현실을 있는 그대로 담아내기만 하는 것이 아니라, 정해져 있지는 않지만 예측할 수 있는 방향의 반응과 행동을 끌어내기 위해서 특정한 상황을 설정하고 그 안에 처한 사람들의 모습을 담아내는 것이라고 할 수 있다. 그러면서도 가급적 각본의 흔적을 지우고 시청자에게 최대한 '리얼'한 느낌을 주기 위해 여러 장치를 고안한다. 리얼리티 텔레비전이란 각본 없는 스토리지만 희극, 비극, 미스터리, 액션 등의 극적인 요소들을 이끌어 낼 수 있도록 등장인물과 상황을 전략적으로 선택하는 장르인 것이다.

리얼리티 텔레비전 포맷의 진화(서구 vs 한국)

텔레비전 리얼리티 포맷의 증가는 1990년대 이후 다양한 미디어 환경의 변화가 시발점이 된 측면이 있다. 미디어 환경이 디지털화 및 멀티플랫폼화되면서 방송사의 프로그램 개발에 대한 위기의식이 한층 격화되었으며, 미디어 간, 채널 간 경쟁이 전 지구적 차원으로 확대, 심화되었다. 새로운 재미를 창안하는 것이 어려운 사실성 프로그램 장르에서 이러한 상황 변화는 한층 더 심각한 문제로 부각되기도 했다.

관음성과 자기 노출

제작 환경에서 압박이 있었다 하더라도, 리얼리티 프로그램 포맷은 대중문화에 오래도록 이어져 온 시청자의 욕망에 부합하는 측면이 있다. 어두운 극장과 같은 관람 환경에서 관객이 엿보듯 스크린을 응시하는 데서 오는 영화의 즐거움이라는 기존 대중문화의 논리는 새로 등장하는 리얼리티의 즐거움과 비슷한 맥락이었다. 특히 스타가 아닌 일반인의 참여로 인해, 대중은 자기 노출 및 자기 전시의 욕구, 감시와 평가의 욕구를 활용하고, 시청자는 타인의 사적인 삶을 엿보며 관음성의 쾌락을 누릴 수 있게 되었다(김예란·박주연, 2006).

그 과정에서 리얼리티 프로그램은 이같은 대중적 욕망이 적극적이고 화려하게 전시될 수 있도록 하는 정교한 장치들을 개발, 배치하는 방법을 사용하기 시작했다. 전통적인 관음성이 지니는 어두운 측면, 즉 보는 사람 입장에서 죄의식과 불안, 그리고 보여지는 사람 입장에서 자신의 행위가 어리석어 보이거나 열등적인 위치에 놓이는 듯한 느낌을 받지 않도록, 그리고 '당당하고 즐겁게' 참여할 수 있도록 만들기 위한 독려-촉진 장치를 제공한다(김예란·박주연, 2006).

이를 달성하는 현실성의 장치란, 예컨대 조작과 변형의 흔적을 노골적으로 드러내는 방식을 통해 재연 작업의 흔적을 그대로 보여 준다든지, 화면에 당당하게 등장하는 카메라 장치들, 리얼리티 프로그램에서 고의로 어색하게 편집하기, 게임 쇼의 진행 과정에서 드러나는 실수들을 일부러 여과 없이 보여 주기, 드라마의 후속으로 NG 장면 덧붙이기, 또는 제작진을 화면 안에 노출하기 등의 방식을 활용하게 된다(박주연, 2005).

포맷의 진화와 개념 변화

리얼리티 프로그램의 초기 연구들에서는 리얼리티 프로그램의 개념과 유형에 관해 많은 혼란이 있었으며, 그 안에서 질서를 잡으려는 시도들이 등장했다. 그래서 일찍이 로빈 내비Robin Nabi 등(2003)은 리얼리티 프로그램의 5가지 구체적 속성으로, ① 스크립트 없이 촬영되는가, ② 내러티브가 있는가, ③ 의도적인 오락용으로 만들어지는가, ④ 어떤 역할을 연기하는 배우들이 아니라 자신의 모습을 그대로 보여 주는 사람들이 나오는가, ⑤ 세트장이 아닌 실제 현실 환경에서 촬영되는가 등과 같은 요건을 제시하기도 했다.

그러던 것이 2002년 〈아메리칸 아이돌*American Idol*〉(2002~2013, FOX)이 시작된 이후, 앞서 제시한 리얼리티 프로그램의 개념에 변화가 불가피하였으며, 위의 기준을 모두 만족시키지 않는 프로그램들도 리얼리티 프로그램으로 간주하게 되었다. 그리고 이후 훨씬 더 다양한 포맷들이 등장하면서 리얼리티 프로그램의 개념 및 유형에 대한 인식은 끊임없이 진화해 오고 있다.

텔레비전 프로그램은 각 장르들을 구분할 수 있게 하는 장르별 고유한 공식과 관습이 있다. 이러한 차이점들은 크게 프로그램의 구조적 측면과 내용적 측면으로 구분되며, 시청자에게도 차별화되는 영향을 미치는 것으로 밝혀져 왔다. 텔레비전 장르의 구조적 측면에서의 차이는 주로 형식적인 제작 방법인 카메라 움직임과 편집 기법 등의 차이를 가리키며, 내용 면에서의 차이는 픽션 장르와 논픽션 장르가 범죄 소재를 동일하게 다룬다 하더라도 이야기 전개나 결말의 관점 등에서의 차이를 뜻한다.

이 기준을 적용해 살펴보면, 한국적 '리얼리티 표방' 텔레비전 오락 프로그램은 다음과 같은 두 가지 제작 기제를 가지고 있는 프로그램으로 개념화할 수 있다. 하나는 '내용'의 현실성(덜 정제된 언어들과 소재의 사용)을 '형식'의 허구성(재현이나 드라마 형태)으로 담아내는 것, 다른 하나는 '내용'의 허구성(오락 프로그램의 사전 대본 존재, 배우 실습생을 일반인인 것으로 위장)을 '형식'의 현실성(야외 촬영, 카메라 기법, 편집 기술, 자연스러운 대화 방식)으로 엮어내는 것이다. 전자의 사례로는 〈막돼먹은 영애씨〉(2007~2017, tvN), 후자의 사례로는 〈1박 2일〉(2007~ , KBS2), 〈우리 결혼했어요〉(2008 ~2017, MBC)를 들 수 있다. 이러한 기제가 오락 프로그램의 몰입도와 즐거움을 높여 프로그램 시청률을 견인한다. 이때 리얼리티 표방 오락 프로그램의 내용 현실성 또는 형식 현실성을 통해 향상된 현실 유사성은 리얼리티를 표방하지 않는 기존의 오락 프로그램들에 비해 사회적 현실에 대한 수용자의 사고와 태도에 더 큰 영향을 미칠 수 있다(나은경·김도연, 2013).

리얼리티 프로그램은 전통적인 미디어 콘텐츠에서 허구적 내용과 사실적 내용을 명확히 구분하던 것에서 나아가, 현실과 허구의 혼종성hybrid이 강한 새로운 장르라는 점에 의문의 여지가 없다(홍석경, 2004). 앞에서도 언급했듯이, 각본대로만 진행하기보다는 즉흥성, 자발성, 우연성이 많이 반영되는 장르인 것이다. 프로그램의 지향점 역시 오락 예능과 시사 교양 다큐 사이에서 줄타기를 할 수밖에 없다. 이러한 현실적 측면들을 고려했을 때, 리얼리티 프로그램 수용 문화와 관련하여, 리얼리티 프로그램이 제공하는 현실이 진실인가, 허위인가라는 정답 없는 이분법적 질문을 던지는 대신, 리얼리티 프로그램의 특정한 담론이 (1) 어떤 과정을 통해 시청자들로부터, (2) 진실성/현실성을 확보하게 되는가 등과 같은, 그 방식과 효과에 관한 구체적인 문제로 전환하여 고민할 필요가 있다.

리얼리티 프로그램의 확산 및 보편화로 인해 스타와 일반인의 경계가

표 9 - 1. 서구 리얼리티 게임 쇼의 유형

결합 방식 유형	특징	대표 작품
1. 아곤 + 알레아	• 경쟁 시스템과 참가자 간에 나타나는 예측 불가능한 요소 • 게임 내의 미니 게임	〈서바이버 *Survivor*〉, 〈어메이징 레이스 *The Amazing Race*〉, 〈유혹의 섬 *Temptation Island*〉
2. 아곤 + 미미크리	• 게임이 하나의 구경거리 • 관중이 필요	〈아메리칸 아이돌〉
3. 알레아 + 일링크스	• 리얼리티 게임 쇼에 나타나는 도전 형식 • 도전 시 나타나는 도취 상태	〈누가 백만장자가 되고 싶은가〉
4. 미미크리 + 일링크스	• 또 다른 인물을 연기하는 일종의 역할 놀이 • 캐릭터 설정과 낯선 환경 제시	〈심플 라이프 *Simple Life*〉

출처: 류철균 · 장정운(2008: 41).

* 아곤, 알레아, 미미크리, 일링크스에 대한 설명은 10장을 참조하라.

표 9 - 2. 한국의 '관찰 예능' 프로그램 (2018. 4. 16)

KBS	MBC	SBS	CJ E&M	JTBC
슈퍼맨이 돌아왔다	나 혼자 산다	미운 우리 새끼	숲속의 작은 집	효리네 민박 2
살림남 2	이불 밖은 위험해	동상이몽 2 — 너는 내 운명	현지에서 먹힐까	이방인
하룻밤만 재워줘	전지적 참견시점	싱글와이프2	짠내투어	뭉쳐야 뜬다
1퍼센트의 우정	이상한 나라의 며느리*	백년손님	서울메이트	비긴어게인 2
같이 삽시다	할머니네 똥강아지*	살짝 미쳐도 좋다	사랑도 통역이 되나요?	

* 표시는 시사 교양 프로그램

출처: 〈경향신문〉(2018. 4. 16).

흐려지는 현상(즉 일반인이 스타로 부상)이 등장하게 되었다. 스타 혹은 연예인과 일반인 간의 경계가 흐려지는 현상은 한국과 서구의 리얼리티 프로그램에 공통적이다. 그러나 한국적 리얼리티 프로그램의 주요 특징 중 가장 두드러지는 점은, 서구에서처럼 일반인이 어느 날 갑자기 스타가 되는 '상승형'의 변화보다는 스타의 일상성이 폭로되고 궁극적으로 이렇게 연출된 '친숙함'이 연예인의 인기를 구성하고 지지하는 '하향식'의 변화를 보인다는 점이다(박주연, 2005; 나은경·김도연, 2013; 김수정, 2011). 또한 표 9-1에서 볼 수 있듯이, 서구 리얼리티의 포맷은 경쟁과 놀이 요소가 가미된 게임 쇼의 형태가 주를 이루는 반면, 표 9-2에 정리된 것처럼 한국 리얼리티 포맷은 최근으로 올수록 '관찰 다큐'의 형태가 주를 이루고 있다.

표 9-3과 표 9-4에서 리얼리티 포맷의 시대별 변화 양상을 비교해 보면, 초기에는 서구의 포맷을 한국에서 그대로 답습하는 형태를 띠다가(초기에는 한국에서 리얼리티 포맷이 대중적인 성공을 거두지 못했고 저질의 프로그램이라는 인식이 강하기까지 했다), 2010년 4세대 이후부터는 그야말로 리얼리티 프로그램의 전성기가 열렸다. 그러면서 한국 사회에서 대중적인 성공을 거둘 수 있는 부분들을 발굴하여 새로운 리얼리티 포맷을 다양하게 개발해 가고 있다.

한국 사회 리얼리티 프로그램의 여전한 특징은 연예인 중심이라는 점이다. 이제는 연예인 개인의 삶의 거의 모든 부분을 리얼리티의 형태로 소비하게 되었다. 연예인의 육아, 결혼, 부모-자식 관계, 시집살이, 장모-사위, 부인의 외출, 자식 여행, 부부 생활(신혼, 중년, 별거), 노총각-엄마, 남편의 집안 살림, 친정 엄마 등에 이르기까지 말이다.

표 9 - 3. 서구 리얼리티 프로그램의 시대별 특징

1세대	2세대	3세대	4세대
1980년대 후반부터 1990년대 초반.	1990년대 중반	1999년부터 2000년대 초반	2000년대 중반 '관찰 다큐'
홈비디오, ENG 카메라	다큐멘터리의 영향 다큐드라마docu-soap	토크 쇼와 게임의 영향	다큐멘터리 스타일***
녹화 + 재연	주택, 가족 문제(라이프 스타일)	리얼리티 게임 쇼**	역사 다큐멘터리의 영향 역사적 사실에 대한 고증과 허구적 연출
타블로이드의 영향 정보 오락infotainment: 범죄, 긴급 구조	자기 계발/"메이크오버 make-over"*	감시 카메라 + 최종 승자 경쟁 사적 영역의 자기 노출 / 전시 + 관음성 스타와 일반인의 경계가 흐려지는 현상	팩션faction의 유행

* 어떤 개인 혹은 일군의 사람들이 자기 삶의 일부를 개선하는 과정을 담아내는 프로그램. 주요 내용이 되는 소재는 다양하지만 그 포맷은 거의 동일하다. 우선 주인공(들)의 일상 환경에서의 자연스러운 모습을 소개하고, 그들이 현재 처한 결코 이상적이지 않은 환경을 보여 준다. 이후 주인공(들)은 일군의 전문가 집단을 만나 상황을 어떻게 개선할 것인가에 대한 조언, 지시, 도움과 격려를 받는다. 마지막으로, 주인공(들)은 다시 자신의 환경에 놓이는데, 그때 자기 친구들과 가족들, 그리고 전문가들이 함께 모여 변화를 평가한다. 〈렛미인〉, 〈다이어터〉, 〈우리 아이가 달라졌어요〉 등이 있다. 집을 고쳐 주거나 인테리어를 바꿔 주는 집 개조 프로그램도 있었지만 이런 포맷에는 사람들의 드라마적인 현실 삶이 드러날 가능성이 적기 때문에 진정한 리얼리티 텔레비전으로 간주되지는 않는다.

** 참여자들이 상을 타기 위해, 대개 격리된/고립된 환경에서 함께 생활하며 경쟁하는 과정을 촬영한다. 마지막에 최종 우승자인 한 사람이나 팀이 남을 때까지 참여자들이 탈락하는 과정을 거친다. 가장 대표적인 예는 각국에서 제작된 〈빅 브라더〉이고 〈서바이버〉는 또 다른 게임 테크닉을 사용한다. 리얼리티 게임 쇼에도 여러 하위 포맷들이 존재하는데, 〈슈퍼스타K〉나 〈프로듀스101〉 같은 재능/아이돌 발굴 오디션 프로그램, 〈짝〉, 〈이론상 완벽한 남자〉와 같이 최종 상대자가 남을 때까지 구애자들이 탈락하는 방식으로 경쟁하는 데이트 관련 경쟁 프로그램, 〈마스터 셰프 코리아〉, 〈한식대첩〉, 〈도전 슈퍼모델〉, 〈프로젝트 런웨이〉처럼 다양한 과제를 통해 특정한 기술을 보여 주고 전문가 패널에서 심사를 받는 형태의, 특수 직종과 관련된 경쟁 포맷도 있다.

*** 정해진 세팅이 있다기보다 시청자와 카메라는 수동적인 관찰자일 뿐, 참여자들이 사적이거나 직업적인 자신의 일상적인 활동들을 따라가는 형태로, 〈나 혼자 산다〉, 〈미운 우리 새끼〉 등 각본이 없고, 실생활 장소를 촬영하며, 출연자에게 과제가 주어지지도 않는다. 편집과 사전 계획에 의해 플롯이 구성되는 경우, 이러한 쇼들은 드라마와 유사해진다.

표 9 - 4. 한국 리얼리티 프로그램의 시대별 특징

1세대	2세대	3세대	4세대	5세대	6세대	7세대*
1990년대 후반	라이프스타일	2000년대 중반	2010년부터	2012~2013년	2014~2015년	2016~2018년 진행
인포테인먼트	솔루션 메이크오버	지상파 — 스타 중심 〈무한도전〉, 〈1박 2일〉, 〈우리 결혼했어요〉, 〈런닝맨〉, 〈남자의 자격〉, 〈인간의 조건〉	일반인 중심 오디션 및 게임 쇼	정서 토크	관찰형, 생활 밀착형, 가상virtual 설정. 음식/먹방, 쿡방/요리 트렌드	연예인의 가족 관계 노출 중심. 아이돌 오디션 선발
재연, 범죄, 긴급 구조		케이블 — 질 낮은 리얼리트 프로그램 우후죽순 〈리얼스토리 묘〉, 〈심령솔루션〉, 〈리얼엑소시스트〉, 〈타로라이브〉, 〈악녀일기〉, 〈연애불변의 법칙〉, 〈스캔들2.0〉, 〈막돼먹은 영애씨〉	서바이벌 오디션 〈슈퍼스타K〉(2009. 9), 〈짝〉(2011. 3 ~2014. 2), 〈K팝스타〉(2011. 12)	〈무릎팍도사〉(2007. 1), 〈힐링캠프〉(2011. 7)	〈아빠 어디가〉, 〈슈퍼맨이 돌아왔다〉, 〈오 마이 베이비〉, 〈진짜 사나이〉, 〈꽃보다 청춘/누나〉, 〈나 혼자 산다〉, 〈사남일녀〉, 〈대단한 시집〉, 〈님과 함께: 최고의 사랑〉, 〈룸메이트〉, 〈셰어하우스〉	2018년: 연애 리얼리티의 부활
			지상파에 대한 케이블 영향 확대			

* 7세대 리얼리티의 4가지 경향:
1. 연예인의 연애, 장모 - 사위, 부인 외출, 자식 여행, 부부생활(신혼, 중년, 별거), 노총각–엄마, 남편 집안 살림, 친정 엄마 등(예: 〈불타는 청춘〉, 〈자기야 백년손님〉, 〈싱글 와이프〉, 〈둥지 탈출〉, 〈신혼 일기〉, 〈동상이몽: 너는 내 운명〉, 〈미운 우리 새끼〉, 〈별거가 별거냐〉, 〈살림하는 남자들〉, 〈친정 엄마〉(tv조선))
2. 관찰 다큐: 〈삼시세끼〉, 〈효리네 민박〉, 〈내방 여행 안내서〉, 〈알바트로스〉, 〈이불 밖은 위험해〉, 〈어서와, 한국은 처음이지〉, 〈시골 경찰〉, 〈섬총사〉
3. 아이돌 오디션: 〈프로듀스101〉, 〈식스틴〉, 〈더 유닛〉, 〈믹스나인〉, 〈더 마스터〉
4. 일반인 연애 리얼리티의 부활: 2018년(예: 〈하트 시그널〉, 〈이론상 완벽한 남자〉, 〈로맨스 패키지〉, 〈러브캐처〉, 〈한쌍〉, 〈선다방〉)

리얼리티 프로그램의 다차원적 유형 분류

다양한 리얼리티 텔레비전의 포맷들을 하나의 공통 장르로 개념화하여 연구할 수 있도록 리얼리티 프로그램의 개념적 유형화가 시도되어 왔다. 서구 리얼리티 프로그램의 유형화 결과는 그림 9-1과 같이 '경쟁'과 '로맨스'의 두 개념 축으로 설명이 된다(Nabi, 2007). 그렇다면 한국의 리얼리티 포맷들의 다차원적 유형화는 어떠한 모습일까? 서구 리얼리티의 '경쟁'과 '로맨스'라는 중심축이 한국에도 적용이 될까, 아니면 완전히 다른 축이 나타날까?

한때 연애/데이트 리얼리티의 대표격이었던 〈짝〉(2011~2014, SBS)이 2014년 본의 아니게 종영한 이래 이 분야 제작이 주춤해지면서 한국 리얼리티에서 '로맨스' 소재는 거의 자취를 감추면서, 이 질문에 대한 답이 한동안 "로맨스는 아니다"가 되기도 했다. 그러나, 최근 2018년 한국에서 다시 연애/데이트 리얼리티가 부활하면서 이야기가 달라진다. 〈이론상 완

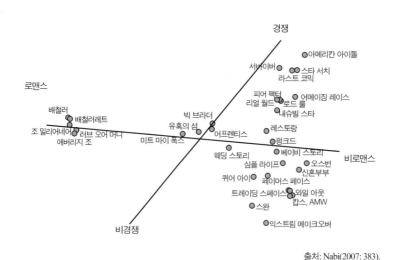

출처: Nabi(2007: 383).

그림 9-1. 리얼리티 표방 텔레비전 프로그램의 다차원적 공간 배치도

벽한 남자〉(2017~2018, jtbc), 〈하트 시그널〉(채널A, 2018), 〈로맨스패키지〉(2018, SBS), 〈한쌍〉(2018, XtvN), 〈선다방〉(2018, tvN) 등 로맨스와 경쟁을 더한 포맷이 생겨나, 리얼리티에서 짝짓기 요소는 공통적인 핵심 요소라는 점이 확인된다.

2016년 이후 한국 리얼리티에서 '경쟁' 요소와 더불어 고유한 문화 현상으로 대세처럼 확산된 것은 '연예인의 가족 관계' 요소다. 즉 '경쟁'과 '로맨스'로 구성되는 서구의 리얼리티와 달리 한국의 리얼리티는 새로운 개념 축의 발견이 필요한데, 현재로서는 오히려 리얼리티 TV의 전통적인 요소인 '구성형structured vs 관찰/다큐real'의 여부 그리고 '가족 관계 서사'가 서구의 '로맨스' 축과 더불어 제3의 중심축으로 자리잡을 것으로 보인다.

그림 9-1에서 보듯이 서구의 경우도 특별히 로맨스를 직접적으로 다루는 몇몇 프로그램을 제외하고는 대부분의 리얼리티 프로그램들이 '비로맨스' 영역에 분포하고 있음을 알 수 있다. 서구 연구에서는 경쟁과 로맨스 이외의 공통 개념은 발견되지 않았는데, 이 많은 다양한 포맷을 연결할 수 있는 요소가 경쟁 외에는 없는 것인지 아쉬움이 남는다. 한국의 리얼리티 프로그램의 다차원 공간 배치도는 분명히 이와는 많이 다른 양상을 보일 것이다.

리얼리티 프로그램을 보는 심리

2000년대 이후 수년째 리얼리티 텔레비전의 제작과 시청은 그 어느 장르에 비해서도 두드러지게 증가하여 어느덧 텔레비전 시청의 지배적인 양태가 되었다. 그럼에도 불구하고 리얼리티 텔레비전의 시청에 뒤따르는 심리적인 과정과 그 영향에 대해서는 아직 연구가 체계화되지 못했다.

리얼리티 프로그램의 '현실적인realistic' 속성은 비교적 더 믿을 만하고 그래서 더 재미있게 하는 데 기여한다. 하지만 어떤 경우에는 사건들이 너무 극단적이고 기이한 것이어서 '리얼리스틱'하다는 것이 과연 프로그램의 매력 요인이 되는지 의구심이 들 때도 있다. 이러한 프로그램이 흥미로울 수 있는 하나의 요인은 즉흥성/자발성에 있다. 이론상, 제작자들조차도 다음에 어떤 일이 벌어질지 알지 못한다. (가령, 〈짝〉에서 출연자가 자살을 시도한 사건처럼). 〈삼시세끼〉(2015~ , tvN)나 〈꽃보다 청춘〉(2014~ , tvN), 〈나 혼자 산다〉(2013~ , MBC), 〈정글의 법칙〉(2011~ , SBS), 〈불타는 청춘〉(2015~ , SBS), 〈효리네 민박〉(2017~ , jtbc)의 특정 에피소드를 볼 때, 우리는 이번 회에 코미디가 나올지, 비극이나 로맨스 혹은 액션/어드벤처가 나올지 알지 못한다. 이러한 불확실성이 서스펜스를 높이고 프로그램의 재미를 높일 수 있다.

두 번째 요인은 시청자들이 이러한 프로그램의 관음적 속성에 매료된다는 점이다. 또한 드라마가 정보적이고 자기반성적/성찰적 기능을 하는 것처럼, 리얼리티 프로그램 시청을 통해서도 특정 상황에 처했을 때 어떻게 행동하거나 대처할지에 관한 정보와 아이디어를 얻을 수도 있다. (예컨대, 언어도 잘 모르는 낯선 곳에 최소한의 자금으로 며칠 여행해야 한다면 나는 어떻게 할까). 또는 더 극단적인 프로그램에서는 일반 사람들이 감히 엄두도 낼 수 없는 경험들을 대리적으로 해내는 사람들을 보며 일종의 카타르시스를 느낄 수도 있다. (예컨대, 혼자 혹은 지인과 산골이나 바닷가 외딴집에 가서 농사짓거나 낚시와 목장을 하며 직접 재배한 재료만으로 불을 피워 삼시세끼 밥을 지어먹는 상황이 온다면 나는 어떨까).

리얼리티 텔레비전의 주요 매력 중 하나는 일반적인 보통 사람들을 기이한 상황에 처하게 하는 기술과 관련이 있다. 예컨대, 효리네 민박에 가서 머무를 기회가 주어진 일반인들의 제주도 여행은 어떻게 달라질까.

또한 재능 발굴 오디션 형식의 퍼포먼스 리얼리티 텔레비전은 참여자들을 전국적인 유명인으로 만드는 능력도 있어, 무명이었던 강다니엘과 옹성우가 단번에 최고 인기 아이돌의 자리에 오르게도 한다. 또한 그 '현실적인' 속성으로 인해 시청자들이 자신의 일상생활의 다양한 측면과 관련하여 비교하기가 더 쉬워졌다. 나와 비슷한 일반인들이 텔레비전에 등장하는 모습이 친근하며, 연예인은 더 이상 판타지 속의 스타가 아니라 나와 같은 일상을 사는 인간일 뿐이다. 내 하루와 리얼리티 속 하루를 비교하고 우리집 육아와 리얼리티 속 아빠의 모습을 비교하고 내 옷차림, 내신혼생활, 우리집 인테리어, 우리집 식단 메뉴를 리얼리티 속에 나타난 현실과 비교한다.

사회 비교와 성형/미용 리얼리티

이렇게 리얼리티 텔레비전 이용에서 가장 두드러진 심리가 바로 사회 비교다. 그리고 이것이 전형적으로 구현된 리얼리티 포맷 중 하나가 바로 성형 리얼리티 프로그램이다. 매스 미디어에 나타난 아름다움의 기준과 신체 이미지가 과도하게 마르고 비현실적인 몸매에 치중되어 있어 특히 여성들이 주로 대상화되며 부정적인 영향을 받는다는 것이 미디어 연구에 오래 누적된 결과다. 이 새롭지 않은 현상을 극대화해서 보여 주고 직접적으로 부추기고 자극한 현대의 텔레비전 포맷으로 성형 리얼리티의 영향을 무시할 수 없다.

사회 비교 이론은 자신에 대해 정확한 평가를 내리고 싶어하는 인간의 욕구에 기반을 둔다(Festinger, 1954). 사람들은 특정 대상과 비교함으로써 자신의 능력과 의견을 결정한다. 그에 의해 자신을 개인으로서 정의하는 법을 학습한다. 자신에 대한 정확한 인식을 유지하고자 하는 기본

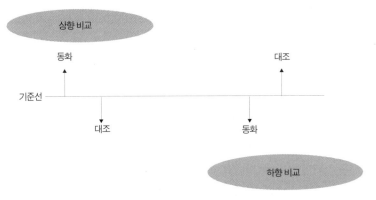

출처: Gerber, Wheeler & Suls(2018: 178).

그림 9 - 2. 상향/하향 비교에 따른 동화와 대조

욕구가 다른 사람들과의 비교로 이어지는데, 이러한 사회 비교는 일반적으로, 자기 평가self-evaluation, 자기 계발self-improvement, 자기 향상self-enhancement이라는 세 가지가 동기에 의해 이루어지고 이 동기들에 따라세 가지 유형의 사회 비교가 나타난다. 수평적, 상향적, 하향적 유형이 그것이다(Gibbons & Buunk, 1999).

자기 평가는 자신에 대한 정보를 알고 싶은 욕구에 의해 자신과 비슷한 조건의 사람을 대상으로 하는 수평적 비교 평가와 관련된다. 자기 계발은 현재의 자신보다 낫다고 우러러보는 대상에 대한 상향 비교를 통해 자신에 대한 인식을 계발하고자 하는 욕구와 관련된 것으로. 이 상향 비교는 우월한 대상과 자신을 비슷하다고 인식하게 만든다. 자기 향상은 자신보다 못한 사람들과 비교를 통해 자기 이미지를 긍정적으로 유지하고자 하는 하향 비교를 말한다. 이 하향 비교는 대상과 자신을 분리시켜 자신에 대해 더좋게 생각하며, 주관적인 안녕감을 증진시키는 일면이 있다.

사회 비교의 방향성에 따라 형성되는 정서 반응 역시 달라지는데, 그림 9-2와 같이, 사회 비교가 상향적이냐 하향적이냐의 방향성, 그리고 비교 대상과 동화적이라고 느끼는지 대조적이라고 느끼는지의 동일시 여부에 따라, 네 가지 유형의 사회 비교를 생각할 수 있다. 즉 상향 동화적, 하향 대조적, 상향 대조적, 하향 동화적으로 구분이 된다(Smith, 2000).

이 네 가지 유형들은 사람들에게 바람직하거나 바람직하지 못한 결과를 초래할 수 있다. 상향 동화적 비교는 비교 대상을 우러러 보면서 자신도 그와 같이 될 수 있다고 생각하기 때문에 바람직하다. 하향 대조적 비교도 열등한 비교 대상에 비추어 자신을 그들과 다르다고 생각하기 때문에 본인의 정신 상태 면에서는 바람직한 결과로 이어진다. 그러나 상향 대조와 하향 동화적 비교는 둘 다 바람직하지 못한데, 전자는 우월한 대상을 바라보면서 자신은 그렇게 될 수 없다고 생각하기 때문이며, 후자는 열등한 대상을 보면서 자신과 비슷하다고 인식하기 때문이다.

유추할 수 있듯이, 이 네 가지 사회 비교 유형들은 각각 특수한 정서 반응으로 이어진다. 즉 상향 동화적 비교는 감탄과 존경, 낙관을, 하향 대조적 비교는 자부심/긍지, 샤덴프로이데와 경멸을, 상향 대조적 비교는 억울/분개, 부러움/질투, 우울/낙담을, 하향 동화적 비교는 연민/불쌍, 공포/두려움, 염려/공감으로 이어진다.

구체적으로, 그림 9-3과 같이 비교의 방향과 통제 인식을 교차하여 보면, (1) 상향 대조 정서(Upward Contrastive Emotions: UCE), (2) 상향 동화 정서(Upward Assimilative Emotions: UAE), (3) 하향 대조 정서(Downward Contrastive Emotions: DCE), (4) 하향 동화 정서(Downward Assimilative Emotions: DAE)로 나타난다. 이 네 개의 각 셀 안에 각 정서의 긍정/부정(바람직함) 여부 및 각 정서 대상의 자신/타인 여부(관심 초점)에 따라 개별 정서들이 분류된다.

우선 (1) 상향 대조 정서를 살펴보면, 우월한 타인을 만난 사회 비교

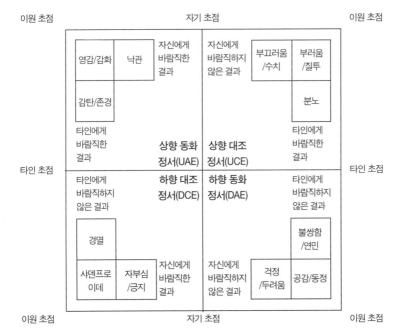

출처: Smith(2000: 176).

그림 9 – 3. 사회 비교 심리에 기반을 둔 정서의 종류

상황에서 우리는 자신이 열등한 이유를 발견하면 '부끄러움/수치'를 느끼고 이러한 정서는 자신에게 부정적인 영향을 미친다. 하지만 그 타인의 분에 넘치는 강점이 자신의 열등함을 만든 것이라고 생각하면 '분노'를 느낀다. 수치나 분노와 달리, '부러움/질투'는 우리의 초점이 자신의 약점에 있는지 그 타인의 강점에 있는지에 따라, 유일하게 이원적인 속성을 지닌다. 예컨대, 우리가 자신의 약점에 집중할 경우 부러움/질투는 수치에 가까운 반면, 우리가 그 타인의 강점에 집중할 경우 부러움/질투는 분노에 가까워진다.

(2) 상향 동화 정서도 정서의 바람직함과 관심 초점에 따라 구분해 보

면, 낙관, 영감/감화, 감탄/존경, 이 세 가지가 모두 긍정적인 정서인 점은 공통이지만, 관심 초점은 달라진다. 타인의 우월함과의 비교가 우리 자신에게 긍정적인 함의를 지닌다고 생각할 때 우리는 '낙관'을 경험하는데, 타인의 칭송할 만한 행위에 초점을 둘 경우 '감탄/존경'을 느낄 수 있다. '영감/감화'는 그 초점이 이원적인 바, 타인의 우월함이 나에게 모범이 되기 때문에 자신에게 긍정적인 영향을 미칠 것이라고 생각할 때 발현되는 것이다.

(3) 하향 대조 정서는 우리가 비교하는 타인에 비해 스스로 우월하다고 느낄 때 생기는 정서들이다. '자부심/긍지'는 우리 자신의 내적인 특징들로 인해 스스로 타인보다 낫다고 느낄 때 생긴다. 반대로, 타인의 비난 받을 만한 행위에 초점이 있을 때는 '경멸'을 느낀다. '샤덴프로이데 schadenfreude'는 이원적인 정서로,[8] 자신의 우월함과 타인의 비난 받을 행동이 동시에 일어날 때 발현된다.

(4) 하향 동화 정서는 우리가 타인보다 우월하다고 느끼면서도 그 사람과 자신을 강하게 동일시할 때 발생한다. 타인의 불행이 자신의 미래에도 일어날 수 있다고 생각할 때 '걱정'이나 '두려움/공포'를 경험한다. 그런데 그 불행이 자신에게는 일어나지 않을 것 같을 때는 '불쌍함/연민'을 느낄 수 있다. '공감/동정'은 부러움/질투, 영감/감화, 샤덴프로이데와 마찬가지로 자신과 타인 양쪽에 모두 중점을 두는 이원적 정서로, 불운을 당한 타인과 비교하면서 그 타인의 삶을 함께 경험하듯이 이해할 수 있기 때문에 타인과 비슷한 감정을 공유하는 정서다.

사회 비교 이론이 미디어의 영향과 연관되어 많이 검토된 분야는 텔레비전, 잡지, 영화, 광고 등 매스 미디어에 나타난 여성의 이미지, 특히 여성의 비현실적인 신체 이미지에 관한 연구들이다. 미디어에 그려진 여성

---

8 다른 사람의 불행을 보며 느끼는 기쁨의 감정을 가리킨다. 7장과 8장을 참조하라.

은 지나치게 마른 몸매와 비현실적인 외모로 나오면서 아름다움에 대한 사회적인 이상형을 구성하게 되고, 이는 특히 여성들에게 과도한 다이어 트나 건강하지 못한 섭식 및 자기불만이나 우울을 유발할 수 있다는 연구들의 전통이 있다. 사회 비교 이론이 미디어의 다른 분야에 적용된 사례로는, 텔레비전 시청이 노인층에 미치는 연구가 비교적 새로운 시도로 간주된다(Mares & Cantor, 1992). 외로운 노인들과 그렇지 않은 노인들을 대상으로 텔레비전 시청의 영향을 살펴본 연구 결과, 외로운 노인들은 자기와 마찬가지로 외로운 다른 사람들에 대한 텔레비전의 내용을 더 좋아하고 시청 후 더 행복해지는 등 하향 비교의 경향을 보였다. 반대로, 외롭지 않은 노인들의 경우는 외롭지 않은 다른 사람들에 대한 내용을 더 좋아하는 상향 비교를 하는 것으로 나타났다.

사회 비교 이론이 미디어 연구에서 최근에 가장 활발하게 활용되는 분야는 상대적으로 새로운 포맷인 리얼리티 텔레비전 시청에 관한 연구라 할 수 있다. 리얼리티 텔레비전의 소비는 자기 중요성이 높은 사람과 자기 신분을 높이 평가하는 사람들에게서 리얼리티 소비/시청 상관관계가 높게 나타났다(Reiss & Wiltz, 2004). 또한 리얼리티 텔레비전 시청자들은 프로그램 참여자가 잘 행동할 때는 그에 대한 동일시가 높아지고 참여자가 잘못 행동할 때는 그에 대한 우월감이 높아진다(Hall, 2006). 이러한 결과들은 리얼리티 텔레비전 시청에서 시청자들이 사회 비교 과정을 경험한다는 점을 보여 준다.

특히 성형 리얼리티 포맷에서 이러한 심리 과정은 극대화되는 경향이 있다. 성형 수술 메이크오버 리얼리티 프로그램 시청 후의 정서 반응을 조사한 결과, 특히 부러움/질투와 희망과 같은 개별 정서가, 성형 행동 의지에 미치는 사회 비교의 영향을 매개하는 것으로 나타났다(Nabi & Keblusek, 2014). 한국의 경우 성형 수술이 보편화될 정도로 사회적인 현상이며 성형 리얼리티가 2010년대 초반 인기를 구가했음에도 불구하고 이에 대한 미디어학계 연구가 부족한 실정인데, 한국의 여자 고등학생들을 대상으로 설문 조사한 최근 연구 결과(나은경·홍주현, 2018), 성형/미용 리얼리티 프로그램 시청은 청소년들의 외모 관련 사회 비교를 부추기며 신체 이미지 인식에 부정적인 영향을 미쳤고, 남들의 눈을 의식하는 부정적인 자기 검열을 높이는 것으로 나타났다. 또한 성형 및 아이돌 리얼리티 프로그램 시청이 성형에 대한 긍정/부정 인식에는 영향을 미치지 않았으나 성형 행동 의지를 높이는 것으로 나타났다.

나르시시즘, 물질주의와 리얼리티 텔레비전

미디어의 발달로 인해 사회가 점점 더 자기중심적이고 자아도취적인 상태가 심화된다는 지적이 증가하고 있다. 최근에는 스마트폰이나 소셜 미디어가 그 중심에서 비난을 많이 받지만, 그렇다면 기존의 매스 미디어인 텔레비전의 영향은 어떠한가? 이러한 현상에 특히 현재 텔레비전의 지배적인 포맷인 리얼리티 프로그램이 기여한다는 연구 결과들이 나왔다.

대학생들의 자기도취 정도와 리얼리티 프로그램, 스포츠, 정치 토크쇼와 같은 특정 TV 장르의 시청 사이에 유의미한 관련이 있었다(Lull & Dickinson, 2018). 오늘날 텔레비전의 주된 내용은 자기 이익의 만연과 타인의 평안을 무시하는 등 개인에 초점을 맞춘 것이 대부분이고 이는 모두 나르시시즘의 구성 요인이 되며 텔레비전 시청을 통해 촉진될 수 있다. 이러한 경향은 미국 대학생만이 아니라 유럽의 청소년과 대학생을 대상으로 한 연구에서도 비슷하게 발견되었다. MTV에서 방영하는 리얼리티 프로그램을 시청할수록 네덜란드 청소년과 대학생들은 더 물질주의적이고 자기도취적인 태도를 보이는 것으로 나타났다(Opree & Kuhne, 2016).

반면, 대학생들의 뉴스 시청은 자기도취적인 성향과 부적인 상관관계가 있는 것으로 나타나, 확실히 텔레비전 뉴스 시청은 리얼리티 시청에 비해 시민으로서 더 관여하게 하고 자신보다는 공동체에 초점을 맞추게 하는 데 도움이 되었다.

서구 리얼리티 프로그램의 경우, 일반인들이 보이는 이런 식의 안하무인격 언행이 많은 비중을 차지하는 것이 사실이다. 일반인 경쟁의 리얼리티 포맷에서, 싸우거나 격해지는 말과 행동을 가감없이 내보내기도 하는 것이다. 그런 대상은 여성으로 나타나는 경우가 많고 그래서 특히 여자 청소년들의 사회적 공격성 및 여성에 대한 고정 관념에 리얼리티 텔레비전의 영향이 어떠한지 살펴본 연구들이 적지 않다(예: Scharrer & Blackburn, 2018).

그에 비해 최근 한국의 리얼리티 프로그램은 가족 관계 중심적인 내용이 주를 이룬다는 점에 차이가 있다. 또한 미국의 〈서바이버〉나 〈아메리칸 아이돌〉 등의 리얼리티 쇼를 통해 발굴된 일반인 스타들이 대단히 자기도취적인 유명인 행세를 하는 것에 반해, 한국의 리얼리티 스타들은 겸손과 겸양을 우선으로 하는 집단주의 사회 '아이돌 문화'의 영향도 무시할 수 없다. 개인주의가 전 지구적으로 보편화되는 추세와 함께 확산된 리얼리티 텔레비전도 한국 특유의 집단주의 문화 속에서 새로운 형태로 나타나기도 하며, 연예인에 대한 심리적 거리감이 남다른 한국 사회에서는 특수한 관음성과 간섭적 시선을 부추길 수 있다.

대리 만족과 음식 리얼리티: 먹방, 쿡방의 심리

리얼리티 텔레비전의 전 세계적인 성행 및 포맷 다변화에서 가장 두드러지는 특징은 단연 '먹는 방송'과 '요리하는 방송'의 증가다. 이른바 '먹방'

및 '쿡방'으로 줄여 칭해지는 이 현상은 초기에는 음식이 주가 되는 단독 포맷으로, 이후에는 다양한 리얼리티 장르 속 작은 부분을 차지하며 스며 드는 형태로, 심지어 드라마에서도 주요한 위치를 차지하며 그 지평을 넓혀왔다(나은경, 2015).

2014년 초에 외신에서 한국의 먹방이라는 — 음식이나 요리 채널 하면 보통 레시피(요리법)를 떠올리는 서구식 관점에서는 '듣도 보도 못한'(《조선일보》, 2014) — 새로운 장르를 소개하여 세계의 이목이 한국 먹방에 집중되었다. 〈월스트리트 저널*The Wall Street Journal*〉(2014. 3. 9)은 한국 인터넷의 인기 있는 먹방쇼를 소개하면서 그 원인으로 "독신 가구의 증가"를 꼽았다. 한국에서는 전통적으로 함께 식사를 하는 것이 가족생활에서 중요한 부분을 차지하는데, 혼자 사는 사람이 늘어나면서 먹방을 통해 정서적 유대감을 느낀다는 것이다.

비슷한 시기에 그에 앞서 로이터 통신 및 야후 뉴스에서도 한국 인터넷에서 본인의 먹는 모습을 개인 방송을 통해 보여 주고 돈을 버는 일명 '먹방'을 신기한 해외 토픽으로 다루기도 했다(《서울경제》, 2015. 4. 3). 식탐 관음증gastronomic voyeurism이 독신 가구가 증가하고 있는 고독한 한국 사회에 위안을 주고 있다는 분석이다.

미국의 CNN 뉴스가 2014년 1월 30일에, 프랑스 〈르몽드*Le Monde*〉가 2014년 1월 27일에 각각, 한국의 인터넷 먹방 현상에 대한 분석을 앞다투어 내놓기도 했다. CNN 등의 미국 언론은 이러한 현상을 두고 1인 가구 증가에 더하여, 한국 사회에 만연한 다이어트 열풍 및 인터넷과 모바일 인프라 확산 등의 원인을 제시하였다. 유사한 맥락에서 〈르몽드〉는 "한국의 1인 가구 급증과 여성들의 과도한 다이어트 때문에 먹방이 외로움과 결핍의 해독제와 같은 작용을 하고 있다"며 "식탐 관음증이 과연 인간의 진정한 기쁨을 채워 줄 수 있는가?"라는 의문을 남겼다.

이들 해외 언론은 2014년에는 한국의 인터넷 방송을 통한 먹방에 주목한 반면, 2015년 말부터 2016년 상반기에는 한국 텔레비전 방송 트렌드에 관해 비슷한 해석을 내놓았다. 〈이코노미스트*The Economist*〉(2015. 6. 27)는 이러한 온라인 먹방(mokbang, "eating broadcasts")과 구분하면서, 텔레비전 쿡방(cookbang, "cooking broadcasts") 트렌드를 소개했다. 〈집밥 백선생〉, 〈오늘 뭐 먹지?〉, 〈냉장고를 부탁해〉, 〈삼시세끼〉와 같은 최근 한국 방송에서 가장 주목 받는 음식 프로그램들을 언급하면서, 그 원인으로 다이어트 압박에 시달리던 이들에게는 대리적 폭식vicarious gluttony, 어울려 밥 먹기가 당연시되고 혼자 밥 먹기를 금기시하던 한국의 식문화 전통 아래 급증한 1인 가구의 외로운 식생활자들에게는 '함께 먹는' 느낌을 제공한다고 보았다. 또한 국가 전반의 경제 불황으로 인한 불행감의 확산, 우아하게 제대로 된 요리나 식사를 할 수 있는 시간도 방법도 없는 현실에서 이러한 먹방과 쿡방은 최소한 가상의 충족감을 제공한다는 것이다.

사실적인 리얼리티 표방 프로그램과 허구적인 스토리 기반 프로그램을 시청하는 즐거움의 예측 심리 요인 차이를 비교한 연구(Nabi et al., 2006)에 따르면, 다양한 리얼리티 텔레비전 포맷의 하위 장르 6가지(리얼리티 드라마, 리얼리티 로맨스, 리얼리티 게임, 리얼리티 재능, 리얼리티 범죄, 리얼리티 정보) 가운데 음식 프로그램에 적용될 수 있는 3가지는 게임 쇼/경쟁(〈헬스 키친*Hell's Kitchen*〉, 〈아이언 셰프*Iron Chef*〉), 재능/기예(〈푸드 네트워크 챌린지*Food Network Challenge*〉), 정보/교육(〈굿 잇츠*Good Eats*〉, 〈배어풋 콘테사*Barefoot Contessa*〉) 장르다. 연구 결과, 게임 쇼/경쟁 장르는 '타인을 평가'하는 데서 오는 충족감을 제공함으로써 타인의 극적인 도전, 실패의 결과와 서스펜스, 긴장, 긍정적 정서를 경험하게 하고, 재능/기예 장르는 타인에 대한 평가, 의사사회적 상호 작용을 촉진시킴으로써 극적인 긴장감을 높이며, 정보/교육 장르는 의사사회적 상호 작용, 관음성, 자의식, 타인

평가, 그리고 학습을 높이는 것으로 나타났다(Nabi et al., 2006).

서구에 비해 한국의 음식 텔레비전에 대한 미디어학계의 연구는 드문 편인데, 최근 이 리얼리티 프로그램의 먹방, 쿡방 현상에 대한 학술적 논의를 촉진시킨 나은경(2015)의 탐색적 연구에서는 이러한 현상의 원인으로, 국내외 언론에서 공통적으로 지적하고 있는 '1인 가구의 증가와 가족의 해체'라는 사회 문화적 요인과 더불어, 그로 인한 정서적 허기/식욕과 대리 만족 및 의사사회적 상호 작용과 같은 심리적 요인, 그리고 케이블 방송의 약진 및 소셜 미디어 이용의 영향과 같은 뉴 미디어 요인을 들고 있다. 이에 기반을 둔 경험적 검증 연구들에 따르면(장윤재·김미라, 2016; 홍자경·백영민, 2016), 먹방, 쿡방 시청 동기는 대리 충족, 오락, 정보 추구, 시간 보내기의 네 가지 요인으로 이루어져 있으며, 그에 따라 요리 및 맛집 관련 정보 만족, 맛에 대한 대리 만족, 유명인과의 가상적 접촉을 통한 의사사회적 상호 작용 등의 충족을 얻는다고 한다.

그런데 언론과 미디어의 집중적인 예측과 달리, 1인 가구라고 하여 반드시 먹방, 쿡방 시청 동기나 시청 후 만족도가 다른 사람들과 차이가 나는 것은 아니라는 결과를 보였다. 즉 1인 가구든, 2인 혹은 3인 이상 가구든, 음식 리얼리티 텔레비전 시청을 통해 얻는 심리적 만족도 및 주관적 행복감에 큰 차이가 없이 동일한 만족감을 얻는다는 것이다. 흥미롭게도, 1인 가구의 경우, 먹방, 쿡방 시청을 통해 얻는 만족감은 주로 맛에 대한 대리적인 소비를 통한 감각적 대리 만족이었고, 외로움을 달래기 위한 등장인물과의 의사사회적 상호 작용 등 관계적 만족과는 관련이 없었다(홍자경·백영민, 2016).

이러한 결과들은 일단 나은경(2015)이 제시한 바와 같이, 서구 사회의 음식 리얼리티와는 달리, 한국 사회에서 현재 음식 리얼리티 방송의 성행은 1인 가구의 외로움을 달래는 사회적인 욕구보다는, 먹고살기 고단한 현실의 반영, 그리고 (현실에서는 비록 똑같이 못하지만) 다양한 음식을 맛보는 감각적/원초적 형태의 대리만족이 더 주요한 요인이 되고 있음을 시사하며, 음식 리얼리티 시청의 다양한 심리적 요인에 관해서는 더 많은 후속 연구가 필요하다.

한국의 먹방, 쿡방 프로그램 변천사와 뉴 미디어의 영향

한국 텔레비전 먹방/쿡방 프로그램의 시대별 변천사를 인터넷 및 뉴 미디어의 등장 및 이용 요인과 엮어서 정리해 보면 다음과 같다(나은경, 2015: 190~192, 내용을 재구성).

정통 요리 프로그램(1981~1993)
KBS와 MBC 〈가정요리〉, 〈오늘의 요리〉 등 요리 전문가 등장하여 가정에서의 정통 레시피를 시범을 통해 가르쳐 주는 내용이다.

요리 버라이어티 토크쇼(1993~1999)
SBS 상업 방송 개국(1991) 이후 요리 프로그램의 오락화, 요리를 통한 이야기화 및 요리 에듀테인먼트화가 진행되었다. 더불어 인터넷의 상용화와 확산으로 인터넷을 통한 음식과 맛집, 요리 정보를 공유하는 형태로 라이프스타일의 변화가 진행되었다.

미디어 환경의 변화(2000년대 초반)
2000년 푸드 라이프스타일 전문 '채널 F'(현재의 올리브 네트워크) 개국을 비롯한 위성 방송 및 케이블 신규 채널들이 등장하였으며, 사회 문화적으로 '웰빙' 열풍과 건강에 대한 관심 고조되어 자연히 음식과 '맛집'에 대한 관심으로 이어졌다.

뉴 미디어 이용 양태(2000년대 중반)

싸이월드와 블로그 중심의 인터넷 문화가 디카/셀카 확산을 통한 '얼짱' 문화를 낳고, 유튜브 등 동영상 중심의 인터넷 문화가 '몸짱' 문화와 다이어트 및 건강에 대한 사회적 집착을 심화시켰으며, 이러한 뉴 미디어 환경 속에서 온라인 맛집 정보와 요리 정보 공유가 새로운 라이프스타일로 보편화, 일상화되기 시작했다. 이러한 변화를 지상파 방송에서 프로그램에 반영하게 되었다.

음식 프로그램의 성행(2000년대 중후반)

맛집 탐방/여행 음식 프로그램들이 지상파에 우후죽순 성행하였다. KBS 〈VJ 특공대〉(2000), MBC 〈찾아라 맛있는 TV〉(2001), EBS 〈최고의 요리비결〉(2002), SBS 〈결정! 맛대맛〉(2003), 〈대결! 스타셰프〉(2009), SBS 〈생방송 투데이〉(2003), KBS 〈생생정보통〉(2010) 등이 그 사례다.

인터넷 방송, 아프리카TV

2010년에 들어서며 또 하나의 큰 변화의 분수령이 된 것은 2008년 아프리카TV를 시작으로 개인의 동영상 콘텐츠 활용이 변화한 형태인 '인터넷 방송'이다. 사람들은 유튜브와 같은 동영상 사이트에 자신의 동영상을 올리거나 기존의 매스 미디어 콘텐츠를 편집하는 수준에서 한걸음 더 나아가, 스스로 BJ(broadcast jockey)가 되어 방송을 기획하고 편집하며 수많은 시청자와 소통하는 형태로 인터넷을 통한 개인 방송을 하기에 이르렀다.

그 주제는 그야말로 일상의 모든 면을 담을 정도로 다양하고 때로는 기상천외하여, 혼자 요리하여 음식 먹는 모습을 방송하거나 혼자 게임하는 과정을 방송하거나 혼자 공부하는 모습을 찍어 방송("공방")하기도 한다. 이러한 변화는 온라인상에만 머무르지 않고 역으로 텔레비전 방송의 내용과 포맷에도 영향을 주기에 이른다. 그 변화를 가장 빠르게 받아들인 것은 역시 젊은이들을 주요 대상으로 하는 2010년 이후 일부 지상파 프로그램과 케이블 채널이었다.

맛집 탐방/음식 여행 포맷의 다변화(2012~현재)

우선 지상파 방송으로는 KBS 〈해피투게더 야간매점〉(2012), MBC 〈사유리의 식탐여행〉(2013), SBS 〈맨발의 친구들〉(2013), SBS 〈잘 먹고 잘 사는 법 식사하셨어요〉(2014~현재)와 같은 프로그램들이 등장하였다.

케이블 방송은 올리브 네트워크 〈테이스티로드〉(2010~현재), K-Star 〈식신로드〉(2010~현재), tvN 〈수요미식회〉(2015), 그리고 미국을 비롯한 전 세계적인 리얼리티 프로그램의 경향 및 요리 프로그램의 영향을 받아, 유명 셰프 중심의 요리 기예 전시 포맷, 혹은 요리에 서바이벌 오디션 포맷을 적용한 유명 셰프 발굴 형태 등이 나타나기도 했다.

서바이벌 예술 기예

tvN 〈한식대첩〉(2013~현재), 올리브 네트워크 〈마스터셰프코리아〉(2012~2014), SBS 〈쿠킹 코리아〉, 올리브 네트워크 〈올리브쇼〉(2012~현재) 등이 이에 해당한다. 이 과정에서 '먹는 방송,' 이른바 '먹방'이 먼저 유행했던 일본이나 미국과는 다른 한국적인 먹방의 특성들이 발현되기 시작한다. (그 변화는 예컨대, '여럿이 함께 먹기'에서 '혼자 개인적 먹기'로의 변화, 이제는 더 이상 가족이나 친지들 여럿이 모여 어떤 공동체적인 목적이나 화해를 위한 왁자지껄의 사회적 먹기가 아닌, 1인의 개인 밥상 음식 먹기 위주로, 혼자 먹는 모습의 클로즈업, 다소 과장되고 호들갑스러운 반응, 음식 먹는 소리와 요리 시각화가 주를 이룬다.)

음식 콘텐츠의 이러한 경향은 한국 사회의 심리 및 사회문화적 변화와 맞물려 여타의 문화권에 비해 더 큰 사회적 반향을 불러일으키며 2014년 초에 먹방 문화가 정점에 달하고 급기야 2014년 말과 2015년에 이르러 '요리하는 방송,' 이른바 '쿡방'의 유행으로 이어지고 있다. 가장 '케이블 채널'스러운 포맷의 KBS 〈밥상의 신〉(2014)이 이런 방향에서 가장 보수적인 성격의 KBS 채널에 등장한 것은, 비주류 케이블 방송의 주류 지상파 방송에 대한 역방향적인 영향을 가늠해 볼 수 있는 대표적인 사례라 할 수 있다. 역시 지상파가 수용하기에는 힘든 포맷이었는지 오래가지 못하고 폐지되었다.

메이크오버/라이프스타일 포맷의 진화(2014~현재)

음식 콘텐츠가 전위적인 예술 기예와 같은 진기한 것으로 다루어지던 이전 포맷과 크게 달라진 점은 음식의 키워드가 '일상'과 '생존'이 된 점이다.

올리브 네트워크 〈오늘 뭐 먹지〉(2014~현재), tvN 〈집밥 백선생〉(2015), jtbc 〈냉장고를 부탁해〉(2014~현재), tvN 〈삼시세끼〉(2014~현재), MBC 〈마이 리틀 텔레비전〉 "백종원"(2015), jtbc 〈집밥의 여왕〉(2013) 등이 그러하다. 이 변화의 중심에 바로 일반 시청자들의 현실에 대한 생각, 현실 삶의 고달픔의 심리가 반영되어 있다.

2017~2018년에 들어서면서 해외에 나가 요리해 먹기(《윤식당》, 《현지에서 먹힐까》), 해외 여행하면서 현지 음식 먹기(《짠내투어》, 〈꽃보다 …〉 시리즈 등), 외국 음식 문화와의 접목 시도가 늘고 있다.

리얼리티 프로그램의 발전과 변화

바야흐로 리얼리티 프로그램의 전성시대는 끝날 줄 모르고 각양각색의 변이를 낳으며 진화하고 있다. 얼마 전까지만 해도 '리얼리티 텔레비전'이라고 칭해지는 프로그램들은 사랑 찾기, 노래하기, 생존하기 등과 같은 인간 삶의 근본적인 부분들에 초점을 맞추었다. 〈아메리칸 아이돌〉과 〈슈퍼스타K〉(2009~ , tvN)로 전 국민적 대업처럼 되어 버린 공개 가수 선발, 〈서바이버*Survivor*〉(2008~2010, BBC)처럼 외진 곳에서 먹고 살아남는 문제, 〈짝〉처럼 공개 사랑 찾기 미팅이 그러했다. 이제는 리얼리티 텔레비전이 더 이상 그러한 방식을 보여 주지는 않는다.

이러한 프로그램들이 팔았던 주류 리얼리티에 대한 생각은 대부분의 사람들의 일반적인 삶을 반영하는 것이 아니었다. 그보다는 오히려, 사회의 다양한 문화를 보여 줌으로써 시청자에게 새로운 경험, 즉 다른 사람들의 낯선 현실(리얼리티)에 빠져 보는 기회를 제공하는 것이다. '리얼리티'를 훨씬 더 미세한 영역으로 쪼개고 세분화하여, 새로운 리얼리티 프로그램들은 정상에서 벗어난 일탈과 특이한 모습, 하위 문화의 신기함을 확대하는 방향으로 변화하고 있다.

또한 '리얼'의 개념도 바뀌고 있다. 사람들은 연예인이건 자기 주변의 친구, 가족, 동료이건 퍼포먼스에 익숙해지고, 오락에서 '리얼'의 향기를 찾고자 한다. 다양한 리얼리티 텔레비전은 전통적으로, 경연/경쟁 오디션, '구성형 리얼리티' 쇼, 관찰 다큐의 세 가지 범주로 구분된다. 이 범주들은 상호 배제적이지 않고 오버랩되는 일이 흔하다. 우승자를 선발하는 리얼리티의 유사 포맷에서 특수한 환경이라는 '구성된 리얼리티' 설정을 제공할 수도 있는 것이다.

관찰 다큐는 수익성이 가장 좋고 가장 성공적인 유명인을 만드는 리얼리티 텔레비전의 지배적인 형태다. 지루한 일상을 뒤흔드는 일들, 직업을 구하거나 특수한 상황에 처하거나, 〈아빠 어디가〉(2013~2015, MBC), 〈슈퍼맨이 돌아왔다〉(2013~) 등의 육아 리얼리티를 시초로, 〈나 혼자 산다〉, 〈미운 우리 새끼〉(2016~), 〈삼시세끼〉, 〈꽃보다 청춘〉의 엿보기식 관찰 예능이 성황이다.

'트와이스'를 낳은 〈식스틴〉(2015, Mnet), '워너원'을 낳은 〈프로듀스 101〉(2016, Mnet)의 성공에 힘입어, 이후 〈더 유닛〉(2017~2018, KBS2), 〈믹스나인〉(2017~2018, jtbc), 〈더 마스터〉(2017~2018, Mnet)와 같은 아이돌 연습생 프로젝트가 등장하기도 했고, 일본 프로그램과 결합한 〈프로듀스 48〉(2018, Mnet)이 인기를 얻기도 했다. 〈팬텀 싱어〉(2017, jtbc)나 〈판타스틱 듀오〉(2017, SBS), 〈너의 목소리가 보여〉(2015~ , Mnet)처럼 비슷한 경연 요소가 들어가지만 장르나 포맷이 다른 형태도 있다. 모두 경연/경쟁 오디션 리얼리티를 구성한다.

우리는 이제 퍼포먼스라는 개념에 너무 익숙해졌다. 연예인이건 기타 유명인들이나 친구, 온라인상에서의 낯선이들의 퍼포먼스에 익숙해지면서, 엔터테인먼트 오락 속에서 더 다양한 것을 원하고 더 '리얼(현실감)'한 느낌을 원한다. 이렇듯 진정성이 결핍된 풍경에서 리얼리티를 보장하는 하위 문화의 틈새 시장이 우리의 주목을 끈다. 경연 포맷은 억지로 꾸민 듯한 부자연스러운 느낌을 주어 그 제작 가치는 유보적이지만, 참여자들의 재능, 기술, 열정의 진실성은 부인할 수 없고 그래서 시청하게 된다.

리얼리티 텔레비전의 인기 확산은 그 등장의 초기 뉴 미디어에 비견될 만한 일반 시청자의 자발적인 참여적 요소에 기인하기도 했다. 시청자가 매스 미디어의 수동적 소비를 극복하고 일반인이 스타가 될 수 있다든지 투표로 적극적인 의사 표시를 하는 등 프로그램의 콘텐츠 자체에 참여할 수 있는 권한 부여empowerment 요인이 혁신적인 시민성 양성에도 도움이 될 수 있을 것이라는 바람으로 칭송되기도 했다(나은경·손영준·김옥태, 2013).

반면에, 해를 거듭할수록 그 부작용도 만만치 않았는데, 리얼리티 텔레비전의 현실성이 사람들의 몰입과 즐거움을 높여 주기도 하지만 미디어 콘텐츠를 그저 오락으로만 여기지 않고 현실과 리얼리티를 혼동하는 정도를 높이는 단점도 있었다. 그래서 자신의 지루하고 평범한 일상도 시시콜콜하게 찍어 소셜 네트워크를 통해 공유하는 데 몰두하고, 온라인상에서 그리고 텔레비전에서 보여지는 사람들의 일상과 자신의 일상을 상호비교하며 모방하는 것이 보편화되었다.

다른 한편으로는, 청소년에 대한 리얼리티 텔레비전의 인지적, 정서적 영향을 간과할 수 없다. 2014년 프랑스 교육부가 제시한 결과에 따르면, 리얼리티 TV 프로그램이 비디오 게임보다 청소년들의 학업 성적에 나쁜 영향을 미친다는 조사 결과가 나왔다. 특히 리얼리티 텔레비전과 연애 드라마가 중학생들의 성적에 좋지 않은 영향을 미치는 것으로 나타났는데, 리얼리티 TV와 연애 드라마를 자주 보는 학생은 그렇지 않은 학생과 비교했을 때 일반 상식은 16%, 수학은 11% 각각 성적이 낮다는 것이다. 흥미롭게도, 청소년 학업 성적 악화의 주범으로 꼽히는 비디오 게임은 실제로 성적에 그리 악영향을 주지 않는 것으로 드러났다. 연구진은 이러한 결과의 원인을 프로그램 콘텐츠의 어휘력에서 찾았다. 책에는 평균 1000개 단어가 사용되는 반면, 주요 시간에 방영되는 리얼리티 TV 프로그램에는 책의 절반이 조금 넘는 598개만 사용된다고 한다.

이러한 결과는, 사회적 공격성을 언어적 공격성과 신체적 공격성으로 구분해 살펴본 연구(Scharrer & Blackburn, 2018)에서, 리얼리티 프로그램 중에서도 특히 관찰 다큐와 같은 하위 장르 시청이 신체적 공격성보다도 언어적 공격성을 계발하는 데 영향이 있는 것으로 나타난 것과 맥을 같이 한다. 정제되지 않은 언어의 일상적 사용을 관찰함으로써 그것이 '정상'이라는 인식이 심어질 수 있다는 것이다.

　리얼리티 텔레비전의 확산으로 인해 스타와 시청자, 일반인과 전문가, 셀레브리티와 정치인, 유명인과 (심지어 미국의) 대통령의 구분이 모호해지고 있다. 이것이 진보인지 후퇴인지의 문제는 양날의 검과 같아 주의 깊은 성찰을 요구한다.

가상 현실과 VR 게임

10장

가상 현실은 최근에 더욱 다양한 영역에서 영향력을 확대하고 있는 주제다. VR(Virtual Reality)은 가상 현실, AR(Augmented Reality)은 증강 현실, MR(Mixed Reality)은 혼합 현실로서 다소 차이를 보이지만, 이 장에서는 엄밀한 기술적 구분보다는 이를 이용하는 '사람들'의 입장에서 논의를 전개해 보려 한다.

게임의 영역도 사람들에게 즐거움을 주는 중요한 범주에 속한다. 이 장에서는 게임 중에서도 특히 '가상 현실'과 관련된 심리가 포함되어 있는 VR 게임을 중심으로 간단히 살펴볼 것이다.

가상 현실과 VR 게임이란 무엇인가

현실과 비현실 사이의 체험 형식

'가상 현실'이란 말 그대로 실제 현실과는 다른 '가상적' 공간을 체험하게 해 주는 기술로, "시간을 뛰어넘는 타임머신"과 "공간을 초월하는 순간이 동"이 결합된 기술이라고도 표현할 수 있다(민준홍, 2016). 실제와 유사하기는 하지만 실제는 아닌 인공 환경을 통틀어 지칭하기도 한다. 가상 현실의 정의에는 특히 "사용자의 감각"을 자극함으로써 "마치 현실 같은 시공간의 체험을 하게 함으로써 현실과 상상의 경계를 넘나들게" 해 준다(이민화 외, 2016)는 내용이 담겨 있어 사용자 중심의 정의를 포함하고 있다.

가상 현실은 기술적으로 구현해 낸 '현실을 닮은 가짜 현실'에 해당한다. 이와 비교하여 '증강 현실'이란 디지털 기술로 인간의 오프라인 활동을 증강시켜 주는 기술을 뜻한다. 따라서 증강 현실은 현실 속에 가짜 현실이 일부 들어가 있는 상황이라 할 수 있다. 예컨대, 내가 보는 환경 전체가 가상일 경우는 가상 현실, 일부가 가상일 경우는 증강 현실이다. 내가 물 속에 있지 않음에도 불구하고 바닷속 물고기들과 함께 있는 듯한 경험을 한다면 가상 현실을 체험하고 있는 것이며, 현실 속의 내 집 안에 가상으로 '이런 가구들을 놓으면 어떻게 될까' 배치해 보는 상황은 증강 현실 체험이라고 할 수 있다. 이 두 가지가 여러 비율로 혼합되어 제시되면 '혼합 현실'에 해당한다. 이러한 가상 현실과 증강 현실에 더하여 모든 사물들이 연결되는 사물 인터넷(IoT: Internet of Things) 등 첨단 연결 기술의 발전으로 인해 온라인과 오프라인의 경계가 사라져 가면서 시간, 공간, 인간의 의미가 점차 변화하고 있다.

가상 현실의 역사는 1956년 모턴 하일리그Morton Heilig가 개발한 센서라마 시뮬레이터sensorama simulator로까지 거슬러 올라간다. 그러나 최초의 기기는 너무나 커서 소형화가 필요했고, 그 소형화는 1968년 유타 대학교의 이반 에드워드 서덜랜드Ivan Edward Sutherland에 의해 이루어 졌다. 이때부터 가상 현실을 체험할 수 있는 기기가 투구형 헤드셋의 크기와 모양으로 만들어지기 시작했다.

1987년 재런 래니어Jaron Lanier가 만든 '가상 현실'이란 용어의 등장 이후 1990년대 중반까지 1차 가상 현실 붐이 일었다. 이 무렵 머리에 쓰는 HMD와 손동작을 입력받는 데이터 글러브가 가상 현실의 상징이 되었다(이민화 외, 2016). 그러다가 마침내 오큘러스, HTC, 소니 등이 소비자용 VR 헤드셋 제품들을 출시한 2016년에 이르러 가상 현실 대중화의 문이 열리며 VR이 제2의 전성기를 맞이하고 있다.

민준홍(2016)은 ① 가상 이미지, ② 상호 작용, ③ 몰입감을 가상 현실의 세 가지 요소로 보았다. 가상 이미지를 사용자가 실제처럼 느낄 때 상호 작용이 가능하며, 이 상호 작용이 잘 이루어질수록 몰입감도 증가한다. 어지럼증을 느끼지 않으면서도 실감나는 가상 이미지를 즐길 수 있는 가상 현실 도구 제작을 위해 인체와 뇌의 작용에 대한 연구들도 활발히 이루어지고 있다.

가상 현실은 "새로운 표현의 장르"로서도 무한한 가능성을 지니고 있다(김하진, 2010: 95). 예전에는 화판이나 무대 등이 표현의 장으로 기능했다면, 최근에는 관객과 참여자가 가상 공간 안에서 상호 작용함으로써 "창작자와 참여자 간의 일체감"을 이룬다. 콘서트 무대나 자동차 판매장에 등장하는 홀로그램 기술도 이러한 가상 현실 표현 공간의 확대 사례라 할 수 있다.

증강 현실은 현실 환경 안에서 가상의 정보를 "덧씌워" 보여 주는 기술이기 때문에, "디지털과 아날로그의 결합이자, 현실과 상상의 조합물"이라 할 수 있다(민준홍, 2016). 이 용어는 1992년에 항공기 제작사 보잉Boeing의 토머스 P. 코델Tomas P. Caudell 박사가 처음 사용했다. 1997년 로널드 아즈마Ronald Azuma는 증강 현실의 3요소로 ① 가상과 현실의 융합, ② 실시간 상호 작용, ③ 3차원 결합을 들었다. 여기에는 가상 현실의 3요소에 들어가 있던 몰입감이 빠져 있다. 가상 현실은 가짜 현실에 완전히 몰입하는 것이 필요한 데 비해, 증강 현실은 현실 속에 덧씌워진 가상의 이미지를 보는 것이기 때문에 상대적으로 몰입감이 덜 중요시된다.

증강 현실을 그림 10-1과 같은 틀로 설명하기도 한다(변가람 외, 2011). 왼쪽의 자극과 내적 상태가 증강 현실로서 하나로 묶여 상호 작용성, 원격 현존감, 관여(감정적 개입)를 발생시키며, 이에 따라 최적화된 태도와 반응 행동이 나타나게 된다. 이런 형태의 증강 현실 모델에서는 전통적인 인지 과학 시대의 S-O-R, 즉 자극Stimulus-유기체Organism-반응Response 모델에서 자극과 유기체가 단일화된 형태로 반응을 가져오는 것으로 해석된다.

게임은 놀이의 일종이지만 놀이에 비해서는 경쟁성과 규칙성이 더

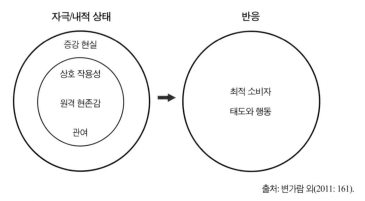

그림 10 - 1. 증강 현실의 개념적 틀

강하다(나은영, 2010: 201 참조). 카유아(1994)가 놀이의 종류를 구분한 바에 따르면, 규칙성이 강하면서 본인의 의지로 결과를 어느 정도 조절할수 있는 놀이는 '아곤agon'으로 '경쟁'이 핵심 요소다. 예를 들면 바둑이나당구, 스타크래프트 등이 이에 해당한다. 규칙성은 강하나 본인의 의지가 거의 개입되기 힘든 놀이는 '알레아alea'로서 '요행'이 핵심 요소다. 예를 들어 주사위 게임이나 제비뽑기와 같이 우연에 의해 결과가 결정되는놀이를 말한다. 규칙성이 약하면서 의지가 많이 개입되는 놀이는 '미미크리mimicry'로서 '모방'이 핵심 요소다. 소꿉놀이나 가면무도회가 이에 해당한다. 끝으로, 규칙성도 약하고 의지도 개입되기 힘든 놀이는 '일링크스ilinx'로서 '스릴'과 '현기증'이 핵심 요소다. 롤러코스터나 번지점프, VR등이 여기에 해당한다. 하위징아(1938/1993)는 카유아와 달리 이 중 '아곤'과 '미미크리'만을 놀이에 포함시켜, VR 게임은 카유아의 기준에 의해서만 놀이에 해당한다.

　　현재 나무위키 이용자들이 분류해 놓은 가상 현실 게임의 장르는 건설 및 시티 빌딩, 기능성, 레이싱 및 차량 조종, 롤플레잉, 리듬, 생존, 스포츠, 시뮬레이션, 액션, 어드벤처, 연애 및 감상, 전략, 커뮤니티, 퍼즐, 호러, 그리고 FPS(First-Person Shooting) 게임으로 구분되어 있다. 웹툰의 구분처럼 하나의 가상 현실 게임이 여러 장르의 특성을 함께 지니고 있을 수도 있지만, 이러한 분류는 현재 대략 어떤 형태의 게임들이 VR 기술과 접목되어 사람들이 이용하고 있는지를 이해하는 데 도움이 된다.

가상 현실 기술을 활용한 게임은 사람의 '체험'과 직접적인 관련성을 지닌다. VR의 특성상 인간의 뇌와 감각 기관으로 느낄 수 있는 체험을 실제 현실과 혼동시키는 부분이 있기 때문에, 일반 게임에 중독되는 것보다 VR 게임에 중독될 때 현실과 가상 세계 사이에서 더 큰 혼란을 경험할 가능성도 있다.

가상 현실과 VR 게임의 내용적 특성과 체험의 중요성

가상 현실과 증강 현실은 '우리의 감각을 확장시켜 준다'는 측면에서 마셜 매클루언Marshall McLuhan이 정의한 전형적인 '미디어'라고 할 수 있다. 브렛 킹Brett King과 그의 동료들은 《증강 현실Augmented: Life in the Smart Lane》(2016)에서, 증강 현실 시대에는 4가지의 파괴적 혁신, 그리고 장기적으로 2가지 혁신 기술이 출현할 것이라고 예측하였다.

4가지 파괴적 혁신

① 인공 지능: 우리가 매일 하는 운전, 헬스케어, 그 외 기본적 활동을 인공 지능이 사람보다 훨씬 더 잘하게 될 것이기 때문에, 자문이라는 개념 자체를 붕괴시킬 것이다.

② 어디에나 존재하는 내재된 경험: 언제 어디서나 모든 기기로 맥락 인식 서비스, 제품, 자문 서비스 등을 경험할 수 있으며, 이로 인한 수익 창출이

가능해질 것이다.

③ 스마트 인프라: 에너지 배급 시스템, 교통과 물류 시스템, 현대 경제의 경쟁 패러다임과 시장이 상품에 가치를 매기는 방식을 급진적으로 개선 및 변화시킬 것이다.

④ 유전자 조작과 헬스테크: 몇몇 질환들은 2세기 후에는 존재하지 않을 것이며, 센서, 웨어러블 기기, AI 진단과 기타 기술이 심장병 및 다른 예방 가능한 질병에 대한 관리 방법을 극단적으로 바꿔놓을 것이다.

2가지 혁신 기술

① 메타물질: 나노 기술 또는 혁신적인 기술적 접근을 활용해 만들어진 물질로서, 투명 망토, 생체 모방 물질, 전기 전도성을 갖거나 어떤 표면이든 화면처럼 사용할 수 있게 하는 코팅, 매우 강력하면서 가벼운 금속 등이 그 사례가 될 것이다.

② 3D 프린팅: 3D 프린팅의 주된 방식은 밀리미터 단위의 소량 물질을 프린터에서 짜내 점차적으로 3차원 물체를 빚어가는 방식으로 '첨가형 제조 additive manufacturing'다. 의복이나 전기회로, 화면 등도 원하는 형태로 만들어 낼 수 있을 것이다(King et al., 2016: 62~64를 요약하여 인용).

다양한 미래의 기술들 중에서도 '진짜가 아닌 것을 진짜인 것처럼 체험하는' 과정은 게임뿐만 아니라 영화, 스포츠, 헬스 등의 영역에서 다양하게 활용될 수 있다. 예를 들면, 재활 치료를 위해 환자가 VR용 안경을 착용하면 마치 망망대해 속에서 물고기를 잡고 있는 듯한 장면으로 직접 들어간 듯한 느낌을 갖게 된다. 표지판에 물고기 몇 마리를 잡으라는 미션이 뜨면 환자가 몸을 움직이며 물고기를 잡고, 자기가 몇 마리를 잡았는지를 기억하여 그 숫자가 정확히 맞으면 성공하는 것이다(한희준, 2018).

더 나아가, 걷기 훈련을 해야 하는 환자의 경우 숲 속 상쾌한 산책길을 걷는 것처럼 VR을 활용할 수도 있다. 이처럼 가상 현실을 재활 치료에 적용하면 환자들이 재미를 느끼면서 치료에 집중할 수 있어 좋은 효과를 기대할 수 있다.

VR 기술을 활용하면 영화 콘텐츠를 VR 공간에서 관람할 수도 있고, 스포츠 경기를 VR 생중계로 시청할 수도 있으며, 중소 극장 규모의 시설에서 다양한 VR 게임을 즐길 수도 있다(신동흔, 2017). 뿐만 아니라 스카이프를 통한 화상 회의를 더욱 실감나게 가상 공간 안에서 진행할 수도 있다. VR 이용자의 입장에서 볼 때 기본적으로 실제 상황이 아닌 것을 실제 상황인 것처럼 체험하게 하는 것이 VR이기 때문에, 그 응용 영역은 점점 더 넓어질 수 있는 잠재력을 충분히 지니고 있다.

게임에도 사람의 삶 속에서 경험할 수 있는 거의 모든 내용이 포함될 수 있다. 현실 생활의 모방에 바탕을 둔 게임 중에서도 특히 경쟁적 상황에서 승리의 즐거움을 맛볼 수 있는 게임의 내용이 특히 사람들의 관심을 많이 끌고 있다는 사실은 현실 속의 경쟁 및 승리의 상황과 맞물려 있다. 특히 VR 게임은 플레이어가 마치 현장 속에 직접 참여하여 1인칭 행위자로서 활동하는 과정을 더욱 직접적으로 느낄 수 있기 때문에 몰입도가 더 강할 수 있다.

최근에 VR 게임을 즐길 수 있는 곳이 점점 증가하고 있다. 그 내용을 살펴보면 대체로 VR로 구현했을 때 즐김의 강도가 강해지거나 체험의 종류가 독특할 수 있는 내용이 주류를 이루고 있다. 전통적인 전쟁 게임에 더하여 특히 판타지, 놀이기구, 공포, 탈출 게임 등과 같이 '현기증'이나 '실재감'이 체험에 핵심적인 요소로 작용하는 VR 게임들이 출시되어 이를 찾는 사람들에게 즐거움을 주고 있다.

예를 들면, 가상 현실을 이용한 한 상업 공간에 마련된 '만리장성'이라는 게임은 위생 안대 착용 후 인력거를 타고 가다가 고리가 풀리면 마치 롤러코스터를 탄 것처럼 달리게 되는 VR 게임이다. 실제로는 신체의 기울어짐이 크지 않아도 우리의 눈이 보는 광경으로 인해 실제로 롤러코스터를 탄 것과 같이 떨어질까 봐 손을 꽉 움켜쥐게 된다. 이와 유사하게 정글 번지점프 체험도 VR로 가능하다. 실제로는 떨어질 염려가 없지만 우리의 감각 기관은 마치 우리가 떨어질 것처럼 느끼게 하여 아찔함을 선사한다.

더 나아가, 어느 도시의 한 VR 카페에서는 '공포 체험'을 VR로 더욱 실감나게 해 준다. 아예 '행복한 공포 체험'이라고 이름을 붙여, 마치 '공포 영화'를 관람할 때처럼 우리가 실제로는 안전하다고 믿는 상황에서 공포가 주는 짜릿함을 즐긴다는 의미를 담고 있는 체험장이다. 전반적인 분위기를 어둡게 하고 조명을 잘 활용하여 '가상 현실' 속의 공포를 최대한 즐기게 해 준다는 점에서 VR 기술은 일반 게임에서 느낄 수 있는 체험을 극대화시킨다고 할 수 있다.

가상 현실과 VR 게임에 개입되는 심리적 현상

가상 현실에 개입되는 실재감, 현장감, 프레즌스

가상 현실 기술과 360도 카메라를 활용하면, 기존의 2D 사진들 또는 단면 촬영 동영상을 활용했던 기존 여행지 소개와는 달리 몰입감과 현장감이 증가하여 마치 직접 여행지 현장을 다니는 듯 실감나는 가상 여행 체험을 할 수 있다. 멀티콥터(드론)를 이용해 실외 항공 영상을 촬영할 수 있고(김민정 외, 2016), 이렇게 만들어진 콘텐츠를 실행하여 가상 여행을 즐길수 있는 것이다. 이러한 과정에서 우리는 실제로 존재하는 듯한 '실재감'과

'현장감'을 느낀다.

우리가 실제로 체험한다고 느끼는 공간이 사실은 '가상 공간'일 뿐이라는 것은 인식론적 문제를 발생시킨다. SF 영화를 볼 때 등장하는 가상 공간에 대한 인식의 과정을 살펴보면(배강원, 2011), 가상 공간의 인식론적 특성 중 '경험적 동시성'이 중요하다. 내가 여기에 존재하지만 동시에 저기에도 존재할 수 있다는 것이다. 더 나아가, 뫼비우스의 띠처럼 경계가 사라지는 '무경계성'도 나타난다. 현실적 실재의 영역에서는 분명했던 사적, 공적 공간의 구분 및 내 것과 네 것의 구분이 가상적 실재의 영역에서는 불분명해진다. 가상 공간의 또 하나의 특성인 '상호 작용성'은 실제로 사람이 해당 가상 공간 속에 존재하여 상호 작용하고 있다고 느끼게 함으로써 컴퓨터가 만들어 낸 환경에 몰입하게 만든다.

실재감이나 현장감은 이론적으로 '프레즌스'의 개념으로 수렴된다. 프레즌스라는 개념은 원래 연극에서의 임장감, 현장감 등을 뜻하는 용어로 쓰이다가(Power, 2008 참조), 컴퓨터 매개 커뮤니케이션의 등장 이후 '비매개성의 지각적 착시'로 정의되며 그 이용 범위가 넓어졌다(Lee, 2004 참조). 즉 미디어가 매개하고 있지만 마치 아무것도 매개하고 있지 않은 듯한 착각을 느끼는 것이 바로 프레즌스의 본질이라고 할 수 있다. VR 세계에 들어가면 사실은 VR이라는 매개체의 도움을 받고 있음에도 불구하고 그 사실은 잊은 채 자신의 신체가 실제로 그 가상 세계에 있는 듯한 착각에 빠지는 것이다.

타인을 포함한 주변 환경과의 연결을 바탕으로 소통의 심리적 공간을 만들어 내는 미디어의 기능에 초점을 두고 프레즌스를 정의한다면, 프레즌스란 "(미디어의 도움으로) 실제로 눈앞에 존재하는 것처럼 (미디어 이용자가) 느끼는 정도"를 의미한다(나은영·나은경, 2015: 510). 그림 10-2와 같은 '심리적 공간 이동의 단계 모델'에 따르면, 처음에 VR 기기를 볼 때

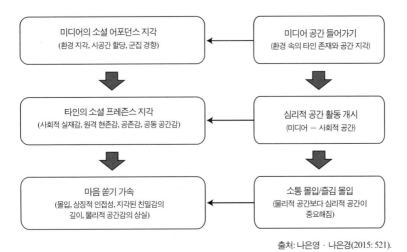

출처: 나은영 · 나은경(2015: 521).

그림 10 - 2. 시간의 흐름에 따른 심리적 공간 이동의 과정과 활동

사람들은 '이것으로 새로운 심리 공간에 진입할 수 있겠구나' 하는 미디어의 어포던스affordance를 지각한다. 어포던스란 생태학적 심리학의 범주 안에서 깊이 지각과 같은 3차원 지각 연구를 통해 제임스 깁슨James Gibson이 창안한 개념으로, 쉽게 말해 '환경이 나에게 어떤 기능을 해 줄수 있는가'에 대한 유기체의 환경속성 지각을 뜻한다.

그림 10-2는 미디어를 통해 '다른 사람의 존재'를 느끼며 소통할 수 있는 공간의 창출과 그 안에서의 활동 및 몰입 단계에 중점을 둔 모델이지만, 이 모델을 VR 체험에까지 확대 적용할 수 있다. 즉 VR을 통해 미디어 이용자의 입장에서 타인뿐만 아니라 '주변 환경 전체'의 존재와 색다른 경험으로 연결됨을 느껴 가면서 점차 그 환경에 더욱 깊이 몰입되어, 실제로 자신이 존재하는 물리적 공간감을 상실할 정도로까지 마음쏠기가 가속될 수 있음을 보여 준다.

VR 기술은 특히 신체적 체험까지 지원하게 되면서 다양한 이러닝

e-learning이나 체감형 VR 게임, 전시관 체험, 놀이공원 시설 등 그 활용 영역이 더욱 넓어지고 있다. 이제 사람들의 공간 인식이 단순히 넓어지는 것이 아니라 현실과 가상의 결합 공간을 인식하며 다양한 미디어 콘텐츠를 즐기는 단계를 넘어서고 있는 것이다. 그러나 컴퓨터가 만들어 낸 가상 현실은 이처럼 인간의 공간 인식에 다소 혼란을 줄 수 있다. 이러한 혼란이 잘 활용될 경우 인간에게 재미 또는 이로운 결과를 줄 수도 있지만, 잘못 활용될 경우 그 반대의 효과를 가져 올 가능성도 있어 주의해야 한다.

체험형 게임과 VR

가상 현실 기술이 체험형 게임 프로그램에 적용되는 사례도 점차 증가하고 있다. 몸을 매개로 하여 게임 세계 속의 가상 경험이 현실적 경험으로 느껴지기에 게임을 일종의 "체화된 경험"이라 할 수 있다(김은정, 2012). 그림 10-3에 나타나 있듯이, 기존의 컴퓨터 게임은 현실과 동떨어진 별도의 인지적 공간에서 이루어졌던 반면, VR 기술을 응용한 체감형 게임은

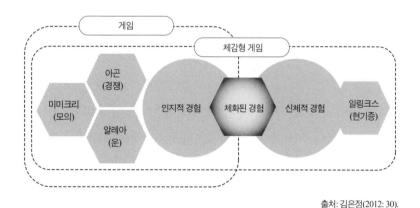

출처: 김은정(2012: 30).

그림 10-3. 체감형 게임의 놀이성

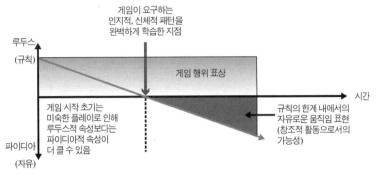

출처: 김은정(2012: 33).

그림 10 - 4. 플레이 시간에 따른 게임의 변화 양상

실제 현실 속의 신체적 경험을 동반함으로 인한 일링크스(현기증) 경험까지를 포함한다.

앞서 살펴본 놀이의 네 가지 범주 가운데 특히 VR 기술을 응용한 체감형 게임은 그림 10-3과 같이 아곤, 알레아, 미미크리를 포함하는 인지적 경험과 일링크스에 해당하는 신체적 경험이 합쳐져 게이머의 즐거움을 배가시킨다는 데 그 중요한 특성이 있다(김은정, 2012: 안상혁, 2003). VR이 포함되지 않은 게임은 '몸으로 느끼는' 부분이 거의 없는 데 비해, VR 기술을 핵심 요소로 포함한 가상 현실 게임은 신체적 경험이 매우 중요한 체험 요소로서 게임의 즐거움을 좌우할 수 있다는 점이 중요하다.

그림 10-4는 플레이 시간에 따른 게임의 변화 양상을 나타낸다. 게임을 시작하는 초기 단계에서는 게임의 규칙 등에 익숙하지 않아 자유롭지 않은 측면을 지니지만, 게임에 필요한 인지적, 신체적 패턴의 학습이 이루어진 이후부터는 해당 게임의 틀 내에서 자유를 만끽하게 된다.

VR 체험의 부작용

가상 현실 3차원을 체험하는 동안 '가상 현실 멀미VR sickness'를 경험하게 된다. 이러한 멀미는 현실 세계에서 몸은 고정되어 있는데 시각적으로 인식하는 것은 고정되어 있지 않기 때문에 그 불일치로 인한 부작용으로 발생하는 것이다. 이민화 외(2016)는 3D 멀미를 해결하기 위한 대중적인 시도들을 다음과 같이 정리하고 있다(pp.110~113의 내용을 풀어 서술함).

① 멀미약을 사용한다.
② 화면 시야와 몸의 움직임을 일치시킨다.
③ 마우스의 속도를 줄인다.
④ 화면의 그래픽 옵션을 낮춰 일정한 프레임 레이트를 유지한다.
⑤ 시야 범위를 조절한다.
⑥ 모니터에서 조금 멀리 떨어진다.
⑦ 3인칭 시점이 멀미를 줄이므로, 급격히 화면을 돌려보는 행동을 줄인다.
⑧ 양쪽 눈의 시력 차이가 크면 멀미를 더 느끼므로 차이를 줄이도록 한다.
⑨ 과도한 시각 효과는 멀미를 유발하므로 속도감을 늦춘다.

그 밖에도 러닝 머신과 같은 역할을 하는 트레드밀을 활용하여 몸의 움직임을 만들어 냄으로써, VR 이용자가 시각적으로 움직임을 경험하는 것과의 불일치를 최소화시키려는 시도도 이루어지고 있다. 이렇게 하면 멀미나 구토와 같은 부작용을 조금은 줄일 수 있기 때문이다.

모든 기술의 발달이 그렇듯, 더 편리해지고 더 큰 즐거움을 줄수록 그에 따르는 부작용도 함께 따른다. 그럼에도 불구하고 인간은 그러한 부작용을 두려워하여 기술 발전의 속도를 늦추기보다는 그러한 부작용을 감소시켜 가면서 지속적인 기술의 발전을 추구해 왔다. 인간의 오감에 의한 현실 인식이 어느 정도까지 유지될 때 적절하다고 할 수 있을지는 여전히 인류가 풀어야 할 숙제라 할 수 있다.

가상 현실 기술의 활용

VR 영화와 게임

가상 현실도 실제 현실과 유사한 3차원 공간 속에서 우리의 감각 기관으로 수용되는 또 하나의 세계가 열리는 것이기 때문에, 스토리텔링과 영상 문법이 적용된다(이민화 외, 2016). VR 체험 영화와 게임 사례들뿐만 아니라 의료 현장에서 마비 재활 치료를 위해 VR 기술을 활용하기도 하여, VR은 점차 그 응용 영역을 넓혀 가고 있다.

몰입과 상호 작용성이 VR 세계의 가장 중요한 특성임을 감안할 때, 적응 시간이 지나면서 점차 현실 속 자신의 존재를 잊고 VR의 세계 속에 빠져들게 된다는 점이 VR 영화와 게임의 매력으로 작용한다. 더욱이 '인지적'으로만 영화나 게임의 세계를 경험하던 세계에서 더 나아가 자신의 '신체'를 매개로 하는 '체화embodiment'의 경험은 VR 영화와 게임 속의 세계를 마치 자신의 신체로 직접 경험하는 듯한 착각 속에서 몰입도를 더욱 증가시킨다.

VR을 소재로 한 스티븐 스필버그Steven Spielberg 감독의 〈레디 플레이어 원Ready Player One〉(2018)이라는 액션, 모험, SF 판타지 영화는 비현실적인 게임의 세계를 마치 현실처럼 느끼게 해 주는 영화라 할 수 있다. 이 작품은 2045년 모든 사람들이 게임에 빠져 미션을 수행해 나아가는 가상의 세계를 그렸다. 영화 속에서 가상 배경이 되는 VR 게임 '오아시스'에서 제작자 할리데이가 죽기 전에 게임 세계에 남긴 '이스터에그'를 찾은 플레이어에게 오아시스를 물려주겠다고 이야기한다. 이에 오아시스를 즐기던 대부분의 플레이어들이 이 열쇠를 찾으려는 미션 수행에 뛰어든다. 아무도 예상할 수 없는 곳에 숨겨진 열쇠를 웨이드 와츠가 기발한 발상으로 찾아내고, 이 계기를 통해 사만다 쿡과 함께 두 번째 열쇠를 찾으러 간다. 라이벌 기업인 IOI가 가상 세계에서 이 둘을 죽이려 함과 동시에 현실 세계에서 폭탄, 무력 등을 사용해 제거하려 하지만, 이들은 음모를 물리치고 끝까지 미션을 수행해 간다. VR 영화와 VR 게임이 절대로 동일한 것이 아님에도 불구하고, VR 게임의 장치를 영화 속에 버무려 오락 영화의 좋은 사례 하나를 추가했다고 볼 수 있다.

영화와 게임에서 사람들이 느끼는 서스펜스와 카타르시스에 상당한 유사점이 있다. 영화 속에서 어떤 사건이 전개가 되며 실마리가 풀려갈 때 그 과정에서 발생하는 갈등과 방해물 등이 과연 잘 처리되어 갈지 궁금증을 더하며 조마조마한 마음으로 서스펜스를 느끼는 것은, 마치 게임 속에서 어떤 미션을 수행해 가며 과연 그 미션을 잘 완수해낼 수 있을지 조마조마해하면서도 난관을 헤쳐 가는 과정에서 서스펜스를 경험하는 것과 심리적으로 매우 유사하다는 것이다. 영화와 게임 모두에서 진행과정 중의 서스펜스뿐만 아니라 마침내 사건이 해결되거나 미션이 완수되었을 때 느끼게 되는 카타르시스가 사람들에게 매우 큰 즐거움을 선사한다는 점도 공통적이다(나은영, 2010 참조).

영화와 게임에 VR 장치를 더했을 때는 그 현장 속에 내가 직접 들어가 있는 듯한 '프레즌스'의 느낌 강화로 인해 더욱 실감나게 그 모든 과정과 결과를 경험할 수 있다. 이러한 '체험' 부분, 즉 '체화된' 감성이 기존의 영화에서 느낄 수 있었던 서스펜스와 카타르시스를 더욱 강화시킴으로써 사람들을 VR 세계에 더욱 강렬하게 몰입시키는 것이다.

VR을 게임에 적용한 사례를 들어보면, 오스트레일리아의 '제로 레이턴시Zero Latency'가 VR 테마파크를 개장해 좀비 슈팅 게임을 체험하게 한 사례, '더 클라임The Climb'이라는 1인칭 시점의 암벽 등반 게임 사례, 소니의 VR 기기 'PS 프로젝트 모피어스' 전용 게임으로 출시한 하라다 가츠히로의 '섬머 레슨Summer Lesson' 등을 들 수 있다(이민화 외, 2016). 그 밖에도 에픽 게임즈Epic Games의 '불렛 트레인Bullet Train'은 플레이어의 위치가 고정된 상태에서 액션을 취하고, 지하철에 탑승한 채 다음 스테이지로 이동하며, 카메라의 회전은 제자리에서 사용자가 스스로 좌우로 돌아가며 사격하도록 구성되어 있다. 또한 '럭키 테일'이라는 어드벤처 퍼즐 게임의 경우, 카메라가 캐릭터를 계속 따라다니면 어지럼증이 극대화되므로 이를 조금 단순한 이동 경로로 표현하면서 중간 중간에 퍼즐 요소를 둠으로써 쉬어가는 연출 방식을 사용하고 있다.

AR 게임을 소재로 한 드라마

2017년 1월에 출시되어 한동안 전 세계적인 광풍을 일으켰던 '포켓몬고'는 증강 현실Augmented Reality을 기반으로 한 게임이다. 게임 캐릭터가 실제 상황 속에서 활동하며, 그 게임 캐릭터를 실제 생활 속의 내가 통제하면서 상호 작용할 수 있는 상황은 사람들의 관심을 사로잡기에 충분했다.

이러한 AR 게임은 급기야 2018년 12월에 방영한 〈알함브라 궁전의 추억〉(tvN)이라는 드라마의 중심 소재로 활용되어 인기를 끌기에 이르렀다. 이 드라마는 웹툰 세계를 오가는 〈W〉라는 작품으로 신선한 화제를 던졌던 송재정 작가의 작품이다. 게임 속에서 죽었던 캐릭터가 실제로 죽은 상황, 게이머의 레벨이 업그레이드될수록 신비한 고차원적 경험이 가능해지는 설정(예를 들어 8회에 방송되었던, 레벨 90 이상의 유저에게만 보이는 "시타델의 매"라는 특수 아이템이 게임 개발자인 마스터의 전령으로 주인공에게 등장한 사례) 등이 시청자들의 이목을 끌었다. 칼싸움으로 적을 무찌르는 장면과 핏자국 등 폭력성과 선정성이 단점이었고 애매한 결말로 시청자의 불만을 사기도 했지만, AR 게임을 자연스럽게 잘 녹여낸 드라마로 볼 수 있다.

동물 보호, 환경 보호, 타인 체험

가상 현실 기술을 잘 활용하면 사람들이 타인이나 다른 동물들의 경험을 간접 체험하게 함으로써 공감 능력을 확대시키는 데 도움을 줄 수 있다. 실제로 VR을 활용해 동물에게 가해지는 고통을 체험하게 한다든지, 바다가 얼마나 빨리 산성화되는지 등 관찰하게 하는 것이 동물 보호 및 환경 보호에 대한 태도를 변화시킬 수 있음을 보인 연구가 있다.

　구체적으로 살펴보면, 연구자들(Ahn et al., 2016)은 "몰입적 가상 자연 환경immersive virtual environment"의 경험이 공간적 실재감spatial presence과 신체 이동감body transfer을 통해 ① 자아와 자연 간의 관계를 밀접하게 만들고, ② 자연 보호에 대한 관심을 증가시킬 것이라는 가설을 검증하고자 하였다. 자연의 입장이 되어 봄으로써 '자아' 안에 자연이 포함된다고 생각하기 때문에 이러한 효과가 발생할 것으로 예측한다는 것이다. 이들의 첫 실험에서 연구자들은 실험 집단에는 그림 10-5와 같은 VR 영상을, 통제 집단에는 평범한 비디오 영상을 보여 주었다. 이 과정에서 VR 조건에서는 가상 현실 경험을 극대화하기 위해 공간화된 사운드와 바다 진동을 느끼게 하였고, 가상 현실 속에 등장하는 소를 막대기로 찌르는 장면이 나올 때는 소음과 함께 바닥을 짚고 있는 손과 무릎에 진동이 느

출처: Ahn et al.(2016: 405).

그림 10 - 5. 동물 보호와 관련된 VR 실험 사례

껴지면서 실험 협조자가 실험 참여자의 등을 막대기로 건드리도록 하였다. 이러한 과정은 가상 현실 경험이 신체화embodiment되어 더욱 현실적으로 느껴지는 데 기여하였다.

연구 결과, 가상 현실 경험 조건이 일반 비디오 조건에 비해 공간적 실재감과 신체 이동감을 더 강하게 느꼈다. 이 중 신체 이동감이 특히 INS(Inclusion of Nature in Self), 즉 자연이 자아의 일부에 포함되는 것으로 생각하는 데 강한 영향을 끼쳤다. 이러한 실험 과정과 결과를 통해 연구자들은 그림 10-6과 같은 평형 매개 모델Parallel Mediation Model의 일부를 지지하였다. 이 모델은 '공간적 실재감'과 '신체 이동감'을 통해 자아

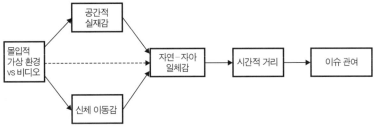

출처: Ahn et al.(2016: 409).

그림 10 – 6. 평형 매개 모델

가 자연의 일부임을 깨닫고, 시간적 거리감을 거쳐 해당 이슈에 대한 관여도가 높아지는 과정으로 이루어진다.

동일 연구자들의 두 번째 실험은 자연을 훼손하는 순간과 그 부정적 효과가 나타나는 순간 사이의 시간 간격을 줄여 경험하게 하는 것이 자연 보호에 대한 관심을 더 증가시킬 수 있음을 보여 줌으로써, 평형 매개 모델의 후반부 과정까지 검증하였다. 구체적으로, 두 번째 실험은 그림 10-7과 같이 몰입적 가상 환경을 통해 바닷속 산호초 안으로 들어간다. 이어 그물이 산호를 건드려 훼손되는 것을 보는 순간에 신체를 자극해 신체 이동감을 발생시킨다. 또한 바다의 산성화가 급격히 진행되어 산호의 몸체가 바다에 털썩 떨어지는 것을 보게 된다.

두 번째 실험에서도 첫 번째 실험에서와 마찬가지로 가상 현실 조건이 일반 비디오 조건에 비해 공간적 실재감과 신체 이동감을 더 많이 증가시켰다. 뿐만 아니라, 시점 1의 분석에서 가상 현실 조건의 피험자들이 일반 비디오 조건의 피험자들보다 더 강한 INS, 즉 자연-자아 일체감을 느꼈다. 첫 번째 실험에서는 신체 이동감의 효과가 더 강하게 나타났으나, 두 번째 실험에서는 공간적 실재감의 효과가 더 강했다.

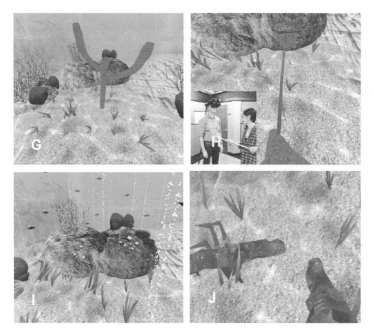

출처: Ahn et al.(2016: 405).

그림 10 - 7. 자연 보호와 관련된 VR 실험 사례

이 실험에서 더 중요한 결과는 몰입적 가상 현실의 직접 효과가 시점 2에서는 다소 감소되었음에도 불구하고, 가상 현실 조건의 피험자들이 일반 비디오 조건의 피험자들보다 바다 산성화의 시간적 거리를 더 짧게 지각했다는 사실이다. 또한 시점 1에서 INS를 더 강하게 느낄수록 시간적 거리를 더 짧게 지각하는 경향이 있었고, 이것이 간접적으로 환경 이슈 관여도에 의미 있는 영향을 주었다. 이는 보다 현실감 있는 가상 현실 경험이 환경 파괴에 걸리는 시간을 더 짧게 지각하게 하여 환경 보호에 대한 필요성을 더 강하게 지각할 수 있게 함을 의미한다.

이러한 연구의 결과는 인간의 몸과 함께 움직이며 느끼고 행동을 이끄

는 몰입형 가상 현실 미디어가 동물 체험, 환경 체험을 넘어 타인 체험으로 까지도 확대될 수 있음을 시사한다. 예컨대, 장애 체험이나 만삭 체험 등에 몰입형 가상 현실을 응용할 수 있고, 이렇게 함으로써 본인이 실제로 경험해 보지 못했던 타인의 경험을 가상 현실로 간접 체험해 봄으로써 타인에 대한 공감 능력이 확대될 수 있는 가능성을 충분히 엿볼 수 있다.

IoT와의 사회적 상호 작용

몰입형 가상 현실이 아니라 하더라도 사물 인터넷 시대에는 기계 장치에 목소리처럼 인격화된 단서를 사용하여 마치 사람과 직접 상호 작용하는 듯한 느낌을 줄 수 있다. 이러한 상황에서는 사회적 실재감social presence 휴리스틱heuristic이 증가하여 기계를 인간처럼 대하게 되며(Kim, 2016), 그러면서도 인간이 아닌 사회적 행위자social actor의 인공성을 인지하지 못하는 경우가 발생하기도 한다.[9]

선더(Sundar, 2008)의 MAIN 모델(modality, agency, interactivity, navigability)은 기계에 대한 믿음을 형성하게 하는 휴리스틱의 구성 요소들을 명시하고 있다. 이를 활용한 한 연구(Kim, 2016)에서는 흥미로운 연구 방법을 통해 그림 10-8과 같은 모델을 검증하였다. 구체적으로, 연구자는 인터넷에 연결되어 있는 음성 도우미 스피커가 개인적 음성 비서personal voice assistant로 기능하며 날씨, 교통, 이벤트 정보를 제공하도록 하였다. 이 과정에서 ① 각각 다른 목소리로 제공되는지, 세 가지 모두 같은 목소리로 제공되는지에 따라 다중 정보원multiple sources인지 단일 정

---

9 여기서 휴리스틱이란 복잡한 판단을 단순화하기 위해 주변 기기나 환경으로부터 얻은 단서를 사용하는 것을 의미한다.

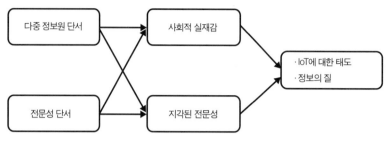

출처: Kim(2016: 429).

그림 10 - 8. 정보원과 전문성 여부에 따라 IoT에 대한 태도가 어떻게 달라지는지를
보여 주는 연구 모델

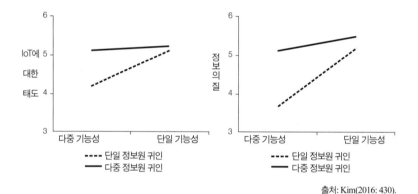

출처: Kim(2016: 430).

그림 10 - 9. 정보원 조건과 전문성 조건에 따라 달라지는 디바이스에 대한 태도와
정보의 질에 대한 평가

보원single source인지, ② 세 개의 기계 각각에 '날씨/교통/이벤트 정보 제공용'이라고 레이블링을 붙여 놓는지, 아니면 하나의 기계에 이 세 가지 정보를 모두 제공하는 기계라고 붙여 놓는지에 따라 단일 기능(전문성 높음) 조건인지 또는 복합 기능(전문성 낮음) 조건인지를 실험적으로 조작 manipulate하였다.

이 연구자가 검증하고자 한 그림 10-8의 연구 모델은 정보원 조건과 전문성 조건에 따라 사회적 실재감과 지각된 전문성이 달라짐으로써 결과적으로 IoT, 즉 디바이스에 대한 태도와 이것이 전달하는 정보의 질에 대한 평가가 달라짐을 보이려는 것이었다. 연구 결과 그림 10-9에서 보여주듯이, 다중 정보원, 단일 기능 전문화 조건에서 사회적 실재감와 지각된 전문성이 높아져 디바이스에 대한 태도도 더 긍정적으로 나타났고 이것이 전달하는 정보의 질도 더 높이 평가되었다. 특히 다중 정보원 귀인의 효과는 개인 관련성이 낮은 정보일 때 더 효과적이었다.

스포츠 및 의료계에서의 VR 및 IoT 활용

일상 생활에서 기계의 도움을 받는 것은 특히 VR 체험 운동이나 마비 재활 치료 등에서도 관찰되고 있다. 가장 간단한 형태로는 웨어러블 디바이스를 활용해 운동 중 피드백을 받을 수 있는 장치가 있다. 이러한 장치의 효과에 관한 연구의 결과(유현진·맹욱재·이중식, 2016), 웨어러블 디바이스를 통한 운동 피드백의 만족도는 청각, 촉각, 시각 순이었다고 한다. 운동에 방해를 받지 않으면서 수용할 수 있는 감각적 피드백을 선호함을 알수 있다. 더 나아가, 사람의 피드백은 오히려 '타인에 의한 감시'로 느껴져 운동하는 사람에게 부담을 주기도 하기 때문에 기기 피드백을 더 편안하게 느끼는 경우가 있어, 기기 피드백이 사람 피드백을 대체할 수 있는 가능성을 시사하기도 한다.

　신체 밀착 기기로 활용되는 웨어러블 장치는 단순한 측정 이상의 기능을 할 수 있으며, 스포츠 영역뿐만 아니라 의료 영역에서도 활용되고 있다. 기본적으로는 센서를 활용하는 것이지만, 필요한 곳에는 어느 곳이든 연결이 가능한 IoT 상황이기 때문에 건강 상태에 따라 다양한 후속 서비스가 가능해진다(최인준, 2018). 부정맥은 조끼가, 당뇨는 렌즈가, 뇌졸중 징후는 시곗줄이 진단할 수 있으며, 스마트워치에 적용하여 암세포의 변화를 수개월 전에 예측할 수 있는 기술도 개발되고 있다.

　앞서 이야기한 바와 같이, VR용 안경을 착용한 후 펼쳐지는 바다 한가운데의 배에서 팔을 뻗어 물고기를 잡고, 스스로 몇 마리 잡았는지를 기억하는 미션을 수행하는 과정은 재활 치료가 필요한 환자의 입장에서 마치 게임처럼 재미있게 몰입할 수 있어 마비 환자의 인지 능력 향상 및 손의 운동 기능 향상에 도움을 줄 수 있다(한희준, 2018). 이와 같은 VR 재활 치료법의 단점은 치료 시간이 10분을 넘으면 어지럼증을 느낄 수 있어 짧게 진행해야 한다는 점이다.

　더 나아가, VR 기술은 공포증이나 중독 치료에도 활용될 수 있다(한희준, 2018). VR을 통해 환자가 공포를 느끼는 상황이나 대상을 실제처럼 재현해 줌으로써 이에 잘 대응할 수 있도록 도와주는 방법이다. 알코올 중독자가 술을 거절하는 방법, 교통사고 환자가 차를 두려워하지 않고 다시 탈 수 있게 도와주는 것 등이 이에 해당한다. 더 나아가, 수술을 앞두고 두려워하는 소아 환자들에게 '뽀로로와 함께하는 VR 수술장 탐험' 등과 같은 VR 프로그램으로 심리적 안정을 가져올 수도 있다. 앞으로 더욱 많은 영역에서 더욱 편리한 방식으로 VR 및 IoT가 인간 생활에 깊숙이 침투할 것으로 예상된다.

4부

엔터테인먼트와
디지털 네트워크

매스 미디어와
인터넷의 융합

11장

새로운 테크놀로지가 등장할 때마다 그 영향력에 대해 알고자 하는 많은 연구들이 생겨나고 있다. 특히 매스 미디어와 인터넷 융합은 그 영향력의 크기를 극대화하는 데 큰 역할을 하고 있다. 이 장에서는 엔터테인먼트가 디지털 네트워크 안에서 어떻게 그 영향력을 확대해 가고 있는지 살펴볼 것이다.

댓글 문화: 수용자 피드백의 영향

매스 미디어의 과거 무소불위에 가까운 힘은 전파력을 소유한 소수의 집단이 불특정 다수를 향해 거의 일방적으로 정보를 전달할 수 있었던 데 있다. 1990년대 이후 인터넷 테크놀로지의 발전이 가장 혁신적이었고 또한 혁명적으로까지 여겨졌던 이유는 바로 이러한 일방향적인 전파 권력에 대해 실시간에 가까운 피드백을 보낼 수 있게 되면서 수용자에게 일정 정도의 힘이 돌아오게 했기 때문이다.

매스 미디어는 인터넷 시대의 초기인 2000년대 초반에는 이러한 갑작스런 쌍방향적 소통에 당황하고 잘 적응하지 못했다. 기존의 매스 미디어에 불만족하거나 능동적인 수용자들이 인터넷을 선점하고 적극적으로 활용하면서 이 새로운 도구로 인해 온 세상의 민주주의가 가능할 듯한 장밋빛 환상과 실제 몇몇 정치사회적 혁명을 목격하기도 했다. 최초의 인터넷 대통령이라 불리는 노무현 대통령과 필리핀 대통령 당선, 소셜 미디어 시대에 이르러서는 일본 대지진과 아랍의 봄Arab Spring에 이르기까지 그 사례들을 쉽게 찾아볼 수 있다.

〈오마이뉴스〉가 2002년 뉴스 댓글 기능을 만들면서 미디어 정보를 일방적으로 소비만 하기보다는 그에 즉각적으로 반응하고 비판할 수 있는 길이 열렸다. 독자들은 기자가 쓴 뉴스 기사에서 오류를 수정하기도 하고, 해당 이슈에 대한 반대 의견이나 다른 관점을 제시하기도 하고, 추가 정보를 제공하기도 하고, 기사의 문제점을 지적할 수도 있게 되었다. 이를 통해 뉴스를 읽는 수용자들은 이전에는 뉴스만 읽고 무조건 받아들이거나 혼자 생각하고 판단해야 했다면, 댓글 시스템 이후에는 뉴스를 읽은 후 다른 사람들의 반응을 기사와 함께 읽으면서 뉴스 기사의 내용 자체에 대해 비판적인 사고를 할 수 있게 된 셈이다.

그 결과, 댓글을 통한 다양한 토론의 확산에 기반을 두고 사회적으로는 비판적 공중이 등장(이준웅, 2005)하였고 민주 사회의 시민 참여에 새로운 가능성을 열었다고 보는 관점이 힘을 얻었다. 비슷한 맥락에서, 시공간 제약 극복은 물론, 계층과 신분을 막론한 댓글 소통의 확산이 기존의 대의 민주주의의 근간이라 할 수 있는 언론 미디어와 정치(인)에 대한 신뢰의 문제와 연관되어 있음이 밝혀지기도 했다(나은경·이강형·김현석, 2009).

댓글의 심리학

인터넷 뉴스 댓글 읽기/쓰기의 원인과 결과

2000년대 초중반 인터넷 확산과 영향이 커지면서 한국 사회의 댓글 문화에 대한 사회적 논의는 분분했는데, 이에 대한 본격적인 학술 연구는 2000년대 후반에 이르러 시작되었다. 우선, 인터넷 뉴스를 이용할 때 사람들이 뉴스 기사에 달린 댓글을 이용하는 이유에서 출발한 이 연구(나은경 외, 2009)는 뉴스 댓글을 누가 왜 읽고 쓰는가, 그리고 뉴스 댓글을 이용한 결과 어떤 영향을 받는가를 살펴보았다. 이를 위해, 2007년 17대 대통령 선거 시기에 서울 지역 유권자를 대상으로 실시한 설문 조사 자료를 분석한 결과, 인터넷 뉴스를 이용할 때 댓글을 읽거나 쓰는 행위는 정치 신뢰 및 사회 신뢰와 관련이 깊어 정치 사회적인 의미가 큰 것으로 나타났다.

이전 시대의 대의 민주주의 제도는 시민들의 직접 참여를 대신하는 정치인의 대표성 그리고 권력에 대한 언론의 견제라는 제도적인 시스템을 근간으로 한다. 그런데 유독 한국 사회에서 인터넷의 확산 초기에 댓글을 통한 소통이 주도하는 사회적인 흐름이 강하게 일어났던 이유는 바로 이 대의 민주주의 제도에 대한 불만과 불신이 고조된 상황에서 나온 것이라는 발견이 흥미로운 점이다. 제도적으로 대표성을 갖는 이들이 자신을 대표할 수 없다는 불만과 불신에서부터, 뉴스 기사가 전하는 내용을 그대로 받아들이지 않고 인터넷 기술에 기대어 비판적으로 읽으면서 동시에 다른 이들과 함께 논의하며 뉴스를 읽게 되었다. 댓글 소통을 통해서라도 직접적으로 참여하고자 하는 시민들의 적극적인 의식이 발현되는 곳이 인터넷 공론장이 된 것이다.

2007년 조사 결과 역시 그러한 점을 보여 주었던 바, 구체적으로 첫째, 대의 민주주의 제도(정치인, 언론)에 대한 신뢰가 낮을수록 인터넷 뉴스 댓글을 더 많이 읽는 것으로 나타났는데, 특히 정치인에 대한 신뢰가 낮을수록 댓글을 더 많이 쓰는 것으로 나타났다. 둘째, 인터넷 뉴스 댓글을 많이 읽을수록 독자들의 정치 신뢰와 사회 신뢰는 낮아지는 경향이 있었으며, 반면에 댓글을 많이 쓸수록 정치 신뢰가 높아지는 경향이 있었다. 마지막으로, 인터넷 뉴스 댓글을 많이 읽을수록 정치 지식을 더 많이 습득하는 것을 알 수 있었다.

저널리즘에 대한 수용자 반응 양식의 차이

뉴스에 대한 수용자의 반응을 알 수 있는 것은 텍스트인 글을 써서 표현하는 댓글 외에도 해당 기사에 대한 '좋아요' 혹은 찬성/반대 표시 등이다. 댓글의 경우, 글을 읽고 내용에 담긴 뉘앙스를 통해 의견의 방향을 알수 있는 한편, 찬/반 버튼 누르기의 경우 찬성과 반대의 각 의견에 몇 명이나 동의의 표시를 했는지 숫자를 통해 의견의 방향을 알 수 있다. 이런식으로 의견을 표현하는 서로 다른 형식의 인터넷 뉴스 반응은 온라인뉴스 이용에서 독자들에게 차별적인 영향을 미칠 수도 있다.

한 연구는 이러한 포털 사이트 뉴스 기사에 대한 독자들의 반응 형식이 댓글 형식 및 찬반 투표 형식의 두 가지로 다를 때 각기 다른 영향을 미치게 되는지를 실험을 통해 분석했다(Lee & Jang, 2010). 온라인 포털사이트(당시의 파란Paran 뉴스)의 레이아웃을 사용해서, 댓글을 보기 위해클릭할 필요 없이 기사와 기사에 대한 독자들의 댓글 전체를 한눈에 볼수 있는 실험 자극을 만들었다. 제시된 뉴스 기사는 찬반 논란의 소지가있는 각기 다른 두 가지 이슈에 대한 것으로, 피험자들에게 동물 실험과TV 드라마 내용 규제(성적 노출 및 폭력에 대한 시각적 묘사)에 관한 뉴스 기사를 읽게 했다. 동물 실험 기사는 동물 실험을 금지해야 한다는 권익 보호 운동가들의 주장을 담았고, TV 드라마 규제 기사는 선정주의는 드라마 제작에서 시청률을 확보하는 효과적인 방법 중 하나이며 시청자들에게 현실의 스트레스에서 벗어나 카타르시스를 느끼도록 도움을 준다는식으로 드라마 규제에 반대하는 관점을 담았다.

뉴스 기사의 방향이 분명한 만큼, 온라인 뉴스 기사에 대한 수용자의 반응은 기사의 관점과 반대되게 제시했다. 댓글 형식의 경우, 기사 아래에 제시된 총 7개 댓글 중 6개가 기사의 논조에 반대되는 관점을 나타내도록 작성했다. 즉 동물 실험 반대를 지지하는 뉴스 기사에 반대하는 댓글이 6 : 1로 우세하게 한 것이다. 한편, 찬반 비율 제시 형식의 경우, 뉴스 기사에 찬성하거나 반대하는 투표의 결과 숫자를 기사의 상단과 하단에 제시했다. 이때 기사의 논조에 대한 찬성과 반대의 비율은 댓글 조건과 동일하게 되도록 했다(동물 실험 기사의 경우 '찬성 : 반대'가 8 : 48, 드라마 규제 기사의 경우 '찬성 : 반대'가 21 : 126). 이러한 수용자 반응 형식의 차이가 뉴스 기사가 다루고 있는 해당 이슈에 대한 독자들의 ① 여론 인식, ② 기사 영향력에 대한 인식, ③ 자기 의견의 방향에 대한 인식 등에 어떠한 영향을 미치는지를 분석하였다.

연구 결과는 그림 11-1에 제시된 세 가지 그래프와 같았다. 독자들 개인의 인지 욕구need for cognition 차이가 조절 변인으로 함께 작용하는 것을 알 수 있다. 여기서 인지 욕구란 어떤 문제에 관해 깊이 생각해 보기를 좋아하는 정도를 나타내는 개인의 성향 차이에 관한 심리 변인이다. 인지 욕구가 높은 사람들은 일반 공중에 미치는 언론의 영향력을 평가할 때 개별 댓글보다는 투표 결과에 더 의존하는 반면, 인지 욕구가 낮은 사람들은 미디어의 영향력을 평가할 때 독자 반응 형식에 따른 차이가 없었다. 그러나 해당 이슈에 대한 여론 인식의 경우 인지 욕구 수준과 무관하게, 즉 인지 욕구가 높든 낮든 모든 이들이 기사 반박 댓글 형식을 접했을 때 여론의 방향이 기사의 논조와는 반대 방향인 것으로 인식하는 경향이 있었으며, 투표 결과 조건에서는 이러한 영향이 발견되지 않았다. 해당 이슈에 대한 참여자 본인의 견해에 관해서는 타인의 반박 댓글이 유의미한 영향을 미치는 것으로 나타났는데, 이러한 영향은 인지 욕구가 낮은, 다시 말해 분석적 사고를 즐기지 않는 사람들에게서 발견되었다.

이러한 결과는 사람들이 실제로 온라인 뉴스 댓글의 영향을 많이 받는다는 것을 경험적으로 증명한다. 특히 온라인 뉴스 기사에 달리는 수

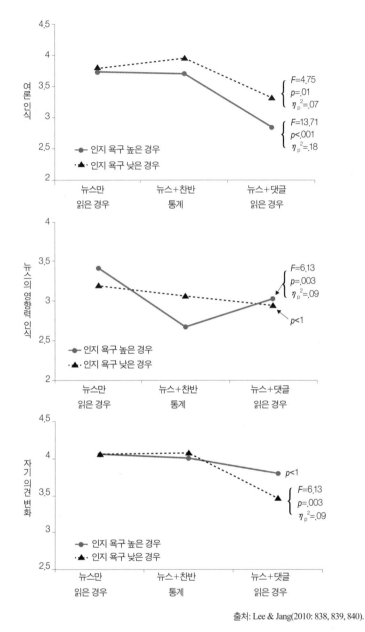

출처: Lee & Jang(2010: 838, 839, 840).

그림 11 – 1. 온라인 피드백 유형별 여론 인식, 기사 영향력 인식 및 자기 의견에 미
치는 영향

용자의 반박적인 반응들은 다른 독자들의 생각에 영향을 준다는 점에서 심각하다고 할 수 있는데, 논란이 되는 이슈에 대한 사람들의 여론 인식, 뉴스 기사의 영향력 인식, 나아가 이슈에 대한 자신의 의견까지 바뀔 정도로 영향을 받는 것이다. 그리고 이러한 영향들은 온라인 미디어가 구성되고 제시되는 레이아웃 등의 디자인과 인터페이스(UI: user interface) 측면에 따라서도 크게 달라질 수 있는 바, 온라인 소통의 보다 세밀한 특성과 차이를 구분하려는 연구와 노력이 필요한 부분이다.

온라인 익명성과 무례함의 효과

온라인상에서 댓글을 통한 소통의 여러 특성은 주로 익명성에서 나온다. 초기 인터넷 연구들은 컴퓨터 매개 커뮤니케이션의 많은 중요한 현상의 바탕에 있는 익명성anonymity에 주목했다. 과거의 면 대 면 소통을 대신하게 된 이 익명성은 전통 사회의 권력과 위계 질서를 벗어나 모두가 평등한 발화 기회를 가질 수 있는 긍정적인 혁명을 가져온 반면, 온라인상에서 개인의 현실 사회 정체성이 드러나지 않기 때문에 자기 통제성을 쉽게 잃고 탈개인화deindividuation되는 부정적인 영향을 동시에 가져왔다. 인터넷이 진화하면서 각종 소셜 미디어가 등장하고 모바일로 소통의 디지털화가 가속화되는 가운데, 이 부정적인 측면이 심화되며 실질적인 토론을 저해하는 조롱과 공격성과 무례함의 문화로 이어졌다. 이러한 현상을 일컬어 심리학자 존 슐러John Suler는 온라인 탈억제 효과online disinhibition effect로 명명했다. 2000년대 들어 십여 년간 댓글 문화의 민주적 혁명을 맛보았다면, 2010년대 이후에는 그 부정적인 영향이 확산되고 일상화되면서 여러 권위적인 공식 웹사이트들이 댓글 기능을 폐지하기 시작했다.

그런데 역설적으로 이 탈개인화는 현실 세계에서의 자기 정체성, 즉 자기가 속한 집단과 조직의 속성에서 모두 벗어나는 듯한 해방감을 주는 이면에, 시각적 익명성을 바탕으로 하는 컴퓨터 매개 커뮤니케이션에서 사람들은 탈개인화로 인해 오히려 개인의 집단적 속성 실마리에 더욱 민감하게 반응하는 경향이 있음을 밝힌 것이 탈개인화의 사회 정체성 모델 (SIDE: Social Identity Model of Deindividuation)이다(Postmes, Spears & Lea, 1998). 모니터를 사이에 두고 아무런 개인 정보 없이 이야기를 나누는 과정에서 인간은 본능적으로 상대방의 현실 세계 사회 집단적 속성들을 부지불식간에 열심히 찾고 또한 아주 작은 집단 특성 실마리에 매우 민감해지며 해당 집단에 대한 편견이 더욱 강하게 작용할 수 있는 것이다. 성별, 직업, 지역성, 정치 성향 등이 대표적이다.

익명성은 개인이 드러날 염려 없이 안심하고 온라인상의 공동체 소속감을 높임으로써 참여를 증진시킨다. 익명성은 또한 창의적 사고를 북돋아 문제 해결 능력의 향상으로 이어진다. 교육과 학습 상황에서 익명성의 효과를 연구한 결과, 면 대 면 소통은 학생들의 만족감을 높이는 반면, 어려운 문제 풀이와 같은 상황에서는 익명적 소통이 학생들의 참여와 위험을 감수하는 도전을 높이는 것으로 나타났다.

2010년대 이후의 인터넷 연구들은 상충적인 효과를 가지고 있는 익명성에서 나아가 댓글 소통의 다른 측면으로 관심의 초점을 옮겼다. 온라인 소통에서 정작 중요한 것은 대화나 댓글의 내용이 아니었다. 바로 말투였다. 연구 결과, 댓글의 어조/말투가 더 저속할수록 기사 내용에 대한 독자들의 태도가 더 극화되는 것으로 나타났는데, 연구자들은 이러한 결과를 온라인 댓글의 '저속한 효과nasty effect'라 명명한 바 있다.

댓글 어조/말투의 효과를 살펴보기 위한 2014년 한 실험 연구에서, 가상의 블로그에 새로운 테크놀로지의 산물인 은나노 기술의 잠재적 위험과 혜택을 설명하는 뉴스 글을 올려두고 1180여 명의 실험 참가자들로 하여금 주의를 기울여 읽게 했다(Anderson, Scheufele et al., 2014). 기사는 극미하게 작은 은 입자인 나노실버는 항균 속성과 같은 여러 장점이 있지만 수질 오염 등의 환경 위험도 가지고 있다는 내용을 담고 있었다.

기사를 읽은 참가자들은 다른 독자들이 썼을 것으로 추정되는 기사 댓글을 읽고 나서 기사 내용에 대한 질문에 답하게 했다. 응답자의 반은 예의바른 댓글을 읽었고 다른 절반의 응답자는 무례한 댓글을 읽었다. 이때 댓글의 실제 내용, 길이, 강도는 신기술을 지지하는 것에서부터 위험을 경계하기에 이르기까지 두 집단이 동일했고, 유일한 차이는 무례한 댓글의 경우 욕설을 포함시켰다. "이런 상품들에 들어간 나노기술의 장점을 모르면 네가 바보다," 또는 "은으로 오염된 물에 사는 물고기와 다른 동식물의 위험을 생각 못한다면 네가 멍청한 거다"와 같은 내용을 포함시킨 것이다.

결과는 놀랍고도 충격적이다. 무례한 댓글은 독자들을 양극화시켰을 뿐만 아니라 뉴스 기사에 대한 독자의 해석 자체를 변화시키기도 했다. 그림 11-2에 제시된 바와 같이, 예의바른 댓글을 읽은 사람들은 본인이 애초에 신기술을 지지했든 지지하지 않았든 댓글을 읽은 후에도 동일한 생각을 유지했다. 그러나 무례한 댓글을 읽은 사람들은 신기술의 위험에 대한 이해가 댓글을 읽은 후에 훨씬 더 극화되는 것으로 나타났다. 뉴스 댓글에 인신공격적인 표현을 포함하는 것만으로 독자들이 신기술의 부정적인 측면이 자신의 기존 생각보다 더 크다고 생각하게 만들 수 있었다. 이와 같은 온라인 소통에서 저속함의 왜곡 효과를 양화하기는 힘들지만 특히 역설적으로 과학 뉴스에서 상당히 크게 나타났다.

과거에 과학 뉴스를 접할 수 있는 유일한 통로였던 전통 미디어 및 면 대 면 소통과는 다른 인터넷 및 디지털 소통의 새로운 방식은 우리가 아는 것과 우리가 안다고 생각하는 것 모두에 영향을 미치고 그 방향을 형성할 수 있다는 점에서 의미가 있다. 또한 가장 객관적이라고 여겨지는

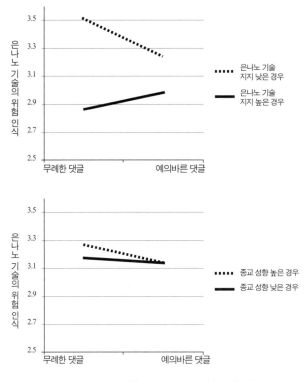

출처: Anderson, Brossard, Scheufele, Xenos, & Ladwig(2014: 381).

그림 11 - 2. 온라인상에서 '예의바른/무례한' 댓글과 은나노 기술의 위험 인식

과학 뉴스에서조차 댓글의 영향을 받는다면 이보다 더 민감한 소재들, 가령, 정치적이거나 성적인 뉴스들의 경우 댓글 소통의 이 '저속한 효과' 가 더 심각할 수 있어 주의가 요망된다.

온라인 커뮤니케이션의 이러한 부정적 효과를 완화하기 위해 몇몇 언론사나 공식 웹사이트들이 했듯이 독자 댓글 기능을 과거처럼 없애 버리거나 댓글의 예의를 증진시킬 규칙들을 강구하기도 한다. 하지만 디지털 기술의 발전은 이미 어느 궤도에 올라, 기사 댓글이라는 형식이 아니더라도 뉴

스 독자들의 상호 작용과 그로 인한 '현실 공유'는 뉴 미디어 시대 소통의 근간을 이루며, 구체적인 플랫폼만 달라질 뿐 페이스북, 트위터, 기타 소셜 미디어 등 다양한 형태의 플랫폼들 위에서 서로의 반응을 공유하고 그에 대해 반응하며 비슷한 양상으로 이루어지는 것을 막을 길은 없다. 의미 있는 공적 토론을 양성하기 위한 사회적 토양과 규범을 세운다면 저속한 효과에 빠지는 것을 함께 막을 수 있을 터인데, 그 이상향에 도달하기 위해서는 일단 현실의 이 저속함을 인식하고 주의해야 할 필요가 있다.

매개 채널의 효과

컴퓨터 매개 커뮤니케이션은 기본적으로 컴퓨터라는 미디어가 인간 대 인간의 면 대 면 직접 소통을 매개하면서 시작되었다. 이 과정에서 시각, 청각, 촉각 등의 감각을 통해 얻을 수 있는 정보인 사회적 단서social cues 들이 사라진 상황에서 이루어지는 매개된 간접 소통은 앞서도 살펴본 바와 같이 그 나름의 장점과 단점을 동시에 지니고 있다.

최근에는 연예인이나 정치인 등 유명인과의 온라인 소통도 중요해지고 있는데, 유명인이 미디어에 의해 매개되는 방식에 따라 일반 공중의 인식과 태도가 어떠한 영향을 받는지를 살핀 연구는 중요한 의미가 있다. 2014년의 한 연구는 특히 한국 사회에서 많은 정치인들이 트위터를 통해 일반 시민들과 소통하는 현상에 주목하여(Lee & Shin, 2014), 과거 신문과 방송의 언론 보도를 통해 주로 접하던 정치인들과 직접 '팔로follow'하는 등 일대일 관계를 맺게 되면서 시민들의 정치 인식과 태도가 달라지는지를 분석했다.

구체적으로, 유시민이라는 정치인의 특정 정책에 대한 정치적 견해를 자신의 트위터를 통해 밝힌 경우와, 전통적인 방식의 언론 인터뷰를 실은 신문 기사를 통해 제시했을 때, 독자들의 인식에 어떠한 차이가 나

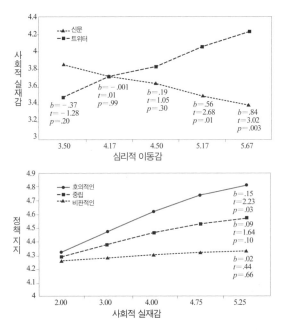

출처: Lee & Shin(2014: 1099~1100).

그림 11 – 3. 매개 채널에 따른 사회적 실재감(위: 이야기 몰입 조절)과 정책 지지(아래: 사전 태도 조절)

타나는지를 살펴보는 실험 연구를 실시했다. 동일한 의견 내용을 가지고 '트위터 화면 캡처' vs '네이버 포털 뉴스 인터뷰 기사 화면 캡처'라는 두 가지 상이한 방식으로 매개 상황을 조작했다.

　　결과는 흥미롭게도, 그림 11–3(위)에 나타난 바와 같이 해당 정치인의 트위터 페이지가 신문 인터뷰에 비해 유의미하게 높은 수준의 사회적 실재감을 느끼게 했는데, 이런 결과는 심리적 이동감transportability과 같은 이야기 몰입이 높은 경우에 한해 나타났음을 알 수 있다. 즉 신문 기사 인터뷰를 읽은 경우보다 정치인의 트위터 페이지를 접하고 그 이야기

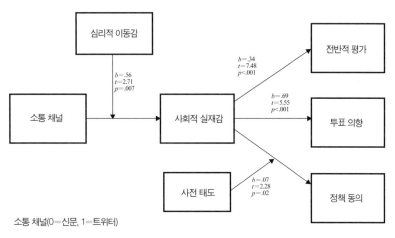

소통 채널(0=신문, 1=트위터)

출처: Lee & Shin(2014: 1101).

그림 11 – 4. 정치인과의 소통에서 매개 채널의 심리적 영향

내용에 많이 몰입했을 때, 당사자와 실제로 대화하는 듯한 실재감이 훨씬 더 높아진 것이다.

더욱이, 정치인과의 온라인 소통에서 이렇게 높아진 사회적 실재감은 해당 정치인의 정책적 입장에 대한 더 강력한 지지로 이어지는 것으로 나타났다(그림 11-3 아래). 그리고 이러한 영향은 당연하게도 해당 정치인에 본래 호의적이었던 사람일수록 더 강하게 나타나는 경향이 있었다.

연구 결과를 종합해 보면 그림 11-4와 같다. 정치인의 트위터 페이지는 (내용에 몰입했을 경우에 한해) 신문 기사 인터뷰에 비해 사회적 실재감을 높임으로써 해당 정치에 대한 전반적인 평가를 더 호의적이게 만들고, 마찬가지로, (내용에 몰입했을 경우에 한해) 해당 정치인의 정책 지지도와 그에게 투표할 의향도 높일 수 있음을 보여 준다. 그리고 정책 지지도에 관해서는 해당 정치인에 대한 사전 태도가 우호적인지의 여부가 영향을 미친다.

이러한 결과가 정치인만이 아니라 연예인이나 다른 유명인들에 대해

서도 적용될 수 있을지, 아니면 어떤 점에서 차이가 날 것인지는 더 살펴보아야 할 것이다. 디지털 시대에 다양한 테크놀로지와 채널로 소통이 매개되는 상황에서 채널의 유형과 종류에 따라 '미디어 풍부성media richness'이 달라지는데, 이러한 다양한 간접 소통에서 이용자가 경험하는 사회적 실재감, 이야기 몰입도 등이 달라질 수 있고 그 결과 사람들의 사회적 인식과 태도가 크게 영향을 받을 수 있다.

새로운 저널리즘 시대의 명암

큐레이션 저널리즘

한국뿐 아니라 영국과 미국의 경우에도 트위터 이용 인구보다 페이스북 이용 인구가 압도적으로 많다. 하지만 온라인에서 정작 영향력 있는 인플루언서들은 기존의 언론인들이 인정하듯이 트위터 이용자들이다. 독자/수용자는 트위터에 없지만 뉴스는 트위터에 있다는 말도 있다.

소셜 미디어의 성장 덕분에, 뉴스는 더 이상 기자들에 의해서만 취재되는 것이 아니라 저널리스트, 뉴스 정보원, 독자와 시청자 등 수용자들이 서로 정보를 교환하는 생태계 속에서 드러나는 하나의 이야기가 되었다. 이러한 변화는 1999년 즈음 블로그가 사용되면서 시작되었다. 그 결과는 콘텐츠 생산의 도구가 이전에 수용자로 불렸던 일반인들에게 주어지는 변화로 이어졌다. 이것은 나아가, 전통적인 언론 기관에 관여하지 않고도 누구든지 페이스북이나 트위터를 통해 수많은 사람들에게 뉴스 등 콘텐츠 링크를 빠르고 쉽게 공유할 수 있게 된 '수평적 미디어'의 도래로 이어졌다. 사람들은 집단적으로 방송국 네트워크처럼 행동할 수 있게 된 것이다.

처음에는 기존의 언론 미디어들이 이러한 새로운 도구에 적대적인 태도를 보였다. 그러나 2000년대 중반 이후 주류 언론 미디어들이 태도를 바꾸었는데, 한국의 경우 노무현 대통령 당선 등 인터넷의 정치 사회적인 영향력을 목격한 것, 미국의 경우 몇몇 정치 블로그와 주류 미디어 사이의 사건들이 주요 계기가 되었고, 전 세계적으로는 아랍의 봄과 일본 대지진을 겪으면서 소셜 미디어의 역할을 경험한 것이 본격적인 계기가 되었다. 2005년에 등장한 허핑턴포스트의 성공은 올드 미디어와 뉴 미디어, 전문가와 아마추어를 뒤섞는 혼종적 접근의 매력을 보여 주었다. 이러한 하이브리드 방식은 소속 스태프들의 자체 보도, 많은 유명인을 포함한 자원자들의 블로그 포스트, 다른 사이트의 뉴스 기사 링크들의 조합을 시도했다. 언론사들과 뉴스 방송사들은 이후 자사의 블로그를 만들고 블로거들을 고용하거나 독자들이 댓글을 쓸 수 있게 했다. 또한 독자들로부터 사진, 동영상 등의 기고를 받기도 하고 인터넷에 올라온 일반인들이 생산한 콘텐츠를 적극적으로 포용하기에 이른다. 언론인들은 블로그, 페이스북, 트위터, 그리고 기타 소셜 미디어를 점점 더 전통 미디어에 보완적일 수 있는 소중한 부가물로 여기는 경향이 있다.

트위터에 올라오는 토막 정보들을 확인하는 것은 더 어려운 일이다. 트위터 글들은 한 이슈에 대한 공중의 분위기를 알아내는 유용한 방법이 될 수 있어서 지금은 종종 디지털 시민의 소리로서 뉴스 보도에 통합되기도 한다. 많은 언론인들이 기사를 쓸 때 도입부를 이끌어 내거나 뉴스 제보자를 찾거나 추가 정보를 구하기 위해 트위터를 이용한다. 하지만 트위터는 누구나 아무것이나 말할 수 있는 공론장이다.

인터넷상에 올라오는 넘쳐나는 정보를 선택하고 걸러내고 분석하는 활동처럼, 분명히 — 전문 언론인들을 포함하지만 저널리스트에 국한되지는 않는 — 인간들이 해야 할 역할이 있다. 정보의 홍수 속에서 편집의 기능은 여전히 혹은 더욱 필요하고 정보의 흐름을 이해하는 누군가가 여전히 필요한 것이다. 이러한 과정이 소셜 미디어 시대 '큐레이션'으로 알려져 있으며, 그 작업을 할 도구들이 점점 더 늘어나고 있다. 트윗, 페이스북 포스트, 유튜브 비디오, 플리커 사진 등과 같은 소셜 미디어상의 아이템들을 이용자가 자유롭게 배열하여 내러티브를 만들 수 있게 하는 웹사이트인 스토리파이Storify를 예로 들 수 있다.

한국에는 이와는 조금씩 다르지만 비슷한 큐레이션 서비스로 허핑턴포스트코리아, 인사이트, 위키트리, 피키캐스트 등이 있다. 이러한 서비스들은 어떤 이야기들이 전통적인 기사 형식보다 이처럼 끊임없이 업데이트되는 트윗의 흐름에 의해 더 잘 다루어질 수 있는지에 관한 문제를 낳는다. 뉴스를 뽑아낼 수 있는 가공되지 않은 날것의 이야깃거리를 이전 시대보다 훨씬 더 많이 제공하는 소셜 미디어는 편집자가 사라지게 했고 그와 동시에 편집자의 필요성을 보여 주었다. 기존의 언론 미디어들은 뉴스 특종을 터뜨리는 첫 번째 보도자가 되기를 포기하고 그 대신 뉴스의 진위를 확인하고 큐레이팅하는 데 최고가 되고자 집중하고 있다. 그러나 큐레이팅의 역할 역시, 저널리즘의 다른 많은 측면들과 마찬가지로 이제는 누구나에게 열려 있다.

독자와 시청자들은 뉴스의 수집과 취재, 확인, 큐레이션에 관여할(하기로 선택할) 뿐 아니라, 이메일과 소셜 네트워크를 통해 관심 있는 내용을 공유하고 추천함으로써 뉴스 배포 시스템의 일부가 되기도 한다. 2000년대 초반의 십여 년은 뉴스 검색이 가장 중요한 개발이었다면, 그 이후의 십여 년은 뉴스 공유가 가장 중요한 개발이 되었다. 미국의 경우, 구글 검색이나 구글 뉴스 사이트를 통해 주요 언론 미디어의 뉴스 웹사이트를 방문하는 비율이 높았지만 이제는 페이스북을 통해 연결되는 방문자의 비율이 높아지고 있다. 사람들은 전문적인 뉴스 사이트보다 자신의 페이스북 친구 등 자기가 아는 개인이 공유해 주는 뉴스 기사나 이야기를 더 신뢰하는 경향이 있다.

이러한 뉴스 큐레이션의 문제로 지적되는 점 중 하나는 바로 뉴스의 연성화다. 클릭 수에 집착하는 온라인 뉴스의 특성이 집약된 결과, 경성 뉴스보다는 연성 뉴스, 흥미 위주의 소재, 자극적인 뉴스들이 뉴스 생태계의 주를 이룬다는 것이다.

필터 버블과 에코 체임버

커다란 뉴스 기사가 발발하면 사람들이 의도하든 하지 않든 그 소식을 공유하며 소셜 네트워크에 정확하지 않은 정보가 넘쳐난다. 이 과정은 '필터 버블filter bubble' 혹은 '에코 체임버echo chamber' 현상을 만들어 낸다. 연구들에 따르면 사람들은 자신의 기존 생각을 확인해 주는 뉴스를 찾는 경향이 있다. 이것은 다시 이 공통의 내용을 전달하고 진실로 받아들일 비슷한 생각을 가진 사람들의 네트워크를 형성한다.

과거에 텔레비전의 확산이 지구촌 현상을 만든 것처럼 인터넷은 정보를 민주적으로 생산 및 확산시키고 새로운 의미의 디지털 시대 지구촌을 형성함으로써 에코 체임버 현상을 극복해갈 것이라는 기대가 있기도 했다. 실제로 2000년대 중반에 전 세계가 나름의 방식으로 목격 또는 경험했듯이 정보 민주화는 일어났다. 과거에 뉴스 제작 및 편집 담당자들이 행했던 뉴스 큐레이션 작업을 최근에는 페이스북, 트위터, 구글 등 소셜 미디어의 뉴스피드와 알고리즘이 행하고 있다. 이제는 뉴스 사이트나 포털 사이트를 방문하기보다는 자신의 페이스북이 뉴스를 접하는 주요 창구가 된 것이다. 이러한 현상의 문제점이 무엇인가에 대한 많은 논의들이 있어 왔다.

에코 체임버 효과를 경험적으로 연구한 결과들이 흥미롭다. 와튼스

쿨의 경영학자들이 몇 차례에 걸쳐 인터넷상에서 다양한 선택지들 가운데 소비자들의 선택에 영향을 미치는 에코 체임버 효과를 경험 연구했다. 그 결과에 따르면, 음악 선곡 등과 같은 문화적 상품의 경우에는 온라인의 개인화 및 필터링 기술이 에코 체임버 효과를 보이지 않고 오히려 선택과 취향의 범위를 넓혀 주는 긍정적인 영향을 미쳤다(Fleder, Hosanagar & Buja, 2010; Hosanagar, Fleder, Lee & Buja, 2014). 그러나 대조적으로, 이념 대립이 강한 정치적인 이슈의 경우, 우려한 대로 온라인 개인화와 필터링 기술이 이용자들의 정치적인 의견에 있어 비슷한 견해와 성향에만 노출되는 에코 체임버를 강화하고 결과적으로 양극화를 심화시키는 것으로 나타났다(Bakshy, Messing & Adamic, 2015).

카틱 호사나가Kartik Hosanagar와 대니얼 플레더Daniel Fleder 등의 와튼스쿨 학자들은 2010년과 2014년에 발표한 연구들에서 아이튠즈 iTunes(아이폰 음악 서비스) 이용자 1700여 명의 미디어 소비 패턴을 분석했다. 이용자의 취향과 사용 패턴에 따라 개인화된 유사 소비 대상들을 추천해 주는 서비스를 이용할 때, 미디어 소비 목록이 겹치는 부분 — 즉 무작위로 뽑은 두 명의 이용자들이 공통으로 이용한 미디어 소비 정도 — 을 측정했다. 음악 서비스가 제시하는 개인화된 추천 목록을 사용함으로써 이용자들의 음악 소비 패턴이 각자의 취향을 강화시키는 방향으로 분화되고 파편화된다면, 추천 목록 도입 이후에도 이용자들의 소비에서 공통분모가 줄어들 것이라는 가정이 가능하다.

그런데 결과는 오히려, 개인화 추천 기능을 활성화시킨 후 미디어 소비에서 겹치는 부분이 모든 이용자들에게서 증가하는 것으로 나타났다. 이러한 현상은 두 가지 이유 때문에 발생하는데, 첫째, 이용자들은 단순히 알고리즘이 자신들에게 잘 맞는다고 추천해 주는 콘텐츠가 있으면 그것을 더 많이 소비하는 것이다. 두 명의 이용자가 미디어를 두 배 더 많이 이용한다면 그들 사이에 소비 콘텐츠가 중복될(즉 공통적인 콘텐츠를 소비할) 가능성 역시 증가하는 것이다. 둘째 이유는, 알고리즘에 의한 추천은 이용자들이 새로운 관심 영역을 탐색하고 흘러가게끔 돕는 역할을 하는데, 그렇게 함으로써 다른 이용자들과의 공통분모가 커지게 만든다. 이러한 결과는 에코 체임버 현상에 반하는 근거라고 할 수 있다. 음악 청취에 관한 한, 디지털 미디어 이용이 에코 체임버를 강화시키는 근거는 발견되지 않았다는 것이다.

그러나 흥미롭게도, 정치적 콘텐츠는 이런 종류의 다른 미디어 콘텐츠와는 다른 양상을 보였다. 예컨대, 사람들은 정치적인 이념보다는 음악 취향에 대해서 극단적인 견해를 갖거나 극단화되는 경향이 덜하다는 것이다. 또한 소셜 미디어의 뉴스피드에 주로 의존하는 정치 콘텐츠 이용은 아이튠즈에서 보이는 개인화된 추천 목록과는 근본적으로 다르기도 하다. 그렇다면 음악 콘텐츠 이용에서 에코 체임버가 일어나는지에 대한 위의 연구 결과를 (정치 콘텐츠를 많이 접할 수 있는) 소셜 미디어 이용에까지 일반화할 수 있을 것인가?

그에 대한 답은 이탠 박시Eytan Bakshy 등의 페이스북 연구자들이 2015년 연구에서 소셜 네트워크는 이용자들이 다양한 정치 견해에 노출되는 데 어떠한 영향을 미치는지 분석한 것에서 찾아볼 수 있다. 이들은 페이스북 미국 이용자 1010만여 명의 뉴스피드를 분석했는데, 이용자들의 정치 성향을 보수/중도/진보로 측정했다. 또한 이 이용자들의 페이스북 뉴스피드 중 이념적으로 교차적인cross-cutting(자신과 다른 정치 견해를 담은 견해가 있는지) 내용의 비율도 함께 계산했다. 예컨대, 정치적 이념에서 진보주의자가 주로 보수적인 관점을 담은 뉴스 스토리를 읽는 정도를 알아본 것이다.

페이스북과 같은 소셜 네트워크상에서는 우리가 이념 교차적인, 즉 우리 자신의 정치 성향과 다른 관점의 뉴스를 보게 되는 데 영향을 미치

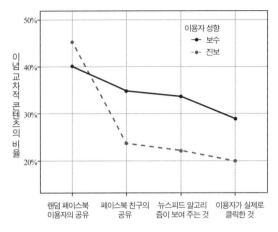

출처: Bashy, Messing & Adamic(2015: 1131).

그림 11 - 5. 페이스북 콘텐츠가 '친구 공유'인 경우, 이념적 다양성이 감소*

* 그림은 기사를 얻게 된 경로가 '랜덤 페북 이용자의 공유,' '페북 친구의 공유,' '뉴스피드 알고리즘이 보여 주는 것,' '이용자가 실제로 클릭한 것' 등을 통해, 이념적으로 다양한 기사 에 노출된 결과.

는 세 가지 요인이 있다. 첫째, 우리가 연결되어 있는 페이스북상의 친구 들이 누구인지 그리고 그들이 어떤 뉴스 스토리를 공유하는지. 둘째, 페 이스북 친구들에 의해 공유된 뉴스 스토리들 중 어떤 것들이 뉴스피드 알고리즘에 의해 걸러지고 선택되어 제시되는지. 셋째, 피드에 제시된 뉴 스 스토리 중 어떤 것들을 우리가 실제로 클릭하여 읽는지. 이 중 두 번 째 요인이 에코 체임버의 주된 동력이라면, 여기서 비난해야 할 대상은 페이스북이 된다. 하지만, 첫 번째와 세 번째가 에코 체임버를 만들어 낸 주된 요인이라면, 그때는 우리 자신이 에코 체임버의 형성을 스스로 자초 한 것이라 할 수 있다.

　　그림 11-5에 나타난 바와 같이, 무작위로 선정된 페이스북 이용자 들로부터 뉴스를 얻는다면, 페이스북상에서 진보주의자가 읽은 뉴스 중

45%, 보수주의자가 읽은 뉴스의 40% 가량이 이념적으로 교차적이어야 할 것이다. 하지만 대부분의 사람들이 페이스북상에 연결된 친구들에게서 뉴스를 얻는다. 사람들의 이러한 행동의 결과, 진보주의자들의 친구들이 공유한 뉴스의 24%만이, 그리고 보수주의자들의 친구들이 공유한 뉴스의 35%만이 이념 교차적인 것으로 나타났다(Bakshy et al., 2015). 분명히, 정치 성향이 비슷한 페이스북상의 우리 친구들이 '끼리끼리' 소통하는 것이 우리를 에코 체임버로 몰아넣는 것이다.

뉴스피드 알고리즘은 이용자에게 그 친구들의 뉴스 이야기 중 어떤 것을 보여 줄지를 선별하는데, 이 선택은 이용자 본인이 이전에 친구들과 소통한 패턴에 기반을 두고 이루어진다. 사람들은 대개 비슷한 생각을 가진 친구들과 더 많이 어울리고 정치적으로도 이념이 비슷한 웹사이트를 더 많이 방문하는 경향이 있기 때문에, 뉴스피드 알고리즘은 이러한 행태를 반영하여, 이념 교차적인 뉴스 스토리의 비율을 진보주의자에게는 22%, 보수주의자에게는 34% 정도로 줄여서 제공한다는 것이다(그림 11-5 참조). 즉 페이스북 알고리즘이 에코 체임버 현상을 악화시키기는 하지만 이용자 행태를 반영하는 정도일 뿐 그 이상인 것은 아니다.

그러면 우리는 실제로 어떤 뉴스들을 클릭하는가? 연구자들에 따르면 사람들이 클릭하는 이념 교차적인 뉴스 스토리의 비율은 진보주의자의 경우 20%, 보수주의자의 경우 29% 정도의 비율이었다고 한다. 사람들은 확실히 자신의 생각에 반하는 뉴스 기사나 이야기들보다는 우리의 기존 관점을 강화하는 내용을 선호하는 것이다.

요컨대, 연구자들의 결론은 디지털 세상의 에코 체임버 현상을 만들어 내는 주된 동력은 바로 이용자들 자신의 온라인 행동이라 할 수 있다. 뉴스피드의 개인화 알고리즘 자체를 비난하기에 앞서, 온라인상에서 누구와 연결되어 있으며 어떤 내용의 뉴스나 이야기를 클릭하는지와 같은 우리 자신의 행동을 돌아볼 필요가 있다는 점을 검증한 사례다.

가짜 뉴스와 현실 인식

한국 사회에서는 최근까지도 정치권에서 이른바 '댓글부대'의 여론 조작 및 선동에 관한 사건들이 있었다. 선거철이 되면 트위터에도 정체를 알 수 없는 가짜 계정들이 수없이 생겨나 동일한 메시지를 반복 생산 및 확산 하는 현상도 발견된다. 이전 시기에는 나와 비슷한 일반인이 제시하는 한 개인의 계정이자 의견으로 받아들였던 온라인 소통 방식에 이제는 누군 가 배후에 어떤 의도와 목적이 있지 않을까 하는 의혹과 불신의 잣대가 불가피하게 되었다.

디지털 소통 기술의 악용은 심지어 대통령 선거 과정에 개입하여 여 론을 교란시키고 선거 결과에까지 영향을 미친다. 미국 대통령 선거 기간 에 러시아 정부와 연계된 계정들이 수많은 가짜 계정과 사이트들을 만 들고 구글과 페이스북에서 대량의 광고를 사들여 사실이 확인되지 않은 의심스러운 주장들을 퍼뜨린 정황이 발견되었다. 한 전문가는 이를 두고 "문화적 해킹"이라 칭하기도 했다. 〈뉴욕 타임스*New York*〉의 2017년 보도 에 따르면, 2016년도 미국 대통령 선거에서 페이스북은 10만 달러 이상 의 광고를 크렘린과 연계된 회사에 팔았고, 구글은 4500달러가 넘는 광 고를 러시아 정부와 연결된 것으로 보이는 계정들에 팔았다.

인터넷과 소셜 미디어라는 새로운 기술이 처음 생기고 이용이 확산되 는 과정에서는 — 여타의 신기술들이 모두 그러했듯이 — 초기에 유토피아 적인 미래를 꿈꾸고 중장기에 접어들면서 디스토피아적인 부작용들을 경 험하게 된다. 이들이 더 이상 신기술이 아니라 우리 일상에 공기와 같은 필 수품으로 일반화, 일상화되면서, 온라인 세상은 오프라인과 구분되거나 별개가 아닌, 오프라인 세상의 연장이 되었다. 그 결과 중 하나로, 온라인 커뮤니케이션의 공유와 전파 가능성을 악용하고 정보를 의도적으로 왜곡하며 특정 집단의 이익을 위해 사취하려는 현상이 발생하고 있는 것이다.

우선, 이러한 가짜 뉴스, 가짜 계정, 가짜 정보의 횡행이 가능하게끔 강력한 매개체가 될 수 있는 역학, 즉 소셜 미디어 플랫폼의 심리에 대한 이해가 그만큼 중요하다. 누구도 이에 대해 안전하다고 확신할 수 없기에, 특히 자신은 사기 따위 당하지 않을 것이라고 굳게 믿는 사람들에게 더욱 중요할 수 있다. 소셜 미디어 업체들의 동기와 윤리에 모든 의심과 의혹이 쏟아지는 것에 비해, 우리와 같은 많은 이들을 가짜 정보에 취약하게 만드는 것은 바로 그 테크놀로지와 우리의 일상적이고 종종 잠재의식적인 심리 편향의 상호 작용이다.

가짜 뉴스가 빨리 퍼지는 데 있어서 굳이 에코 체임버가 필요한 것은 아니다. 디지털 마약과도 같은 가짜 뉴스와 거짓 소문을 만드는 확실한 공식은 없다. 거짓 소문을 공유하는 사람들의 의도가 무엇이든, 거짓말의 바로 그 터무니없음이 초기의 명성을 부추기는 것이다. 소문 하나가 퍼지기 시작하면 디지털 네트워크는 그 속도가 너무 빨라, 사람들은 그것을 자세히 읽지도 않고 또한 사실 확인을 하거나 정보의 소스가 무엇인지 잘 보지도 않고 그냥 전달하기도 한다. 이런 것들이 거짓 소문 그리고 음모 이론이 되어 오류를 수정하기 힘들어지는 것이다. 디지털 기술이 매개하는 소통의 이러한 속성을 잘 인식하고, 온라인에서 정보를 받아들이거나 공유 및 전달할 때 우리가 무엇보다도 신중하게 주의를 기울여야 할 이유가 바로 여기에 있다.

사회적 시청과 짧은 동영상의 스트리밍

인터넷 이용이 확산되면서 텔레비전 시청의 새로운 형태로 '사회적 시청 social viewing' 개념이 등장했다. 사회적 시청은 "특정 TV 프로그램을 시청하며 인터넷 커뮤니티 등에 접속해 프로그램에 대한 의견을 교환하는 멀티미디어 이용 방식"(최윤정, 2014: 315)이다. 그림 11-6에 제시된 개념도와 같이, 전통 미디어라 할 수 있는 텔레비전과 뉴 미디어인 인터넷과 스마트폰 등의 디지털 미디어가 동시에 사용되면서, 일방적인 정보 수용인 매스 미디어 시대의 소비 방식인 '시청'과, 쌍방향 의견 교환으로 뉴 미디어 시대의 소통 방식인 상호 작용적 '대화'가 융합된 새로운 형태의 콘텐츠 이용 방식이다.

스마트폰이 보편화되고 대부분의 미디어 이용이 모바일로 옮겨 오면서 텔레비전 시청 자체도 텔레비전이라는 미디어가 놓인 현실 공간과 대화가 이루어지는 온라인 가상 공간이 그림에서처럼 구분되지 않는 단계에 도달하여, 미디어로 구분하는 것은 무의미해 보인다. 그럼에도 그림 11-6에서 뉴 미디어 시대에 맞게 수정된 사회적 시청의 구조에서 알 수

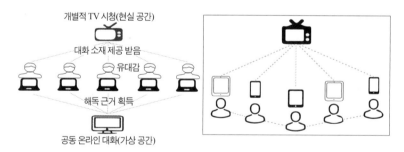

출처: 최윤정(2014: 326); 최윤정·이종혁(2016: 183).

그림 11-6. '사회적 시청'의 개념도(왼쪽)와 모바일 시대, 수정된 '사회적 시청'의
구조(오른쪽)

있듯이, 과거에는 TV가 놓인 장소 혹은 TV 콘텐츠를 소비하는 공간에서 어느 정도 고립되었던 텔레비전 시청 자체가 요즘은 그러한 물리적인 제한을 벗어나 동일한 콘텐츠를 소비하는 익명의 다수 수용자들과 텔레비전 프로그램에 대한 대화가 자유롭게 이루어진다는 점이 핵심이다.

올드 미디어의 시공간적 제한을 벗어나 동일 콘텐츠에 대한 대화를 함으로써 과거에 일방향적으로 전송되던 콘텐츠에 대한 인지적 거리두기와 비판적 해독(최윤정, 2014), 나아가 이야기 몰입과 현실감 인식(최윤정·이종혁, 2016)에 영향을 미치고, 그 결과 사회적 현존감과 시청 만족도 등 재미를 느끼는 정도에까지(최윤정·권상희, 2015), 이전의 소비 양식과는 많이 달라진 영향을 가져올 수 있다는 점에서 중요한 현상이다.

모바일 미디어의 확산은 사회적 시청과 더불어, 과거에 드라마나 영화와 같은 중장편 길이의 완성도 높은 서사 구조를 가진 영상물 위주의 콘텐츠 소비에서, 짧은 동영상을 반복적으로 시청하는 새로운 형태의 시청 행태가 등장하는 데 기여했다. 한 연구에서는 이러한 시청 행태를 '루프워칭loop watching'으로 칭했다(정유진·최윤정, 2017).

짧은 동영상의 장르와 유형, 이용 플랫폼은 매우 다양한데(그림 11-7 참조), 이렇게 짧은 동영상을 시청하는 이유는, ① 기존의 완성형 중장편 영상 콘텐츠에서 이전에 느꼈던 만족을 또다시 느끼기 위해서, 또는 ② 학교에서 쉬는 시간이나 출퇴근 시간에 지하철에서 잠깐 보는 용도로 주로 이용된다. (이러한 현상은 디지털 시대 대중음악의 제작이 변화한 것과 유사하게도, 동영상 제작에서조차 '후크' 요소가 중요하게 작용하게 만들었다.) 2016년 프로바둑기사 이세돌이 인공 지능 알파고와의 숨막히는 대국에서 승리하던 순간, 피겨스케이트 선수 김연아가 올림픽에서 완벽한 연기로 금메달을 딴 순간, 2016년 올림픽 펜싱 결승전에서 박상영 선수가 10:14 매치 포인트에 몰려 모두가 졌다고 생각한 순간, 혼잣말로 '할 수 있다'를 수차

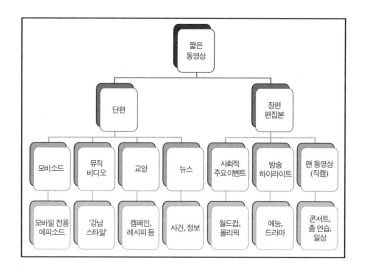

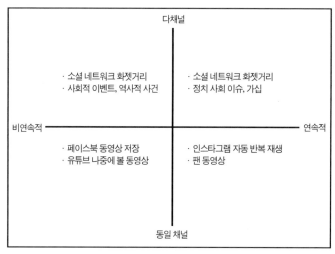

그림 11 - 7. 루프워칭에 이용되는 짧은 동영상 클립(위)과 루프워칭의 세부 유형(아래)

표 11 - 1. '숏폼 드라마' 이용 현황

콘텐츠 최고 조회수	연애플레이리스트, 와이낫미디어 제공
연애플레이리스트(연플리)	약 2000만 뷰
전지적 짝사랑 시점(콕티비)	약 1000만 뷰

채널 구독자 수	연애플레이리스트, 와이낫 미디어, 72초 제공
연애플레이리스트	약 325만(페이스북), 약 100만 명(유튜브)
콕티비	약 156만 명(페이스북, 유튜브 통합)
72초 TV	약 77만(페이스북), 약 20만 명(유튜브)

출처: 〈동아일보〉(2018. 3. 5).

례 되뇌인 후, 내리 4점을 얻고 대역전극에 성공한 순간들, 또는 기존의 영화나 텔레비전 프로그램을 2~3분 정도로 재편집한 영상 콘텐츠 등이 전자의 미디어 경험에 해당한다. 그런가 하면 유튜브와 같은 짧은 동영상을 공유하는 소셜 미디어 서비스가 나온 것, 짧은 동영상에 음악을 입히거나 애니메이션을 넣는 등 편집을 자유자재로 할 수 있는 스노우나 틱톡의 인기, 그리고 온라인상에서 가볍게 볼 수 있는 10~15분 길이의 웹드라마, 최근에 등장한 더 짧은 '72초 드라마'나 1~5분 이내의 '숏폼 드라마'(그림 11-7, 표 11-1 참조) 등은 후자의 미디어 경험에 해당한다.

　　사람들이 이렇게 다양한 형태와 장르의 짧은 동영상을 반복 시청하는 이유는 무엇이며 그 결과는 어떠할까? 그림 11-8에 요약된 바와 같이 짧은 동영상 클립에 몰입하는 경우 동일시와 대리 만족을 동시에 느끼게 되며, 이 중 동일시만 느끼는 경우에는 반복 시청으로 이어지지 않지만, 대리 만족까지 느끼게 되면 반복 시청으로 이어지는 것으로 나타났다(정유진·최윤정, 2017).

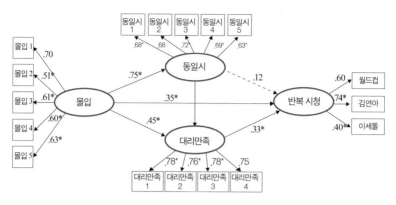

출처: 정유진 · 최윤정(2017: 121).

그림 11 – 8. 짧은 동영상 반복 시청의 심리

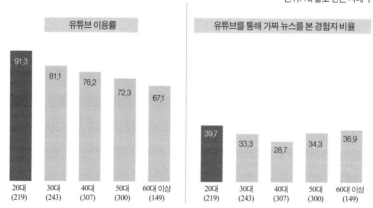

출처: 한국언론진흥재단 미디어연구센터(2018: 12).

그림 11 – 9. 유튜브의 세대 불문 이용과 가짜 뉴스 확산

미디어와 기술의 발달 속도를 학계가 따라가기 버겁게 느껴지는 부분이 있다면, 바로 이 동영상 이용 및 공유의 전 지구적 현상이 그 하나일 것이다. "태어나 '말보다 먼저 배운' 유튜브"에 관한 심층 보도가 나오기도 한 바(《한겨레》, 2018. 8. 18), 요즘 아이들의 양육에서 이러한 동영상 서비스는 빼놓을 수 없게 되었으며 유튜브는 새로운 양육자이자 부모가 되었다고까지 말한다.

흥미로운 점은 그림 11-9에 나타난 바와 같이, 유튜브가 어린 세대에게만 이용이 국한된 플랫폼이 아니라는 것이다. 연령과 세대를 막론하고 10대에게는 유튜브가 검색 엔진이 되는가 하면, 20대와 고령층에는 공히 가짜 뉴스가 확산되는 루트가 된다든지, 짧은 동영상 시청의 행태는 디지털과 모바일 시대에 핵심적인 미디어 경험으로 자리잡고 있는 데 반해, 학계의 연구는 과거의 텍스트와 이미지 중심적인 소통의 연구에서 이론적으로 크게 발전하지 못하고 있다. 향후 미디어 연구의 방향은 이러한 짧은 동영상 중심의 미디어 이용 행태가 갖는 의미를 보다 심층적이고 체계적으로 관찰하고 탐구할 필요가 있다.

소셜 미디어와
인간 네트워크

12장

2016~2017년 통계에 따르면 페이스북 이용자는 평균적으로 매일 1시간을 페이스북에서 보낸다. 스마트폰 이용자들은 매일 아침 — 대개는 일어나기도 전에 — 제일 먼저 하는 일이 소셜 미디어 앱을 확인하는 것이다. 물론 사회적 상호 작용은 인간의 경험에서 건강하고 필요한 부분이다. 우리는 다른 사람들과 긍정적인 대인관계를 가질 때 더 건강한 삶을 산다는 것도 많은 연구를 통해 밝혀진 바 있다.

그런데 현실 세계에서 면 대 면 사회 네트워크를 통한 사회적 상호 작용이 인간 삶에 긍정적인 영향을 준다는 연구가 많지만, 점차 증가하고 있는, 모니터를 통해 매개되는 온라인 인간관계의 영향은 어떠한가? 아침에 일어나서 그리고 잠자리에 들기 전에 작은 모니터의 아이콘을 누르는 것은 우리에게 어떤 영향을 미치는가?

행복감과 정신 건강

페이스북과 행복감

초기의 인터넷 연구들이 인터넷의 등장으로 유토피아적 대 디스토피아적, 긍정적-부정적인 영향에 관해 갑론을박을 벌였듯이, 소셜 미디어 연구들 역시 비슷한 양상을 보였다. 소셜 미디어가 등장한 2000년대 중반 이후의 초기 연구들은 소셜 미디어 이용이 사람들을 면 대 면 대인관계에서 멀어지게 하여 의미 있는 사회 활동에 참여할 기회를 줄이고 모니터 화면을 바라보는 시간만 늘려, 주로 앉아서 하는 행동을 증가시키고, 이것이 인터넷 중독으로 이어지며, 부정적인 사회 비교를 하면서 자존감을 낮추게 된다는 결과들을 보여 주었다.

비교 심리는 앞장에서도 수차례 논의한 바 있듯이 인간 행동에 큰 영향을 미칠 수 있다. 사람들은 소셜 미디어에 자기 삶의 좋은 모습, 긍정적인 부분들을 보여 주고 싶어하기 때문에 다른 사람들이 올린 멋진 사진들을 보면서 자신의 삶이 그에 비해 부정적으로 느껴질 수 있다는 것이다. 반면에 그러한 주장과는 반대로, 소셜 미디어가 행복감을 낮추기보다는 오히려 행복감이 낮은 사람들이 소셜 미디어를 더 많이 이용하는 경향이 있다는 해석도 나온다. 더욱이, 소셜 미디어 이용이 사회적 지지를 높이고 현실 세계의 관계 강화에까지 영향을 미친다는 연구 결과들도 있다.

지난 십여 년에 걸쳐 상충적인 연구 결과가 난립해온 바, 소셜 미디어와 행복감의 관계에 관한 더 명확한 설명이 필요한 시점이다. 최근 한 연구에서 이러한 문제의식에 집중하여, 2013, 2014, 2015년의 3개년에 걸친 5200여 명의 페이스북 이용자 패널을 대상으로 그들의 온라인과 오프라인 대인 네트워크를 모두 고려해, 시간이 지나면서 페이스북 이용과 연계하여 이용자들의 행복감이 어떻게 변화하는지를 포괄적으로 살펴보았다(Shakya & Christakis, 2017). 다양한 행복감 지표로 삶의 만족도, 정신 건강, 신체 건강, 체질량 지수(BMI: body-mass index)를 측정했다. 페이스북 이용은 다른 사람 포스트에 '좋아요like' 누르기, 자기 글 올리기, 링크 클릭하기의 행위를 보았다. 현실 생활의 인간관계는 이용자들이 자신의 중요한 문제를 상의하는 친구 4명, 여가 시간을 같이 보내는 친구 4명, 이렇게 각자의 총 8명의 친구에 관해 질문했다.

이 연구에 따르면, 현실 생활의 대인 관계는 전반적인 행복감에 긍정적인 관련을 보인 반면, 페이스북 이용은 행복감 전반에 부정적인 연관을 보였다. 이러한 결과는 특히 정신 건강에 미치는 영향에서 크게 나났는데, 1년간 페이스북을 이용한 대부분의 지표들이 다음 해의 정신 건강을 해치는 것을 예측하는 방향으로 나타났다. 다른 사람들의 포스트에 좋아요를 누르거나 링크를 클릭하는 행동 모두, 이후의 정신 건강, 신체 건강, 삶의 만족도에 유의미한 영향을 일관되게 보였다. 이 연구는 페이스북 이용이 행복감 감소로 이어진다는 점을 밝혔지만, 이것이 왜, 어떻게 발생하는지를 설명해 주지는 못한다. 페이스북 이용의 세 가지 행태 (좋아요 누르기, 글 올리기, 링크 클릭) 중, 좋아요 누르기와 링크 클릭이 조금 더 일관되게 유의미한 경향이 있었지만, 이용자에게 미치는 영향에서 이들 사이에 큰 차이는 없었다.

이러한 결과는 의외이기도 하다. 왜냐하면 흔히들 다른 사람들의 포스트에 좋아요를 누르는 것이 남과 자신에 대한 부정적인 사회 비교로 이어져서 행복감을 감소시킬 것이라고 예측하기 쉬운데, 자기 상태 업데이트하기와 링크 클릭하기가 비슷한 영향을 미치는 것으로 나타났기 때문이다.[10] 이와 같은 결과가 다른 유형의 소셜 미디어에도 적용될 수 있는지는 더 생각해 볼 문제다.

소셜 미디어 이용에 대해 생각할 때 곤란한 부분은 우리가 소셜 미디어를 이용하는 동안 의미 있는 사회적 상호 작용에 관여하고 있다는 느낌을 받는다는 것이다. 그럼에도 불구하고 소셜 미디어를 통한 연결의 속성은 우리가 건강한 삶을 영위하는 데 필요한 현실 세계의 인간관계를 대체할 수는 없음을 보여 주는 이러한 연구 결과는 의미 있는 시사점을 던져 준다.

인스타그램과 정신 건강

영국의 한 조사 결과, 인스타그램은 젊은이들의 정신 건강에 가장 해로운 소셜 미디어로 꼽히는 악명을 얻었다. 그 뒤를 스냅챗, 페이스북이 이었다. 14세~24세 1500명을 대상으로 2017년에 행해진 이 조사는 소셜 미디어

---

10   물론 페이스북 상태 업데이트의 본질은 다른 사람들의 반응을 근거로, 즉 사회 비교에 기반을 두고 자신의 페이스북 이미지를 조정한 결과일 수 있기도 하다.

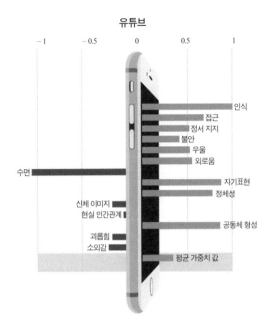

유튜브

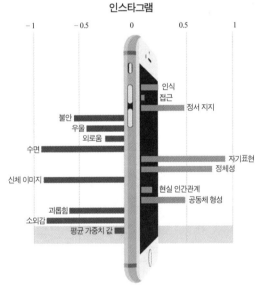

인스타그램

출처: Royal Society for Public Health(2017: 19, 23).

그림 12 – 1. 유튜브의 긍정적인 영향(위) vs 인스타그램의 부정적인 영향(아래)

플랫폼이 불안, 우울, 자아 정체성, 신체 이미지와 같은 정신 건강에 어떠한 영향을 미치는지를 알아보았다(그림 12-1 참조). 인스타그램, 스냅챗, 페이스북, 트위터 순으로 부정적인 영향을 미치는 가운데, 유튜브가 대체로 가장 긍정적인 영향을 미치는 것으로 나타났다.

#StatusofMind 조사 결과 순위(RSPH, 2017)

1. 유튜브 (긍정적인 영향을 보인 유일한 플랫폼)

2. 트위터

3. 페이스북

4. 스냅챗

5. 인스타그램 (가장 부정적인 영향)

이미지 중심적인 인스타그램은 특히 젊은 여성에게 부정적인 영향이 컸는데, 인스타그램에 넘쳐나는 타인의 필터링되고 편집된 사진들이 '좋은' 모습만 보이려는 속성 때문에 젊은 여성이 자신과 비교하고 자기 몸에 쉽게 불만족을 느낀다는 견해도 있다. 소셜 미디어에 만연하는 비현실적인 기대감과 고립의 두려움으로 인해 자존감이 낮아지고 불안과 우울 등 부정적 정서가 높아진다는 연구들이 있었다(예컨대 Kross et al., 2013).

한편, 이러한 이미지 중심 소셜 미디어는 젊은이들의 자기표현과 자아 정체성에 긍정적인 발현 수단이 되기도 한다. 심리적으로 힘들고 어려울 때 소셜 미디어를 통해 사회적 지지와 정서적 위안도 얻으며 능동적인 자기표현을 할 수 있다. 또한 자신의 좋은 모습을 보여 주고 남들에게 긍정적인 피드백을 받으면서 자존감과 자기 긍정 의식이 높아진다는 연구도 있다(나은경·홍주현, 2018).

여자 고등학생들의 소셜 미디어 이용과 신체 이미지, 사회 비교, 자기

만족 사이의 관계를 살핀 연구(나은경·홍주현, 2018)에서도, 성형/미용 리얼리티 TV 프로그램 시청은 신체 이미지 인식에 부정적인 영향을 미쳤으나, 페이스북과 인스타그램 이용은 신체 이미지 인식에 오히려 긍정적인 방향의 영향을 보였으며 남들의 눈을 의식하는 자기 검열을 높이는 것으로 나타났다. 그리고 블로그와 트위터 등 텍스트 중심 소셜 미디어 이용은 자기만족에 부정적인 영향을, 페이스북과 인스타그램 등 이미지 중심 소셜 미디어 이용은 긍정적인 영향을 미치는 것으로 나타났다. 이 연구에서는 페이스북과 인스타그램의 차이가 발견되지는 않았지만, 이는 한국 이용자와 미국 이용자의 차이일 수도 있고, 소셜 미디어 이용 자체가 긍정적이거나 부정적인 영향을 모두 가지고 있다는 점, 그리고 소셜 미디어의 유형별 차이에 관해서는 추가적인 연구가 필요함을 보여 준다.

최근에는 인스타그램이 페이스북보다 더 건강할 수 있다는 관찰이 나와 흥미롭다. 미국 대통령 선거에서 트럼프가 당선되는 데 온라인상의 가짜 뉴스가 큰 역할을 했던 경험을 돌아보고, 미국 사회에서 페이스북이 가짜 뉴스에 취약하고, 정신 건강에 안 좋다던 인스타그램이 이런 면에서는 더 건강할 수 있는 이유에 관심을 보였다. 어포던스 이론에 따르면 소셜 미디어 유형에 따라 이용 구조와 기능이 다르기 때문이다 (Pittman & Reich, 2016). 구체적으로, 인스타그램은 우선 사진과 동영상 등 이미지 중심 서비스여서 쉽게 글로 만드는 가짜 뉴스가 유통되기 어렵고 이미지들을 조작하는 것은 가능하기는 해도 역시 쉽지 않다. 둘째, 하이 퍼링크를 달아 클릭하면 외부의 다른 웹사이트들로 쉽고 빠르게 마치 공간 이동을 하듯이 넘나들 수 있는 페이스북의 구조와 달리, 인스타그램은 해시태그로 내부에 묶어 두는 기능이 강하고 링크 기능이 약해서 가짜 뉴스가 확산되기 어려운 구조다.

셀피와 프로필의 심리

셀피를 왜 찍는가

소셜 미디어의 기술적 발전과 변형이 진행됨에 따라 역사적으로 다양한 유형의 소셜 미디어가 유행을 거쳐 갔다. 소셜 미디어의 유형은 PC 통신을 시작으로 BBS 게시판과 카페/커뮤니티와 같은 텍스트 중심적인 형태가 2000년대 중반까지 십여 년간 강세를 보이다가, 최근에는 모바일의 사용과 더불어 사진과 동영상 등 이미지 중심적인 형태가 주를 이룬다. 소셜 미디어에는 일반인들의 일상생활 사진과 동영상 공유가 일상화되었다. 그렇다면 사람들은 셀피selfie(일명 셀카)를 왜 찍는가?

사람들이 자신의 사진을 왜 찍는가에 대해 가장 쉽게 떠오르는 답으로, '우리는 즐기는 순간의 기억을 남기기 위해서 사진을 찍는다'가 있다. 하지만 우리가 스스로에게 정말 솔직해진다면 진짜 이유는 그것이 아니다. 결과적으로 우리는 '자신을 전시하기 위해' 셀피를 찍는다. 셀피는 친구들에게 당신이 어떻게 보이는지 그리고 요즘 어떻게 지내는지를 보여 줄 기회인 것이다. 사진 중에서도 가장 잘 나온 사진만 고르는 이유가 여기에 있다. 혹은 포토샵이나 앱으로 사진을 수정하기도 한다. 이로 인해 요즘 과도하게 큐레이트된 셀피들이 SNS에 넘쳐난다.

주로 나르시시즘 성향이 많은 사람들이 셀피를 많이 찍고 많이 공유한다는 데 많은 연구들이 동의한다. 한편, 자존감이 낮은 사람들이 셀피를 찍고 공유하면서 자기 인식을 긍정적으로 바꾸는 방향으로 영향을 받는다는 점도 밝혀졌다. 분명한 것은 우리가 우리 자신을 보는 방식을 셀피가 변화시킨다는 점이다. 셀피를 올리는 행위는 자신을 가장 빛나는 모습으로 그려서 공유하는 그 사진에 대해 자랑스러워하며 자존감을 북

돋을 수 있지만 그와 동시에, 그 적절한 셀피를 찍고 필터링하며 편집하는 데 들이는 시간과 그 사이 관여되는 여러 심리를 생각한다면 단순히 자존감을 향상시킨다는 주장을 믿기에는 석연치 않다.

자신의 사진뿐 아니라, 소셜 미디어에서 다른 사람들의 셀피를 보느라 그 많은 시간을 보내는 행위로 인해 발생할 수 있는 사회 비교 심리의 영향도 생각해야 한다. 독일의 한 연구에서는 페이스북에서 셀피를 보며 보낸 시간은 자신의 신체 이미지에 관해 부정적인 감정과 연관된다는 점을 밝혔다(Diefenbach & Christoforakos, 2017). 또한 우리가 포스팅하는 셀피의 개수와 우리가 친구들에게 느끼는 연결의 수준 사이에도 부정적인 상관성이 있었다. 다시 말해, 당신이 소셜 미디어에 셀피를 많이 올릴수록, 당신의 친구들은 당신을 싫어하는 경향이 높아진다는 것이다.

이 연구에 따르면, 대부분의 사람들은 셀피를 다시는 보고 싶지 않다고 생각하는 경향이 있었다. 조사 대상자의 77%가 셀피를 정기적으로 찍기는 하지만 67%는 셀피가 낮은 자존감과 같은 부정적인 방향으로 영향을 미친다고 생각했으며, 82%는 소셜 미디어상에서 셀피 사진은 더 적게, 평범한 사진을 더 많이 보고 싶다고 답했다.

연구자들은 이러한 현상, 즉 사람들이 스스로 셀피를 많이 찍으면서도 셀피에 대한 인식은 좋지 않게 갖고 있는 현상을 '셀피의 역설selfie paradox'이라 칭했다(그림 12-2). 셀피에 대한 이러한 역설적 인식은 사람들이 자기자신의 셀피는 자조적이자 자신의 진짜 모습 표현이라고 여기는 반면, 다른 사람들의 셀피는 자기 보여 주기식의 피상적인 표현이라고 생각하고 있음을 나타낸다. 또한 셀피를 찍을 때 자신은 별로 안 그런데 남들은 재미있어 한다고 생각하는 경향이 있었다. 셀피 찍기라는 동일한 현상에 대해, 남이 하는 경우는 자기 보여 주기식 동기인 부정적인 나르시시즘과 연관된다고 여기면서, 자신이 하는 경우는 자조적인 특성이나

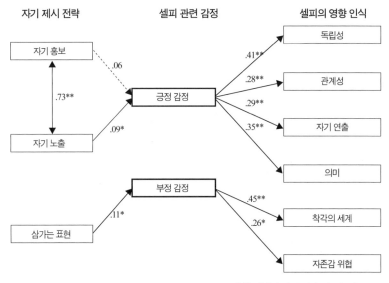

출처: Diefenbach & Christoforakos(2017: 9).

그림 12-2. 셀피의 역설: 자기표현 전략, 셀피 관련 감정, 셀피의 영향 인식 사이의
　　　　관계

진정성 등 긍정적인 특성과 더 많이 연관된다고 생각한다는 것이다.

그런데 자기 보여 주기식 동기가 반드시 나쁜 것만은 아니다. 최근의
연구들은 이와는 다른 방향으로, 나르시시즘 성향이 셀피와 연관된 것
은 맞지만 이 외에도 셀피 관련 행위들을 재미있어 하고 가치 있게 생각
하는 사회적 규범과 같은 주변 환경 요인과 문화도 중요하게 함께 고려할
필요가 있다든지(Kim et al., 2016), 자신의 가장 좋은 모습을 보여 주려 하
는 열망이 높은 셀피는 단지 '좋아요like'를 많이 받기 위해서만 하는 행
동이 아니라, 사람들이 자신이 스스로 희망하는 모습의 자신이 되고자
필요한 행동과 속성을 갖추는 자기 계발적 방법을 찾아가는 데 실제로
도움이 될 수 있다고 보기도 한다(안서연·김정현, 2016).

왜 음식 사진을 찍는가

리얼리티 장에서 보았듯이, '먹방'과 '쿡방' 등 음식이 중심이 되는 텔레비전 시리즈들이 증가하면서 음식 프로그램의 유행이 있었다. 인터넷과 모바일도 예외는 아니다. 친구나 다른 사람들이 찍어 올린 음식 사진을 보고서 새로운 음식점을 알게 되고 기념일에 갈 만한 식당을 소셜 미디어 평가를 보고 결정한다. 집에서 혼자 밥을 먹든 음식점에서 여럿이 함께 먹든 요리 앞에서 카메라를 드는 것은 문화와 국적, 나이와 성별을 불문하고 일상화되고 습관화되었다.

일반인들이 자신의 소셜 미디어에 음식점이나 음식 사진을 올리며 단순한 일상 공유를 넘어 비전문적인 비평을 확산시키는 푸드 마케터의 역할까지 하게 되면서, 업계에서는 이를 부정적으로 보는 경향도 있었고 ― 실제로 프랑스의 한 유명 레스토랑에서는 음식점 안에서 음식 사진 찍는 것을 금지하기도 했다 ― 〈뉴욕 타임스〉의 음식 비평가는 이를 두고 "사진용 요리camera cuisine"라 칭하며 음식 업계에 미치는 부정적인 영향에 주목하기도 했다. 한국의 언론도 마찬가지다.

사람들이 음식을 소비하는 방식에 이미지가 점점 더 큰 역할을 하는 시대가 되었다. 우리는 먹기 전에 왜 이렇게 사진을 찍을까? 습관적으로 하는 음식 사진 찍기 행동의 의미는 무엇일까? 음식을 먹기에 앞서 이렇게 자기 앞에 놓은 요리의 사진을 찍는 행위가 사진을 인스타그램에 올리기 위해서나 습관만이 아니라 실제로 음식을 더 맛있게 만들 수 있다는 연구 결과가 나왔다(Coary & Poor, 2016). 이 연구는 각기 120여 명이 참여하는 세 가지 연구를 진행했다. 하나는 먹기 전 음식 사진을 찍는 행동의 효과를 살펴보는 것이었고, 참가자들은 네 가지 중 하나의 조건 ― 먹기 전 사진을 찍거나 찍지 않거나, 그 음식이 건강에 좋은 음식이거나 나쁜 음식이거나 — 에 배정되었다. 건강 음식으로는 과일 샐러드, 나쁜 음식으로는 아이싱을 올린 초콜릿 케이크의 일종인 레드 벨벳 케이크가 제공되었다. 연구 결과, 레드 벨벳 케이크의 사진을 찍은 사람들은 케이크 사진을 찍지 않은 사람들에 비해 케이크를 더 맛있고 더 기분 좋은 것으로 인식했다. 건강 음식의 경우는 사진 찍기 여부에 따라 맛에 대한 인식에 차이가 없었다.

두 번째 연구에서는 사진을 찍은 건강 음식과 나쁜 음식 사이의 차이를 탐구하고자 했다. 참가자들은 동일한 케이크에 대해 몸에 나쁘다거나 좋다거나 이름을 붙여놓고는 먹기 전에 사진을 찍게 했다. 몸에 나쁜 케이크, 즉 설탕과 크림 등 다이어트 음식과는 거리가 먼 성분들로 만들어진 케이크라고 생각한 참가자들은 몸에 좋은 케이크, 즉 생과일, 달걀 흰자, 저지방 성분으로 만들어진 케이크라고 생각한 참가자들에 비해 (두 경우 모두 사진을 찍었음에도) 케이크가 더 맛있다고 평가한 것으로 나타났다.

세 번째 연구는 건강한 음식과 나쁜 음식 사이의 차이 인식이 수렴하는 지점이 어디인지 알아보았다. 참가자들이 다른 사람들도 건강한 음식을 먹는다는 것을 알았을 때는 먹기 전에 건강 음식 사진을 찍는 것도 음식 맛을 높이 평가하게 했다. 다시 말해, 맛없다고 알려진 건강 음식들, 예컨대 아사이 보울과 케일 주스를 먹는 사진들을 인스타그램에서 보는 것은 그런 사진을 보지 않고 먹었을 때보다 아사이 보울과 케일 주스를 실제로 더 맛있다고 생각하게 될 수 있다는 것이다.

이러한 결과가 나타난 이유는 다른 사람들이 건강한 음식을 먹는다고 공유하는 사진을 보는 행위는 건강 음식 먹기를 더욱 바람직한 것으로 보이게 만들기 때문이다. 우리는 자신이 건강 음식 먹는 것을 사진 찍으면 건강 음식을 먹는 바람직한 행위 실행을 지연시켜, 사진 찍지 않았을 때는 끔찍하게 맛없어 보이는 걸쭉한 초록색 음료로 여겼을 것에 대한 긍정적인 기대를 구축하게 된다. 몸에 안 좋다고 알려진 감자튀김이나 치킨 등의 정크 푸드의 사진을 찍을 때도 비슷한 심리 효과가 발생한다. 유일한 차이점은 이러한 상황에서 우리가 기대하게 되는 것은 덕목 높은 그 행위 자체가 아니라 바람직한 분위기인 것이다.

그러나 음식이 건강하든 해롭든 그와는 무관하게, 음식 사진은 궁극적으로 결국 같은 과정으로 수렴한다. 즉 음식 사진을 찍거나 보는 행위는 우리가 우리 앞에 놓인 접시 위의 음식과 상호 작용하게 한다는 것이다. 카메라 앵글, 빛, 조명, 이들의 복합 구성, 그리고 포크와 나이프의 위치 등을 고려해야 한다. 이 모든 과정은 시간이 걸리고 사진을 찍지 않았으면 이미 먹고 있을 실제 먹는 행위를 연기시킴으로써 앞으로 먹게 될 것에 대한 기대감을 높인다. 실제로 한입 베어 먹을 때, 이 경험은 결과적으로 음식을 훨씬 더 달콤하게 느껴지게 할 것이다.

음식에 대한 만족 증가와 음식 사진 사이의 관계는 음식 사진을 찍는 의례적 행위에 익숙해진 사람들이 식탁 앞에서 자신의 스마트폰을 왜 꺼내고 싶어하는지 그 이유를 설명해 준다. 소셜 미디어로 공유된 음식 사진은 사진 찍지 않은 음식보다 어느 정도 더 맛있게 느껴지기 때문에, 사진 찍기를 금지한다면 소셜 미디어 의존이 높은 이들은 뭐라 말할 수 없는 결핍을 느낄 수 있다.

이러한 결과는 식탁에서 짧은 의례를 행하여 먹기를 연기하는 행위가 우리 앞에 놓인 접시 위 음식에 대한 우리의 인식에 긍정적인 영향을 미친다는 연구와 일맥상통한다(Vohs et al., 2013). 한 실험에서는 참가자들에게 초콜릿 바를 주고는 먹기 전에 그 포장을 어떻게 다루어 벗겨야 하는지에 대해 엄격한 지시를 내린 경우, 그 초콜릿 바를 틈날 때 아무 때나 편하게 먹으라고 한 경우에 비해, 초콜릿을 더 맛있게 먹고 높게 평가했으며 더 비싼 값을 지불할 의향을 보였다. 식사 의례와 음식 소비 사이의 연기가 길어질수록 이 긍정적인 효과가 강화되었으나, 무작위적인 움직임으로 음식 소비를 늦춘 경우에는 동일한 결과가 나오지 않았다. 반복적이고 단편적이며 고정된 행동들만이 음식에 대한 인식을 바꿀 수 있었다.

초연결 시대의 명암

소셜 미디어와 친밀한 대인관계

그리 오래지 않은 과거만 해도 온라인을 통해 짝을 만나는 사람은 많지 않았다. 그러다 1990년대에 이르러 데이팅 웹사이트가 처음으로 생겼다. 매치닷컴Match.com은 1995년에 생겼고, 오케이큐피드OKCupid와 같은 새로운 데이팅 사이트의 흐름이 2000년대 초반부터 등장하기 시작했다. 그리고 2012년 틴더Tinder의 탄생은 온라인 데이팅을 한걸음 나아가게 만들었다. 오늘날 결혼하는 커플의 3분의 1 이상이 온라인을 통해 시작한다 (그림 12-3 참조).

출처: Pew Research Center (2016).

그림 12-3. 온라인 데이팅 사이트 이용의 증가

이러한 사이트들은 데이트 행동에 큰 영향을 미쳐왔다. 그런데 2017년에 이르러 그 효과가 훨씬 더 엄청나다는 첫 번째 증거가 등장한다.

50년이 넘도록 연구자들은 사람들을 서로 연결하는 네트워크의 본질을 탐구해 왔다. 이러한 사회 연결망은 독특한 속성을 지닌 것으로 나타났다. 네트워크 이론에서 하나의 분명한 네트워크 유형은 개개의 노드를 가장 가까운 거리에 사는 이웃과 바둑판 패턴으로 연결한다. 또 다른 명백한 네트워크는 여러 노드들을 무작위로 연결한다. 그러나 현실의 사회연결망은 이 중 어느것과도 비슷하지가 않다. 대신, 사람들은 상대적으로 작은 규모의 이웃 집단에 강하게 연결되어 있으며 훨씬 더 멀리 있는 사람들과는 느슨하게 연결돼 있다.

과거에 비해 오늘날 이 느슨한 연결이 대단히 중요한 것으로 변했다. 이 약한 관계weak ties는 우리의 친한 친구 집단과 다른 무리의 집단들을 연결하는 다리로 기능하여, 우리를 전 세계의 커뮤니티에 연결해 주게 되었다. 느슨한 연결은 전통적으로 짝을 만나는 데 핵심 역할을 했다. 대부분의 사람들이 자신의 친한 친구들과는 잘 연애하지 않는 경향이 있지만, 친구 집단과 연결된 사람들, 즉 친구의 친구와 데이트할 가능성은 매우 높다. 네트워크 이론의 용어로 설명해 보면, 데이트 파트너가 서로의 연결망에 내포된 것이다. 이러한 현실은 서로의 친구를 통해, 바에서, 직장에서, 학원에서, 교회에서, 가족을 통해 등등, 사람들이 배우자를 만나는 방식에 관한 조사 결과들에 오래도록 반영되어 왔다.

최근 연구에 따르면, 온라인 데이팅 서비스가 생겨나면서 사람들이 이렇게 배우자를 만나던 전통적인 방식을 변화시켰다(Rosenfeld & Thomas, 2012). 미국의 경우 온라인 데이팅 서비스는 이성 커플이 서로 만나는 두 번째로 흔한 방식이 되었고, 동성 커플의 경우 단연 가장 많이 사용하는 방식이다(그림 12-4 참조).

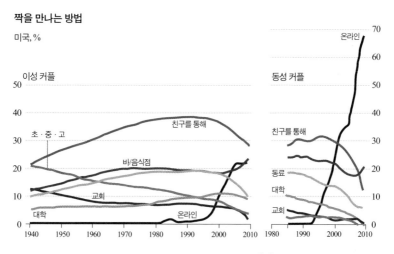

짝을 만나는 방법

미국, %

출처: Rosenfeld & Thomas(2012: 530).

그림 12 - 4. 사람들이 짝을 만나는 방식의 급격한 변화

이러한 현상은, 온라인을 통해 만나는 사람들은 서로 전혀 모르는 완전히 낯선 사이라는 점에서 의미 있는 함의를 지닌다. 이러한 방식으로 사람들이 만나게 되면 이전에는 존재하지 않았던 사회적인 연결이 생겨나는 것이다.

이러한 변화는 사회의 인종적 다양성에 변화를 가져올 수도 있다. 네트워크 시뮬레이션 연구를 통해(Ortega & Hergovich, 2017), 사회 연결망에 부가적인 연결을 추가하면 무슨 일이 발생하는지를 연구자들이 살펴보았다. 이 네트워크는 무작위로 흩어져 있는 다양한 인종의 남녀들로 구성했다. 이 모델에서는 모두가 이성과 결혼하고 싶어하지만 연결이 존재하는 사람하고만 할 수 있다. 이는 다른 인종 간의 결혼이 상대적으로 낮은 정도로 발생하는 사회로 이어진다. 그러나 인종이 다른 집단에서 온 사람들 사이에 무작위 연결을 추가하면, 인종 간 결혼 정도가 급격하게 변화

한다. 이 모델은, 개개인들이 새로 형성된 연결(관계)을 통해 만나는 배우자의 수는 적을지라도, 온라인 데이팅 서비스가 생겨난 이래의 인종 간 통합을 거의 완벽하게 예측한다.

또 하나의 놀라운 효과는 결혼의 견고함 측면에서 발견된다. 온라인 데이팅 서비스의 추가 전/후에 커플들 사이의 평균 거리를 측정하여 결혼의 강도를 살펴본 결과, 이 모델은 온라인 데이팅 서비스가 생긴 사회에서 탄생한 결혼들이 더 관계가 견고한 경향이 있다는 점을 예측한다. 이는 기존의 연구 결과(Cacioppo et al., 2013)와 같은 맥락이다. 이러한 결과를 미국 사회의 인종 간 결혼 비율과 비교한 결과, 그 증가율은 온라인 데이팅의 인기가 높아지는 시점에 변화했다. 매치닷컴이 처음 생긴 1995년 직후에 인종간 결혼율이 급격히 증가했다는 것이 아주 흥미롭다.

온라인 데이팅이 훨씬 더 대중화되는 2000년대 들어서는 그 비율이 더욱 가파르게 증가한다. 2014년에 인종 간 결혼 비율이 한번 크게 뛰는데, 이 증가는 최근 가장 인기 있는 온라인 데이팅 애플리케이션인 틴더의 탄생 직후에 발생한 것이다. 틴더는 2017년 5000만 이용자를 가지고 있고 하루에 1200만 명의 커플을 탄생시키고 있다(*Forbes*, 2017).

물론 이러한 결과는 온라인 데이팅 서비스라는 신기술이 인종 간 결혼의 증가를 가져온 원인이라는 점을 증명하지는 않지만, 그러한 방향의 가설이 설득력 있음을 시사한다. 인종 간 결혼의 증가라는 현상에는 다른 많은 요인들이 기여했을 수 있다. 그중 하나로, 미국 사회의 구성 자체가 단일 인종과는 거리가 멀고 백인의 비율도 감소하고 있다는 점을 들 수 있다. 만일 결혼이 무작위라면 이러한 조건에서 인종 간 결혼의 수가 늘어야 마땅하지만 실제 관찰된 사례들은 그렇지 못하기 때문에, 인구 구성의 변화가 실제 인종 간 결혼의 증가를 설명할 수는 없다. 그리고 현재 진행 중인 이러한 사회 변화의 주된 동력으로 온라인 데이팅 서비스를 유력하게 검토할 필요를 남긴다. 한편, 결혼의 견고함을 살펴본 결과는, 온라인을 통해 만나 결혼한 커플들이 전통적인 방식으로 만나 결혼한 커플들에 비해 이혼율이 더 낮다는 근거가 된다. 이것은 한 사회를 유의미하게 이롭게 만들 가능성이 있다.

한국 사회에서는 아직 온라인 데이팅 서비스 이용이 서구만큼 활발하지는 않다. 여기에는 여러 사회 문화적인 차이와 심리적인 차이도 있을 것이다. 그러나 공식적인 데이팅 앱을 이용하지는 않더라도 블로그나 트위터 혹은 인터넷 커뮤니티 등 다른 온라인 서비스의 활동을 통한 만남은 증가하는 추세인 점을 볼 때, 새로운 테크놀로지를 통해 낯선 이들과의 감정적인 교류, 우정과 사랑의 관계를 발전시킬 수 있게 하는 심리에 관해서는 지속적으로 탐구해 볼 만하다.

실제로 2013년 연구(Cacioppo et al.) 역시 온라인을 통해 배우자를 만난 경우, 전통적인 방식으로 오프라인 만남을 통해 결혼한 경우보다 결혼에 대한 만족이 높고 이혼율도 낮은 경향이 있음을 밝힌 바 있다. 이 연구는 2005년부터 2012년 사이에 결혼한 약 2만 명에 가까운 사람들을 조사했는데, 35%의 응답자들이 온라인을 통해 배우자를 만났으며 이들 중 절반이 온라인 데이팅 사이트를 통해 만난 것으로 나타났다. 나머지 절반은 소셜 미디어, 채팅방, 이메일 등 다른 온라인 서비스를 통해 만났다고 응답했다. 오프라인에서 만난 결혼의 8%가 이혼에 이르는 반면, 온라인에서 만난 결혼은 평균적으로 결혼 만족도가 더 높고, 이혼율도 6%로 더 낮았다.

컴퓨터 매개 커뮤니케이션의 '하이퍼퍼스널hyper-personal' 심리에 따르면(Walther, 1996) 사람들은 온라인에서 소통할 때 면 대 면 소통에 비해 더 솔직해지는 경향이 있기 때문에 쉽게 친밀해질 수 있다. 또한 온라인에서는 배우자 후보 가능 인력의 풀이 더 크고, 온라인 데이팅 서비스는 장기적 관계를 찾는 데 더 집중하기 때문일 수도 있다. 물론 온라인을 통해 배우자를 만나는 사람들이 성격, 장기적인 결혼 관계 형성 동기 등 몇 요인들에서 특이한 차이가 있을 가능성도 있다.

모바일 미디어와 세대 변화

인터넷 및 소셜 미디어와 같은 디지털 미디어의 확산, 보편화와 함께 10대와 20대의 젊은 시절을 보낸 밀레니얼 세대는 최근까지만 해도 소비와 산업의 변화를 주도해 왔다. 그러나 이제 밀레니얼도 옛말이 되고 있다. 오늘날 세상의 변화는 1996년 이후 출생한 Z세대의 취향과 변덕에 달려 있다는 전망들이 나온다. 이들은 이른바 'iGen' 혹은 '포스트밀레니얼'로도 불리는데, 퓨리서치센터의 2018년 조사에 따르면 '거의 끊임없이 계속' 온라인상에 있다고 말하는 진정한 디지털 네이티브다. 이러한 세대 변화는 디지털 미디어 생태계의 기술 발전과 변화에 크게 기인하는 바, 과거 매스 미디어에서 인터넷과 소셜 미디어의 시대로, 그리고 이후 모바일과 스마트폰의 시대가 된 것이 주된 이유라 할 수 있다.

《나 세대Generation Me》(2007), 《#i세대iGen》(2017)의 저자이자, 세대 연구에 집중해 온 샌디에이고주립대학교 심리학자 진 트웬지Jean Twenge에 따르면, 그녀가 i세대라고 부르는 이 Z세대들은 (전 세대들에 비해) 기대치나 야망이 낮고 자신감도 떨어진다. 이전 세대만큼 세상을 낙관적으로 바라보지 않는다는 것이다. 그래서 경제 관련 활동에 대해서도 더 안정을 추구하고 위험 회피 경향이 강하다. 오늘날의 10대~20대인 이들은 심지어 이전 세대들에 비해 성관계나 음주도 훨씬 덜하는 경향이 있었다 (Twenge & Park, 2017). 그런데 이들은 또한 부富와 물질 상품 등 물질적 풍요로움을 우선시한다. 인간관계와 공동체 의식과 같은 내재적 가치보다는 돈, 유명세, 부유함과 같은 외재적 가치를 중시하는 방향으로 심리 경향의 변화가 일어났다는 것이 트웬지의 설명이다.

십대들의 행동과 정서 상태에서 발견되는 이러한 변화는 2010~2012년을 기점으로 시작된다. 이전에는 완만한 기울기였던 각종 데이터의 그래프가 이때부터 가파른 절벽을 그리며 급격한 변화를 보이면서, 밀레니얼 세대의 고유한 특징들은 사라지기 시작했다. 이전 세대들에게 매우 강렬한 열망이었던 '독립'은 근래의 십대들에게 더 이상 그 정도로 지배적이지 못하다.

이렇게 극적인 변화를 불러일으킨 2010~2012년에 무슨 일이 있었는가? 연구자들은 미국의 데이터를 이용했지만, 이는 단지 미국의 경우에 국한되지 않고 한국 사회도 포괄하는, 전 세계 공통의 현상이다. 바로 아이폰의 등장을 비롯해(아이폰의 처음 시작은 2007년, 한국 판매 시작은 2009년), 스마트폰 이용 인구가 50%를 상회하기 시작한 시점인 것이다. 즉 iGen, Z세대는 스마트폰과 그에 수반되는 소셜 미디어(특히 인스타그램) 이용의 보편화를 그 특성으로 하며 인터넷 이전의 시대에 대해 알지 못하는 세대라 할 수 있다. 밀레니얼 세대 때도 웹이 등장했지만 인터넷이 삶의 모든 순간에 이렇게 밤낮으로 편재하지는 않았다. 스마트폰의 등장은 인간관계를 통한 사회적 상호 작용에서부터 정신 건강에 이르기까지 십대들의 삶의 모든 측면을 속속들이 근본적으로 변화시켰다.

요즘의 십대들은 자신이 운전하는 차 안이나 파티에서보다 자기 방안에서 더 편안함을 느끼며 그렇기 때문에 물리적으로 더 안전하다. 이전 세대에 비해 교통사고당하는 확률도 두드러지게 낮고, 술도 덜 마시고, 술로 인해 생기는 병들에도 덜 취약하다. 그림 12-5에 나타난 것과 같이, 2009년의 십대보다 2015년의 십대는 친구들과 바깥에서 어울려 노는 빈도가 현저하게 줄어든 것을 알 수 있다. 또한 이성과 데이트하는 것

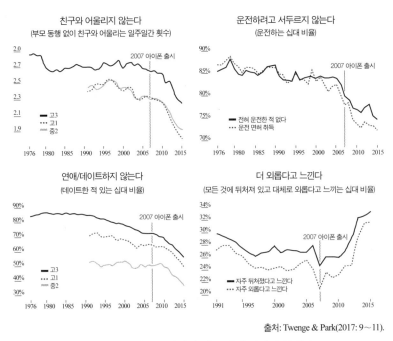

출처: Twenge & Park(2017: 9～11).

그림 12 - 5. 스마트폰 등장 이후, Z세대의 어른 이행 지체와 불행감

도 뚜렷하게 줄었다. 연애 관계 시작을 위한 구애 단계의 초기에 X세대가 "누가 누구를 좋아한다"고 하던 것이, Z세대는 실제 대화를 대신하는 텍스트 메시지로 "서로 톡talk한다"고 하는 것으로 대체되었다고 한다. 폰으로 한동안 '톡하기'를 실행하다가 커플이 되기도 한다. (한국에서는 2014년 〈썸〉이라는 대중가요가 히트를 치고 '썸타다'라는 연애 신조어가 생긴 것도 이즈음이다.) 그 결과, 베이비부머 세대와 X세대의 85%가 고교 시절에 데이트한 것과 대조적으로, Z세대는 불과 56%에 머물렀다(Twenge, 2017). 베이비부머 세대가 1970년대에 스케이트 링크장에서 삼삼오오 데이트를 하고, X세대가 집과 부모로부터 해방하여 물리적 공간의 독립을 얻으려 열망했던 현상을 지금의 십대들은 이해하지 못한다.

얼굴 맞대고 만나서 데이트를 하지 않으니 성행위도 감소할 수밖에 없다(Twenge & Park, 2017). 이는 물론 미국 십대들의 통계 결과이기는 하지만, 미국과 한국에서 그리고 전 세계적으로 출산율이 급감한 현상과도 상당한 관련이 있을 것이다. 반면에, 그림 12-5에서 보는 바와 같이 2011년 이후 십대의 우울증과 자살 발생은 급등하여, 심리적으로는 이전 세대보다 더 취약한 측면이 있다.

근래의 십대들은 어른으로서 누릴 즐거움과 져야 할 책임을 빨리 얻고자 왜 애쓰지 않게 된 것일까? 밖에 나가지 않고 집 안에 머물러도 충분한 이유는 그들의 사회적 삶이 전부 폰 안에 있기 때문이다. 이전 세대들이 또래 친구들과 모여 놀던 롤러장, 야구장, 시내 쇼핑몰 등이 웹과 앱을 통한 가상 공간으로 대체되었다. 친구들을 만나고 함께 시간을 보내러 집밖에 나갈 필요가 줄어든 것이다. 이들이 집 안에만 있는 시간이 많아져, 과거 십대들이 몰려다니던 쇼핑몰이 사라지고 있다는 진단이 〈블룸버그Bloomberg〉 최근 호에 나오기도 했다. 어린 시절 학교에서 친구들과 축구 경기도 자주 하지 않아 재능 있는 축구선수의 발굴이 어려워지고, 이는 향후 프로축구의 실력과도 연계될 수 있다는 지적까지 나온다.

청소년들이 가상 공간에서 이렇게 많은 시간을 보내는 이유가 그곳에서 그들이 행복하기 때문이라면 다행일 수도 있겠지만, 대부분의 데이터는 정반대의 결과를 보여 준다. 온라인상에서 더 많은 시간을 보내는 청소년일수록 더 불행하다고 느끼는 경향이 있었으며, 오프라인 활동에 더 많은 시간을 보내는 청소년일수록 더 행복하다고 느끼는 경향이 있었다.

이러한 조사 결과에 대해, 온라인에서 보내는 시간이 불행으로 이어지는 것이 아니라 불행한 청소년들이 온라인에서 더 많은 시간을 보낸다고 해석할 수도 있다. 그러나 앞서도 언급한바, 페이스북과 행복감 사이의 관계를 살핀 수많은 연구의 결과들 중 상충되는 것들도 있지만, 최근에 나온 연구일수록 그리고 인과관계에 중점을 두어 분석한 결과일수록, 온라인 활동, 특히 소셜 미디어 이용에 보내는 시간은 인과적으로 분명히 불행을 초래하는 경향이 있음을 밝혀내고 있다. 디지털 미디어 이용에 하루 3시간을 보내는 청소년들은 자살을 계획하는 것과 같은 자살 관련 위험 요인을 35% 더 많이 가진 것으로 나타났다(Twenge & Park, 2017). 이는 텔레비전 시청 관련 위험에 비해 훨씬 더 큰 비율이다.

Z세대가 겪고 있는 이와 같이 명백한 정신적 고통과 스마트폰 이용 사이에는 어떤 관계가 있는가? 많이 알려져 있듯이, 스마트폰과 소셜 미디어는 청소년들을 밤낮으로 연결해 주기도 하지만, 혼자 남아 소외될 것에 대한 두려움을 악화시키기도 한다. 특히 2010년에 비해 2015년에 48% 더 많은 십대 소녀들이 혼자 소외된 느낌이 자주 든다고 답했는데, 이는 같은 시기 십대 소년들(27%)보다 더 높은 비율이다. 십대 여자 청소년들이 남자들에 비해 소셜 미디어를 더 많이 이용하여, 친구들이 자기를 빼고 서로 어울리는 것을 보게 되는 경우 소외되고 외롭다고 느낄 기회가 더 많이 생기는 셈이다.

이러한 현상이 위태로운 이유는 어린이와 청소년 시절에 경험하는 것으로 끝나지 않기 때문이다. 스마트폰의 끊임없는 존재는 이들이 어른으로 이행하는 사회화 과정에 강력한 영향을 미친다. 친구들을, 사람들을 면 대 면으로 만나 보내는 시간과 정서적 경험이 발달시켜 줄 수 있는 사회적 기술과 자질을 얻을 기회가 박탈될 수 있다는 점에서 깊이 생각해 볼 필요가 있다.

디지털 네트워크 시대 평등과 자유의 부작용

디지털 미디어와 소셜 미디어로 인해, 이전에는 누리지 못했던 평등과 자유, 누구나 동등하게 말할 수 있고 어떤 표현이든 자유롭게 원하는 방식으로 말할 수 있는 세상이 되었다. 기존의 매스 미디어 시대에는 소수에게 (소수가 장악하기 쉬운 구조의) 전파의 힘이 있었기 때문에 그 시대에 갈망하고 꿈꾸던 가치들이었으나, 도달하고 보니 새로운 (그러나 권위주의, 독점, 가짜, 해악의 본질은 동일한) 문제들이 발생한다. 디지털이 우리에게 자유를 준 동시에, 사람들의 신뢰trust와 관심attention을 재료로 삼아 테크놀로지를 통해 장난하고 조정하여 돈을 벌고 힘을 얻는 세상이 된 측면이 있다.

특히 문제가 되는 것은 이전 시대에 우리가 평등과 자유를 지키기 위해 세웠던 많은 원리와 원칙들이 무용해졌다는 점이다. 저널리즘의 원칙과 규범, 보도의 원칙, 언론의 자유 등을 그대로 적용할 수 없는, 적용하면 오히려 악화되는 현상을 마주하게 되었다. 이처럼 우리의 사상과 행동의 근본이 무용해진 시점에서 우리가 해야 할 일, 익혀야 할 것, 흔들리지 말아야 할 것, 올바른 방향을 찾는 것이 더욱 중요해졌다. 언론의 자유를 뒷받침하던 '사상의 자유 시장' 아이디어가 개인의 이성과 합리성을 신뢰하여 근현대를 지배해 왔다면, 이제 디지털 미디어로 만인만물이 초연결된 시대에는 일개인의 합리성보다 관계가 더욱 중요해졌다. 이것이 네트워크와 연결 데이터가 중요해진 이유일 것이다.

한 사회과학자는 지금 시점을 자동차의 역사와 비교하며 낙관을 버리지 않고 있다(Tufekci, 2018). 2018년 현재, 페이스북 나이 14년, 구글 19년, 트위터 11년, 이것은 자동차 기술의 역사로 보자면 안전벨트 등의 사고방지 및 안전을 위한 기술들이 개발되기도 전이다. 우리는 아직 이 위기에 대처할 기회가 남아 있다. 더 망가지거나 아예 늦어 버리기 전에, 지금 당장 무엇인가 해야 한다는 것이다.

엔터테인먼트 콘텐츠와 인간의 삶

감정 굴곡의 기준선 모델

13장

우리는 지금까지 미디어를 통해 우리에게 즐거움을 주는 다양한 장르의 엔터테인먼트의 형식과 내용을 특히 심리에 초점을 두어 살펴보았다. 이 장에서는 먼저 이러한 논의들을 거시적인 문화의 틀 안에서 바라볼 때 어떠한 시사점을 얻을 수 있을지 정리해 보려 한다. 또한 이 책에서 크게 엔터테인먼트를 4개의 범주로 나누어 1부 내러티브 세계, 2부 정서 경험, 3부 리얼리티/현실 인식, 4부 디지털 네트워크의 측면에서 살펴본 과정에 근거하여 각 범주의 엔터테인먼트에서 작동하는 심리적 원리들을 요약하면서, 사람들에게 재미와 감동을 줄 수 있는 엔터테인먼트의 특성이 무엇인지 고찰하며 글을 마무리하고자 한다.

엔터테인먼트 콘텐츠는 인간의 삶

우리가 즐기고 있는 엔터테인먼트 콘텐츠를 들여다보면 이것은 곧 인간의 삶과 직결되어 있다. 장르를 불문하고, 시대를 불문하고 인간이 살아 온, 또는 살고 있는 삶의 모습이 여러 형태로 요리되어 담겨 있는 것이 바로 엔터테인먼트 콘텐츠이기 때문이다.

등장인물, 플롯, 배경 등 엔터테인먼트 콘텐츠의 일부가 인간과 무관해 보이는 요소일 때도 있다. 예컨대, 등장인물이 사람이 아닌 동물이나 로봇 또는 만화 캐릭터일 수도 있고, 배경이 인간의 세계가 아니라 우주인의 세계나 신들의 세계일 수도 있다. 그러나 이런 경우에도 결국은 그 배경과 등장인물의 행동 등이 인간의 삶의 일부를 닮아 있기에 인간이 상상할 수 있는 틀 안에 존재한다.

따라서 어떤 형태의 엔터테인먼트이든 그것을 담는 그릇과는 무관하게 거기에 담기는 내용에는 '인간의 삶'의 모습이 반영되어 있다. 때로는 그 모습 그대로, 때로는 변형된 형태로, 때로는 과장된 형태로 담겨 있지만, 그것은 기본적으로 '인간 관련성'을 지니고 있기에 인간에게 감정을 느끼게 해 준다(나은영, 2010 참조). 특정 상황에서 인간이 느끼는 감정은 그동안 살아 온 경험에 대해 어떻게 기억하고 있느냐에 따라 달라지기 때문이다.

보편적인 인간의 감정, 즉 아주 오랜 세월 동안 이어져 온 사랑의 감정이라든지, 믿었던 친구에게 배신당하고 어이없어 하는 상황이라든지, 원하는 바가 억울하게 좌절되어 분노하는 상황이라든지 하는 대부분의 상황들이 인간이기에 겪게 되는, 인간이라면 누구나 대부분 일생을 살아 가면서 겪을 수밖에 없는 상황들이기에, 헉슬리가 이야기한 인간의 '전면적 진실'을 담아내는 엔터테인먼트는 순간적인 감정이 무엇이든 궁극적으로는 인간에게 깊은 느낌을 준다.

그렇다고 하여 순간적, 말초적 재미를 주는 엔터테인먼트가 결코 중요하지 않다는 것은 아니다. 사람이 일생을 깊은 감동만 하며 지내는 것은 아니기 때문이다. 때로는 가볍게 웃으며 털어 버릴 수 있는 콘텐츠가 사람에게 큰 활력을 준다. 사람들은 때로는 강한 동기를 가지고 엔터테인먼트 콘텐츠를 적극적으로 찾기도 하지만, 때로는 일상의 업무에 지쳐 생각 없이 TV 채널을 돌리며 우연히 접하게 되는 가벼운 콘텐츠를 더 선호하기도 한다. 어떤 콘텐츠이든 인간의 삶의 일부이며, 그것이 우리의 일상 중 어느 시점을 차지하여 우리의 관심과 주목을 끌어들임으로써 우리에게 영향을 주는 것이다.

더욱 중요한 것은 시대의 흐름에 따라, 또는 개인의 특성에 따라 각 사람이 '최적'이라고 생각하는 자극의 강도나 종류가 달라질 수 있다는 점이다(나은영·권예지, 2016; Hebb, 1955). 즉 지금까지 대체로 중간 정도의 각성 수준(그림 13-1의 B 부분)이 최적의 수행을 보이는 데 도움이 되며 그보다 강하거나 약한 각성 수준은 수행에 방해가 된다고 알려져 있으나

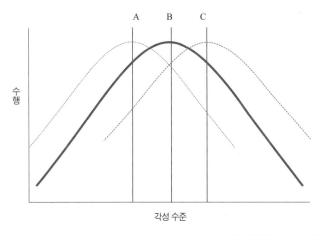

출처: 나은영(2010), Hebb(1955) 참조.

그림 13 - 1. 개인차에 따른 최적 각성 수준 모델의 변환

(Yerkes & Dodson, 1908; Hebb, 1955), '최적'의 수준이 사람마다, 또는 시대마다 다를 수 있다는 점이 중요하다. 개인의 특성에 따라 어떤 사람은 그림 13-1의 A지점에서, 또 다른 사람은 이 그림의 C지점에서 최적의 상태를 느끼며 수행을 극대화시킬 수 있다는 것이다. 그러면 현재 B에서 최대치를 보이는 종 모양의 그래프가 전자의 경우 A에서 최대치를 보이는 종 모양의 그래프로, 후자의 경우 C에서 최대치를 보이는 종 모양의 그래프로 전환된다. 누구나 '본인이 생각하는' 최적의 각성 수준이 있고, 그보다 높으면 너무 긴장되어 불편을 느끼며 그보다 낮으면 너무 따분하여 불편을 느끼게 된다.

좀 더 구체적인 사례를 들어보면, 에너지 넘치는 젊은 층, 또는 외향적인 사람에게는 C에 해당하는 각성 수준이 가장 적절하게 느껴져, 예컨대 너무나 조용한 도서관에서는 오히려 집중이 안 되고 약간의 소음이 있는 카페에서 집중이 더 잘 될 수 있다(나은영·권예지, 2016 참조).

반대로, 대체로 천천히 일하는 것을 좋아하는 사람이나 내향적인 사람에게는 A에 해당하는 각성 수준이 가장 적절하게 느껴져, 일반적으로 편안한 환경으로 느껴지는 B 지점의 각성 수준이 약간 소란스럽다고 느껴질 수 있다.

동일한 개인도 시대의 흐름에 따라, 그리고 연령대의 증가에 따라 최적 각성 수준으로 느껴지는 지점이 변화해 갈 수 있다. 젊었을 때는 신나는 음악을 더 좋아했으나 나이가 들어감에 따라 조용한 음악을 더 선호하게 될 수도 있고, 예전 시대에는 한적한 곳이 더 인기를 끌었으나 최근으로 올수록 자극이 많은 곳이 더 인기를 끌게 될 수 있는 것이다.

요점은 엔터테인먼트 콘텐츠에 어느 정도의 자극 수준을 가미하는 것이 사람들에게 가장 큰 즐거움을 줄 수 있을지 고려할 때, 현재 처해 있는 곳의 문화와 시대에 따라, 그리고 개인의 특성에 따라 그 정도가 달라질 수 있음을 염두에 두어야 한다는 것이다. 또한, 무엇이 새롭고 무엇이 구태의연한지에 대한 판단, 무엇이 익숙하고 무엇이 낯선지에 대한 판단도 사람이 처해 있는 사회 속의 상황과 경험에 따라 달라질 수 있어, 너무 앞서가는 콘텐츠도 즐거움을 주기 어렵고 너무 시대에 뒤떨어진 콘텐츠도 당연히 즐거움을 감소시킨다. 이처럼 미디어 콘텐츠 이용자의 구미가 까다롭기는 하지만, 우리는 어쩔 수 없이 또 매 순간 많은 사람들의 구미를 당길 수 있는 콘텐츠를 요리해 내 놓고 평가를 기다린다.

이제 이 책에서 살펴보았던 순서대로 엔터테인먼트 콘텐츠를 즐기는 사람들의 심리를 정리하면서, 감정 굴곡의 기준선 모델을 제안하려 한다.

스토리와 엔터테인먼트

내러티브 구조와 감정 굴곡의 기준선 모델

스토리는 대부분의 엔터테인먼트에서 가장 기본적인 요소다. 여기서 '대부분'이라고 이야기한 이유는 '모든' 엔터테인먼트에 스토리가 포함되는 것은 아니기 때문이다. 예를 들어 명시적인 스토리가 없는 음악이나 추상화 등도 당연히 인간의 삶과 정서에 관련된 엔터테인먼트 콘텐츠임이 분명하다. 그럼에도 불구하고 엔터테인먼트의 상당히 많은 영역이 스토리를 포함하고 있기에 이 범주를 이 책에서 가장 먼저 다루었다.

스토리가 중심이 되는 엔터테인먼트 중에는 허구fiction에 바탕을 둔 드라마나 영화와 같은 장르도 있고, 실제non-fiction에 바탕을 둔 다큐멘터리나 리얼리티 프로그램들도 있다. 어떤 경우든 인간의 삶 중 일부에 조명을 비추어 극화dramatize시키면서 과장하거나 실제의 이야기 전달 순서를 조정함으로써 사람들의 궁금증을 극대화하는 과정을 통해 스토리에 대한 사람의 관심을 유지하면서 작품을 이끌어간다.

스토리의 패턴이 어떻게 구성될 때 사람들의 마음이 잘 움직이는지와 관련된 연구 중 하나로, 컴퓨터 자연어 처리를 통해 인기 있는 소설 2000여 편을 분석한 레이건 등(Reagan et al., 2016)의 연구에서 알 수 있듯이(3장 드라마 부분 참조), 주인공의 몰락과 상승을 중심으로 '감정의 굴곡'이 유발되는 내러티브 구조가 사람들에게 '정서의 포물선'을 경험하게 하면서 즐김을 강화시킨다. 대체로 주인공에게 좋은 일이 발생할 때 긍정적 정서를 경험하고, 좋지 않은 일이 발생할 때 부정적 정서를 경험한다고 가정할 경우의 내러티브 진행에 따라 관찰되는 그래프이다.

이들의 연구 결과를 일반화하여 도표화 하면서 중앙 기준선을 추가

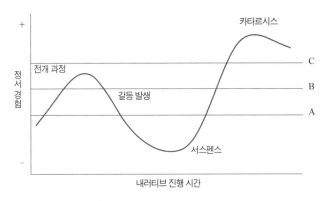

그림 13 - 2. 감정 굴곡의 기준선 모델

하면 그림 13-2와 같이 표현할 수 있다. 이와 같은 모델을 저자들은 '감정 굴곡의 기준선 모델'이라는 이름으로 제안하고자 한다. 물론 이 그림은 가장 간단한 내러티브를 기준으로 한 것이며, 내러티브가 복잡해질수록 이러한 굴곡의 수가 증가할 수는 있지만, 큰 내러티브 안의 작은 이야기들로 인한 감정의 작은 굴곡들의 패턴으로 나누어 보면 이와 같은 기본 양상을 보인다고 할 수 있다.

'감정 굴곡의 기준선 모델'을 구체적으로 설명하면, 시간의 흐름에 따라 내러티브가 진행되어 가면서 초기의 전개 과정에서는 비교적 긍정적 정서가 증가하다가, 갈등이 발생하면서 부정적 정서로 전환된다. 이러한 갈등이 극대화되면서 강한 서스펜스를 느끼게 되고, 이어 극적 반등이 일어남과 동시에 갈등이 해결되며 카타르시스가 발생한다. 이러한 과정에서 느끼게 되는 긍정적, 부정적 정서의 강도는 각 개인이 과거의 경험에 근거하여 지니게 되는 기준선에 따라 달라진다.

구체적으로, 그림 13-2의 그래프를 앞서 이야기한 그림 13-1의 '최적 각성 수준 모델의 변환'에 적용해 보면 그림 13-2의 그래프들에서 감정의 굴곡을 나타내는 포물선을 가로지르는 '최적 정서 기준선'도 사람마다 다를 수 있을 것이라고 추론할 수 있다. 즉 그림 13-1의 중앙 세로축이 중간 정도의 긴장도를 지니는 최적 각성 수준을 나타내듯, 그림 13-2의 중앙 가로축이 긍정도 부정도 아닌 중간 정도의 정서 상태를 나타낸다고 가정할 수 있다. 전반적으로 특정 내러티브가 사람들의 마음을 들었다 놓았다 하며 긴장에서 안도로, 다시 새로운 서스펜스에서 카타르시스로 이동시킴으로써 감동과 재미를 줌과 동시에, 어느 정도의 정서 강도를 중심선으로 하여 어느 만큼씩 오르내리는 것이 가장 큰 즐거움을 주는가 하는 것은 개인마다 다를 수 있다.

좀 더 상세히 들어가 보면, 그림 13-2에서 대부분 사람들의 중립 감정이라 할 수 있는 감정의 기본선이 B라고 할 때, 대체로 우울한 상태가 더 많은 사람은 기본선이 C일 수 있고, 대체로 기분 좋은 상태가 더 많은 사람은 기본선이 A일 수 있다. 기본선이 C인 사람은 긍정 감정의 역치가 높아 웬만한 일에 크게 즐거워하지 않으며, 약간 부정적인 일에도 크게 부정적인 정서를 느낀다. 반면에 기본선이 A인 사람은 보통 사람들보다 긍정 감정의 역치가 낮아 작은 일에도 크게 기뻐하며, 웬만큼 부정적인 일에 대해서는 크게 부정적으로 느끼지 않는다.

스토리에 등장하는 주인공에게 좋지 않은 일이 발생할 때 느끼는 부정적 감정 상태는 그림 13-2와 같은 '감정 굴곡의 기준선' 모델에서 기준선 이하에 해당하는 '불균형' 상태라 할 수 있으며, 갈등이 해결된 후 그 주인공에게 마침내 좋은 일이 발생함으로써 통쾌함을 선사하게 될 때의 긍정적 감정 상태는 기준선 이상에 해당하는 '균형' 상태로서, 이것이 특히 바닥에서 천정으로 극적으로 일어날 때 더욱 큰 즐김의 경험을 하게 되는 것이다.[11]

사람의 마음을 상당한 정도로 움직이기 위해서는 단조로운 스토리를 반복하기보다는 이처럼 마음의 높낮이에 영향을 줄 정도의 긴장과 이완을 적절히 배치할 필요가 있다. 동일한 엔터테인먼트 콘텐츠라 하더라도 개인의 감정 기준선에 따라 어떤 사람은 즐겁게 느끼는 반면 또 다른 사람은 탐탁지 않게 느낄 수 있기 때문에, 콘텐츠를 제작하는 사람들은 결국 '중간 정도의' 표준 감정 기준선을 가정하거나 또는 해당 프로그램의 주요 타깃층의 감정 기준선에 맞춰 제작하는 경향이 있다.

내러티브 세계의 장르별 심리

스토리의 흐름을 기반으로 하는 내러티브 세계에서도 각 장르별로 작동하는 심리가 조금씩 다르다. 이 책에서 '영화'의 세계에서는 공감, 감정이입, 서스펜스, 카타르시스, 심리적 위안과 치유, 미디어 기술 등에 초점을 둔 심리 변화를 다루었고, '드라마'의 세계에서는 의사사회적 상호 작용, 몰입과 경험 수용 및 자아의 확장, 마음 읽기/마음 유추, 그리고 기억 투사의 관점에서 심리 변화를 살펴보았다. 또한 '웹툰'의 세계에서는 상호 작용성, 독자 세분화, 환상, 감성 및 몰입, 틈새 시간 활용, 공감의 공유, 공간 표현의 수직적 확장, 특수 효과 및 2차 제작물의 관점에서 다양한 심리 현상을 제시하였다.

영화, 드라마, 웹툰이 엄연히 다른 장르이기는 하지만 주된 스토리가 허구에 바탕을 둔다는 점에서 상당히 넓은 범위의 공통점을 지닌다. 따라서 이 책의 1부에서 내러티브 세계라는 큰 범주 내의 장르를 나누어

---

11 이에 관한 보다 상세한 설명은 나은영(2010)이 사회심리학자 하이더(Heider, 1958)의 균형 이론을 서스펜스와 카타르시스의 경험에 적용한 과정, 그리고 이 책의 2장(특히 그림 2-2의 내용)을 참조하라.

설명한 다양한 심리 현상들 중 상당부분은 영화, 드라마, 웹툰을 넘나들며 경계와 무관하게 적용이 된다.

예를 들어, 공감과 감정이입, 몰입, 서스펜스와 카타르시스, 의사사회적 상호 작용, 마음 유추와 기억 투사, 환상과 감성 등은 대체로 영화, 드라마, 웹툰 장르 모두에 공통적으로 적용되는 심리 현상으로 분류할 수 있다. 기본적으로 공감과 감정이입이 없으면 스토리에 몰입이 되지 않아 그 스토리로 인한 감정 변화와 감동을 느낄 수가 없고, 그러면 자연히 즐김의 심리에서도 멀어지게 된다.

서스펜스와 카타르시스는 어찌 보면 내러티브 구조에서 사람들의 마음의 움직임의 폭을 극대화함으로써 강렬한 감동을 주는 데 큰 역할을 하는 핵심적인 심리 현상이라 할 수 있다. 영화이든 드라마이든 웹툰이든 시종일관 밋밋하게 전개되다 끝나는 픽션은 사람들의 마음의 움직임에 영향을 주지 못해 주목과 관심을 끌지 못한다. 스토리는 다양하더라도 이로 인해 움직이는 사람의 마음의 변화는 어느 정도 오르막과 내리막을 반복한다는 공통 특성을 지닌다.

등장인물의 마음을 유추하고 본인의 기억을 투사하는 과정도 픽션에 기반을 둔 스토리를 즐기는 데 필수적인 과정이다. 여기에서 더 나아가 사람들이 현실 속에서는 경험하기 힘든 '상상력'에 기반을 둔 환상과 감성도 내러티브 세계의 엔터테인먼트 콘텐츠에 큰 기여를 하는 요소라 할 수 있다.

해당 장르에 비교적 독특하게 적용되는 심리 현상 중에는 예컨대 웹툰에서의 독자 세분화, 틈새 시간 활용, 및 공간 표현의 수직적 확장 등을 꼽을 수 있다. 물론 영화나 드라마에서도 관람객이나 시청자의 세분화가 발생하고, 웹드라마나 웹소설의 경우 틈새 시간을 활용하는 심리가 작용하는 등 주로 웹툰을 논의하며 이야기했던 개념들이 영화나 드라마와 같은 장르에 적용되지 않는 것은 아니지만, 각 장르에 '주로' 적용되는 심리 현상들이 존재한다는 점도 간과할 수 없다.

정서 경험과 엔터테인먼트

지금까지 내러티브 영역에서도 언급했듯이, 인간의 정서 경험은 엔터테인먼트의 가장 핵심적인 요소라 해도 과언이 아니다. 감정은 기억에 바탕을 두고 나타나며, 기억은 경험에 의해 만들어진다(Squire & Kandel, 2016). 따라서 사람마다 자신이 지금까지 경험해 왔던 내용에 따라 특정 상황에서 느껴지는 감정도 달라진다.

앞서 살펴보았듯이 스토리에 기반을 둔 내러티브의 세계에서는 스토리의 시간적 흐름에 따라 주인공에게 발생하는 사건들로 인해 이를 바라보는 관람객이나 시청자 또는 독자의 감정 곡선이 달라지게 된다. 따라서 2부 '정서 경험과 엔터테인먼트'에서 다룬 장르들 중 픽션의 요소가 있는 장르들, 예컨대 연극이나 오페라, 뮤지컬, 코미디, 비극 등은 그 안에 담겨 있는 스토리의 전개에 따라 위에 언급한 감정의 굴곡에 따른 정서 변화를 겪으며 즐기는 부분이 당연히 포함된다.

여기에 더하여, 공연 예술과 퍼포먼스에서는 공연이나 퍼포먼스의 '현장'에서 느끼는 마음과 경험을 공유할 수 있다는 독특한 특성이 합쳐진다. 또한 실제 생활보다 소설이, 소설보다 영화가, 영화보다 연극이 더욱 비연속적인 측면을 많이 지니고 있다고 볼 때, 공연 예술과 퍼포먼스에서는 비연속적 스토리텔링에서 채움의 즐거움, 이로 인한 관객의 몰입이 장르 특성으로 추가된다.

대중음악을 포함한 음악 장르의 경우, 스토리보다는 음악 자체가 유발하는 정서가 더욱 핵심적이라는 측면에서 독특성을 지닌다. 멜로디, 리듬, 악기의 음색과 조화 등이 어우러져 우리의 '생각'의 과정을 거의 거치지 않은 채 우리의 기분과 정서에 지대한 영향을 주는 것이 바로 음악이기 때문이다. 더 나아가 음악은 자아와 정체성, 매력과 사회적 결속 등과 밀접한 관련성을 지니고 있으며, 시대의 변화에 따라 공감을 얻는 가사가 변화해 오고 있다는 점도 주목할 만하다.

음악을 듣는 이유로는 자기 인식, 사회적 관계성, 및 각성과 기분 조절이라는 3차원(Schafer et al., 2013), 그리고 주변 사람들과 동화되려는 성향과 차별화하려는 성향이 최적의 상태로 결합되는 최적 차별성 이론(Brewer, 1991) 등이 있다. 일차적으로 본인의 기분 조절을 위해 음악을 듣는 경우가 많지만, 다른 사람들도 좋아하는 음악을 함께 즐김으로써 느낌을 공유하려는 마음과 자기만의 개성을 드러내는 음악을 즐기려는 마음이 공존한다고 할 수 있다.

코미디와 유머의 경우 일정한 발화 내용이 있기는 하지만 이것을 긴 스토리나 내러티브로 보기보다는 순간적인 상황에서의 기대 위반과 불일치의 해소로 인해 웃으며 털어 버릴 수 있는 기회를 준다는 점이 더 중요하다. 코미디와 유머가 세부 감정 중 유희성과 재미에 초점을 둔 장르라면, 비극의 세부 감정은 통찰, 의미, 이해, 및 반추에 기반을 둔 인생 전반의 되새김과 감동에 초점이 있다. 또한 공포물의 경우 사회 불안 상황에서 더욱 강한 자극을 추구하려는 경향과 맞물려 있다.

스포츠 엔터테인먼트를 즐기는 심리에는 결과의 불확실성에서 오는 서스펜스, 승리한 팀에 동일시함으로써 누릴 수 있는 반사 영광, 라이벌 팀의 패배를 미묘하게 즐거워하는 샤덴프로이데의 심리 등이 포함되어 있다. '경쟁 팀의 불운에 대한 샤덴프로이데'와 '경쟁 팀의 행운에 대한 글룩슈메르츠'가 절묘하게 합쳐진 심리를 느끼기도 한다. 또한 스포츠 경

기에 대한 카메라 앵글 기반의 주관적 시점과 객관적 시점 관련 연구들
이 시사하는 바도 주목할 만하다. 즉 경기 자체가 흥미진진할 때는 주관
적 시점이 오히려 방해가 되어 객관적 시점 촬영이 흥미와 재미를 더 많
이 느끼게 해 준다는 점, 반면에 경기 자체가 별로 흥미진진하지 않을 때
는 주관적 시점 촬영이 흥미와 재미에 더 큰 기여를 한다는 점도 시사하
는 바가 크다.

리얼리티/현실 인식과 엔터테인먼트

리얼리티 프로그램은 특히 인간의 삶이라는 '현실'에 바탕을 두고 엔터테
인먼트 콘텐츠가 생산된다는 점에서 내러티브에 기반을 둔 픽션 프로그
램과 차별화된다. 최근에 특히 다양한 융합 장르의 형태로 인기를 구가하
고 있는 예능 및 리얼리티 프로그램을 즐기는 사람들의 심리에는 관음성
과 자기 노출, 사회 비교 심리, 나르시시즘과 물질주의, 대리만족 등 핵심
적인 과정이 자리 잡고 있다.

　　리얼리티 프로그램이 꾸며진 이야기가 아니라 실제 이야기라는 점은
사람들에게 큰 매력으로 다가간다. 바로 내 옆에서 관찰할 수 있는 이웃
의 모습, 내 친구의 모습을 바라보는 듯한 느낌을 가질 수 있기 때문이다.
특히 최근에 유행하는 먹방, 쿡방 프로그램은 1인 가구의 증가와 더불어
대리만족의 심리를 더욱 크게 강화하고 있다. 내 눈앞에서 셰프가 바로
맛있는 음식을 조리해 내놓는 듯한 모습에서 사람들은 실제로 서빙을 받
는 듯한 느낌을 경험한다. 요리 과정에 간접적으로 참여하며 정보를 얻음
과 동시에 자신이 직접 음식을 만들면서 프로그램 내의 등장인물들과 상
호 작용하는 듯한 의사사회적 상호 작용을 경험한다.

　　리얼리티 프로그램에서 중요한 요소 중 하나는 연출과 변형의 흔적

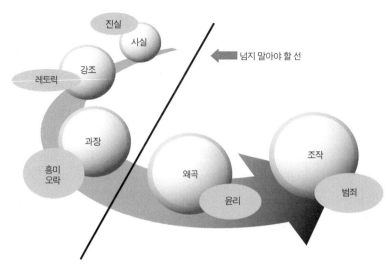

그림 13 - 3. 리얼리티 프로그램에서 넘지 말아야 할 선

이 최대한 드러나지 않게 하는 것이다. '실제에 더욱 가깝게' 보여 주는 것이 이러한 콘텐츠에 핵심적인 요소이기는 하지만, 역시 주의해야 할 부분은 '넘지 말아야 할 선'이 있다는 점이다. 그림 13-3에 나타나 있듯이, 사실을 레토릭의 측면에서 강조하는 것과 흥미나 오락을 위해 과장하는 것까지는 어느 정도 허용이 되지만, '왜곡'이 들어가기 시작하면 윤리적 문제가 발생하며 '조작'에 이르는 경우 범죄가 되기도 한다. 프로그램 제작자들을 포함한 콘텐츠 생산자들도 이 부분에 유의할 필요가 있고, 콘텐츠 소비자들도 이러한 점에 유의하여 진실에서 멀어지는 콘텐츠를 잘 구분해낼 수 있어야 한다. 그런 의미에서 미디어의 발전으로 누구나 콘텐츠를 생산해낼 수 있는 미디어 과잉 시대가 되어 갈수록 '넘지 말아야 할 선'을 잘 지켜내며 참된 콘텐츠를 구별해낼 수 있는 '미디어 리터러시'는 청소년뿐만 아니라 성인에게도 꼭 필요한 덕목이라 할 수 있다.

또 한 가지, '가상 현실'이나 '증강 현실'과 같은 미디어 기술의 발전

으로 사람들이 얻게 되는 즐거움의 강도와 편의성의 범위가 넓어지고 있
기는 하지만, 이로 인해 사람들이 현실과 가상 사이의 경계를 혼동하게
될 수 있다는 점에 유의할 필요가 있다. 가상 현실 기술을 활용한 게임에
서는 실제로 몸으로 느끼는 체험, 현장이 아니지만 현장인 것처럼 느끼는
실재감과 프레즌스 등이 사람들의 몰입감을 극대화시켜 최대의 즐김을
유발하는 경향이 있다.

VR 기술은 게임이나 영화와 같은 오락성 콘텐츠에 활용되기도 하
지만, 동물 보호나 환경 보호 및 장애인 이해를 위한 타인 체험과 가상
적 시간 흐름의 경험, 홀로그램 기술을 이용한 죽은 자의 이미지와 목소
리 부활을 힐링에 활용하는 방안, 재활 치료에 활용하는 방안 등, 인간의
생활에 긍정적 영향을 주는 방향으로 활용될 수 있는 가능성이 매우 넓
다. 그러나 몰입감의 극대화로 인해 중독의 가능성이나 현실감 상실의 위
험은 훨씬 더 클 수 있으므로, 이러한 부분에 대한 주의가 요망되는 영역
이기도 하다. '잠시' 현실에서 벗어나는 것은 즐김에 도움을 줄 수 있지만,
이것이 지나쳐 현실과 가상을 완전히 혼동해 버리는 상황이 되면 비극이
기다리고 있을 수도 있기 때문이다.

디지털 네트워크와 엔터테인먼트

디지털 세계의 네트워크는 엔터테인먼트 콘텐츠를 생산하고 소비하는 데
근간이 되는 통로다. 대량으로 신속하게 많은 이들에게 전달 가능한 엔터
테인먼트 콘텐츠를 사람들은 이렇게 잘 뚫린 정보 고속도로를 통해 즐기
고 있는 것이다. 연결 자체를 즐기기도 하고, 연결되어 전달되는 콘텐츠를
자유자재로 즐기기도 한다. 이러한 상황에서 콘텐츠의 질은 더욱 중요해
지고 있고, 콘텐츠의 질을 잘 판단할 수 있는 사람들의 능력 또한 중요해

지고 있다.

넘쳐나는 정보들 중 선택하고 걸러내고 분석하는 과정이 필요해짐에 따라 '큐레이션 저널리즘'이라는 용어도 등장하기에 이르렀다. 예전의 저널리즘이 첫 번째 소식 전달자로서 특종을 터뜨리는 것에 큰 가치를 두었다면, 최근의 저널리즘에서는 '누구나' 첫 번째 소식을 올리는 기자가 될 수 있는 미디어 환경 속에서 뉴스의 진위 확인을 포함한 큐레이팅의 가치가 상승한 것이다.

더 나아가, 뉴스를 공유함으로써 얻는 즐거움으로 인해 새 소식 공유의 가치가 높아졌다. 연결을 즐긴다는 것은 곧 공유를 즐긴다는 것과 일맥상통한다. 이 과정에서 낯선 사람이 보내 주는 뉴스보다 아는 사람이 보내 주는 뉴스, 더 나아가 친한 사람이 보내 주는 뉴스를 더 신뢰하는 경향도 보이게 되었다. 이로 인해 본인이 즐거움을 느낄 수 있는 뉴스를 더 쉽게 접할 수 있게 되었다는 장점을 취할 수 있는 반면, 필터 버블 Filter Bubble이나 에코 체임버에 갇힐 가능성도 더 증가하는 단점을 피할 수 없게 되었다.

필터 버블이란 미국 시민 단체 무브온Move on의 이사장인 엘리 프레이저Eli Praiser가 쓴 《생각 조종자들The Filter Bubble》에 나오는 단어로, 사용자가 걸러내면 되는 정보들까지 굳이 검색 서비스가 맞춤형 콘텐츠 추천 시스템으로 걸러 주기 때문에 결과적으로 이용자는 이미 필터링된 맞춤형 정보만 접하게 되는 것을 말한다. 또한 에코 체임버 효과는 대개 음향 영역에서 사용되는 말로, 같은 방에 있는 사람들이 서로 비슷한 메아리를 듣는다는 뜻이다. 이 말이 요즘과 같은 인터넷 시대에 '비슷한 의견을 가진 사람들끼리 서로 동의하며 메아리처럼 울려 퍼지는 소리를 또 듣게 됨으로써 동질적인 의견이 고착화된다'는 뜻으로 쓰인다.

필터 버블과 에코 체임버 효과는 최근 미디어의 기술적 특성으로 인해 사람들의 확증 편향을 더욱 강화시키는 경향이 있기에 매우 주의할 필요가 있다. 사람들이 가짜 뉴스에 취약해지는 이유 중 하나도 바로 자신의 입맛에 맞는 의견들에 둘러싸여 객관적 판단이 흐려지기 때문일 수 있다.

소셜 미디어 네트워크는 사람들이 자기와 타인 간의 연결을 통해 다양한 즐김을 창출해내는 도구라 할 수 있다. 비단 타인과의 연결에 활용될 뿐만 아니라, 스마트폰을 통해 다른 사물들과의 연결도 자유자재로 즐기는 경향이 있다. 예전의 즐김은 사람과 사람이 직접 면대면 상황에서 만나 이야기꽃을 피우며 상호 작용하면서 사물을 즐기는 형태였다면, 최근의 즐김은 이에 더해 온라인상의 채팅방에서 만나 이런저런 이야기를 문자로 교환하고 자신이 있는 현장의 사진과 영상을 포함한 다양한 콘텐츠를 주고받으며 즐기는 형태라 할 수 있다.

사람들이 스마트폰을 이용해 자기 사진을 찍는 셀피 행위, 음식 사진을 찍어 공유하거나 보관하는 행위, 본인이 포함된 영상물을 만들어 유튜브 채널로 유통하는 행위 등은 가히 1인 미디어 시대의 비주얼 전성시대에 맞는 리얼리티 프로그램 제작 및 유통 행위라 할 수 있다. 음식 사진을 찍거나 보는 행위가 우리로 하여금 우리 앞에 놓은 접시 위의 음식과 상호 작용하게 한다는 점이 중요하다. 사진이나 영상을 찍은 결과뿐만 아니라 찍는 과정까지를 즐기고 있고, 이것을 많은 사람들과 공유하며 또 그 과정을 더 즐기는 것이다.

이렇게 주변의 사물과 상호 작용하고, 자신이 만든 요리를 포함한 작품들과 상호 작용하고, 이것을 다른 사람들과 공유하며 즐기는 이 모든 과정이 사람들에게는 엔터테인먼트의 일환으로 기능한다고 할 수 있다. 이러한 행동의 과정이 과연 사람들의 행복감과 정신 건강에 얼마나 도움이 되는지, 오히려 해가 되는 부분은 없는지 등과 관련된 연구들도 많이 나오고 있지만, 그 결론들과는 무관하게 어쨌든 사람들은 소셜 미디어를 활용한 다양한 활동들을 하며 즐기고 있다는 사실은 부정할 수 없다.

소셜 미디어 네트워크로 인해 예전에 비해서는 느슨한 연결, 약한 연계가 매우 중요해졌다. 최근의 미디어 특성 자체가 멀리 있는 사람들, 그다지 자주 만날 수 없는 사람들까지 잘 연결되게 만들어 주기에, 예전처럼 같은 공간을 공유하며 자주 마주치는 사람들과의 강한 연결, 끈끈한 대인관계의 중요성이 다소 줄어들고 있는 것이다. 실제로 자신과 아주 가까운 사람들이 가지고 있는 정보들은 자기가 가지고 있는 정보들과 많이 중첩되기에, 취업이나 새로운 사업과 같은 정보를 얻을 때 약한 연결 고리를 가지고 있는 사람들로부터 더 유용한 정보를 얻게 될 확률이 높아지는 것은 부정할 수 없는 사실이다. 이제 '원래부터 잘 알던' 사람들끼리의 연대에서 벗어나 경계를 넘어선 더욱 넓은 세계의 사람들과 다양하게 교류할 수 있는 사람이 더 큰 경쟁력을 가질 수 있는 시대가 되어 가고 있다.

디지털 네트워크 시대에 평등과 자유는 증가했다고 볼 수 있으나, 그와 함께 사람들의 신뢰와 관심을 테크놀로지로 조정해 힘을 얻고 돈을 버는 세상이 되었다. 사람의 마음이 도구가 되어 버리고 만 것이다. 이러한 점은 한편 염려스럽기도 하지만, 지금까지도 과학 기술의 발전에 항상 존재하던 부작용을 인간이 매번 현명하게 해결해 왔던 것처럼, 미디어 기술의 발전으로 인한 부작용도 인간은 현명하게 해결해 갈 것으로 믿는다.

엔터테인먼트 심리학의 본질과 활용

엔터테인먼트의 세계는 놀이의 세계가 미디어의 도움으로 확장된 영역이라 할 수 있다. 이 책의 서두에서 우리는 엔터테인먼트의 일부 요소들이 오락, 놀이, 여가, 관심, 경험, 여행, 서비스, 생산물, 퍼포먼스, 미디어 경험, 인공 지능 및 가상 현실 체험, 문화 콘텐츠 등에 모두 포함되기에 엔터테인먼트를 단순한 '오락'의 의미에만 한정지어 생각할 수 없음을 강조하였다. 주목과 관심을 끌면서 동시에 분산시킨다는 뜻의 어원을 지닌 엔터테인먼트는 인류의 삶에서 지금까지 일과 노동에 초점을 두고 진행되어 온 논의들에 새로우면서도 근본적인 명제를 탄생시킨다. 놀이도 일만큼 중요하며, 미디어가 일에 도움이 되는 만큼 놀이에도 도움이 된다는 명제다.

인간은 당대에 이용 가능한 미디어 기술을 다각적으로 활용해 스토리를 즐기고, 정서 경험을 즐기고, 리얼리티 프로그램을 즐기며, 네트워크를 즐긴다. 즐기기 위한 조건은 새로우면서도 낯설지 않고, 익숙하면서도 식상하지 않아야 한다. 인간의 마음속에서 일정한 '감정의 굴곡'을 발생시킬 수 있어야 한다. 밋밋한 감정의 연속으로는 사람들을 만족시킬 수가 없다. 한마디로 사람들에게 재미와 감동을 줄 수 있는 엔터테인먼트의 특성을 찾아내 궁극적으로 사람들의 마음을 건강한 방식으로 편안하고 즐겁게 해 주고자 하는 것이 엔터테인먼트 심리학의 목표라 할 수 있다. 이 목표가 이루어질 때 일과 노동으로 점철되어 있는 일상의 생활이 활력을 얻어 더욱 발전적인 인간 사회의 성취가 가능해질 것이기 때문이다.

놀이와 엔터테인먼트는 이를 통해 일과 노동으로 이루어지는 사회의 성취에 수단으로 작용할 뿐만 아니라, 그 자체가 인간을 더욱 인간답게 하는 목적성을 지닌다. 쉬지 않고 일만 하는 삶에서는 행복을 느끼기 어려울 것이기 때문이다. 쉬는 행위, 즐기는 행위 자체에서 '인간다움'을 만 끽한다면 엔터테인먼트는 바로 인간의 목적일 수 있다. 인간은 일하기 위해서만 태어난 것이 아니라 즐기기 위해서도 태어났다. 놀이도 일만큼 중요하며 인간 문화의 매우 핵심적인 부분을 차지한다.

하루가 다르게 미디어 기술이 발전해 가면서 '무엇을 가지고 무엇을 하며 놀 것인지'에 대한 선택지들이 점점 더 증가해 가고 있다. 중요한 점은 미디어의 홍수 속에서도 사람들이 원한다면 스스로의 몸동작과 언어만 가지고 다른 친구들과 어울려 놀 수 있음에도 불구하고(예컨대, 팔씨름, 달리기, 산책, 어깨동무, 땅 따먹기, 기차놀이 등), 지금은 누구의 손에나 들려 있는 스마트폰으로 그 누구와도 연결될 수 있고 그 어떤 콘텐츠와도 연결될 수 있기에 미디어로부터 독립된 상태의 '사람들만의' 놀이를 점점 잊어 가고 있다는 점이다. 요즘은 아이들 사이에서 고무줄 놀이, 공기돌 놀이, 제기 차기 등과 같은 놀이를 찾아볼 수가 없다.

우리는 미디어의 발전과 함께 많은 것을 얻어 가고 있지만, 동시에 잃어버리고 있는 것들도 상당히 많음을 문득 깨닫곤 한다. 수많은 미디어에 적응해 가다 보면 이러한 깨달음마저도 점차 희미해져갈 것이며, 또 다른 방식의 엔터테인먼트가 계속 창조될 것이다.

이 책의 서두에서 이야기했듯이 "우리의 주목과 관심을 끌만큼 흥미로우면서도 일상적인 노동으로부터 잠시 벗어나 즐길 수 있는 주변적인 활동"을 포괄적으로 지칭하는 엔터테인먼트는 각 시대와 문화에 맞는 방식으로 인간의 마음을 만족시키며 인간의 삶 속에서 지속되어 갈 것이다. 이 과정에서 어떻게 하면 "새로우면서도 낯설지 않고 익숙하면서도 식상하지 않은" 콘텐츠를 요리해 당대에 대세가 되어 있는 미디어 그릇에 담아 공유하며 즐기는 데 도움을 줄 수 있을지, 어떠한 방식으로 표현할 때 사람들이 더 깊은 재미와 감동을 느낄 수 있을지, 이러한 부분에 초점을 두는 엔터테인먼트 심리학은 실로 많은 영역에서 사람들의 마음을 어루만져 위로를 주는 데 기여할 수 있을 것이다.

시간이 흐르고 미디어가 변화해 감에 따라 입맛에 맞는다고 느껴지는 콘텐츠의 자극 수준과 내용도 조금씩 달라져 가고 있다는 점이 더 어렵고 중요한 문제이다. 평균 수명의 증가로 더 많은 세대가 동시대를 함께 살아가야 하는 상황에서 점점 더 '모든' 사람들을 만족시킬 수 있는 콘텐츠를 만들기는 더욱 힘들어져 가고 있기 때문이다. 아무쪼록 이 책에서 우리가 이야기한 사람들의 '즐김'의 심리가 다양하게 확장, 변형, 적용되면서 콘텐츠 생산자와 소비자 모두에게 도움이 될 수 있기를 희망한다.

강명구·김수아·서주희 (2008). "동아시아 텔레비전 드라마가 재현한 가족과 가족 관계: 한국, 중국, 일본, 대만의 사례 비교,"〈한국언론학보〉, 52(6), pp.25~56.

강명구·신혜선·우창쉐·양수영·바이원잉 (2013). "중국 텔레비전 시청자의 드라마 소비 취향 지도,"〈방송문화연구〉, 25(1), pp.197~233.

〈경향신문〉(2018. 4. 16). "다큐처럼 리얼하게…… CCTV 같은 '관찰 예능'." http://m.khan. co.kr /view.html?art_id=201804162156005

고민정 (2016). "디지털 기술과 웹툰의 재매개,"〈문화콘텐츠연구〉, 7, pp.133~151.

〈글로벌이코노믹〉(2016. 12. 27). "청취자가 뽑은 올해의 팟캐스트에 '김어준의 파파이스' 선정."

금희조 (2010). "3D 입체영상의 효과: 영화〈아바타〉의 실재감, 동일시 그리고 즐거움,"〈한국언론학보〉, 54(4), pp.27~48.

김만수 (2000). "비어 있는 연극 공간을 채워나가기,"〈황해문화〉, 27, pp.375~379.

김무규 (2017).《뉴 미디어 영화론: 수용에서 수행으로》. 경진출판.

김미도 (2010). "미디어의 변화와 변화하는 연극,"〈공연과 리뷰〉, 71, pp.13~21.

김민정·윤장성·박구만 (2016). "360도 카메라와 가상 현실을 활용한 실감형 가상 여행 콘텐츠 설계," 한국방송미디어공학회 학술발표대회 논문집, pp.126~128.

김성재 (2017). "서사 웹툰에서 템포 연출의 재미 요소에 대한 연구:〈묘진전〉을 중심으로,"〈만화애니메이션 연구〉, 47, pp.193~215.

김수정 (2011). "한국 리얼리티 프로그램의 정서구조와 문화정치학,"〈방송문화연구〉23(2), pp.37~72.

김수환 (2011). "웹툰에 나타난 세대의 감성구조: 잉여에서 병맛까지,"〈탈경계인문학〉, 9, pp.101~123.

김승리·이상원 (2012). "흥행 애니메이션에 나타난 유희성에 관한 연구:〈슈렉〉과〈빨간 모자의 진실〉을 중심으로,"〈한국애니메이션학회 학술대회지〉, pp.35~36.

김영근·안성혜 (2016). "디지털 만화의 인터랙티브 스토리텔링 구조에 관한 연구,"〈게임 & 엔터테인먼트 논문지〉, 2(2), pp.35~44.

김예란·박주연 (2006). "TV 리얼리티 프로그램의 이론과 실제: 제작자 심층 인터뷰 분석을 중심으로,"〈한국방송학보〉, 20(3), pp.7~48.

김용수 (2017).《퍼포먼스로서의 연극연구: 새로운 연구방법과 연구 분야의 모색》. 서강대학교 출판부.

김윤아 (2016).《영화 스토리텔링》. 아모르문디.

김은규 (2013).《라디오 혁명》. 커뮤니케이션북스.

김은정 (2012). "체화된 경험(Embodied Experience)으로서의 게임하기: 〈키넥트 러시〉를 중심으로," 2012〈한국게임학회지〉, pp.29~33.

김종은 (2012). "국내 웹툰〈패션왕〉에 나타난 패러디 분석," 한국애니메이션학회 학술대회 논문집, pp.33~34.

김지호· 김금희· 권승원 (2012). "영화 장르에 따른 소비자 반응 및 행동: 신체반응지표를 중심으로,"〈한국심리학회지: 소비자, 광고〉, 13(4), pp.699~727.

김희수· 박태정 (2016). "가상 현실(VR) 및 증강 현실(AR)의 기술 동향 및 게임 엔진에서의 구현 사례,"〈한국통신학회지(정보와 통신)〉, 33(12), pp.56~62.

나은경 (2015). "'먹는 방송'과 '요리하는 방송' 음식 미디어에 대한 커뮤니케이션학적 탐색: 텔레비전 먹방/쿡방 유행의 사회문화적 배경과 뉴미디어 이용 요인,"〈사회과학연구〉, 28(1), pp.183~215.

나은경· 김도연 (2013). "리얼리티 표방 TV 프로그램 장르의 문화계발 효과: 현실유사성 인식의 매개와 숙명적 태도에 미치는 영향을 중심으로,"〈한국언론정보학보〉, 57, pp.181~201.

나은경· 손영준· 김옥태 (2012). "리얼리티 서바이벌 오디션 프로그램과 소셜 미디어 이용을 통한 시청자 참여의 효과: 사회신뢰와 정치효능감을 중심으로,"〈언론과학연구〉, 12(4), pp.179~220.

나은경· 이강형· 김현석 (2009). "댓글 읽기/쓰기를 통한 온라인 소통이 대의민주주의 사회에서 갖는 의미: 인터넷 뉴스 댓글 이용과 사회신뢰, 정치신뢰, 언론신뢰, 그리고 정치지식,"〈한국언론학보〉, 53(1), pp.109~132.

나은경· 홍주현 (2018). "성형·미용 리얼리티 프로그램 시청과 소셜 미디어 이용의 사회심리: 여고생의 신체 이미지와 검열, 사회 비교 및 자기만족에 미치는 영향,"〈커뮤니케이션학 연구〉, 26(1), pp.71~96.

나은영 (2010).《미디어 심리학》. 한나래.

나은영 (2015).《인간커뮤니케이션과 미디어: 소통 공간의 확장》(개정판). 한나래.

나은영· 권예지 (2016). "외향성과 연령대에 따른 소통공간 인식의 차이,"〈한국언론학보〉, 60(4), pp.235~262.

나은영 (2017). "미디어 테라피: 상처를 함께 나누고 치유하는 미디어의 기능,"〈방송문화〉, 2017 봄호, pp.237~254.

나은영· 나은경 (2015). "미디어 공간 인식과 프레즌스: 심리적 공간 이동의 단계 모델,"

〈한국언론학보〉, 59(6), pp.507~534.

〈동아일보〉 (2013. 7. 19). "중국 시청자, 고학력 고소득일수록 '미드', 저학력 저소득일수록 '한드'." http://news.donga.com/View?gid=56539024&date=20130719)

〈동아일보〉 (2018. 3. 5). "짧아서 중독성 매력… 자꾸 눈이 가는 '숏폼 드라마'." http://news.donga.com/3/all/20180305/88949109/1

류철균·이지영 (2013). "자기 재현적 웹툰의 주제 의식 연구," 〈대중서사연구〉, 19(2), pp.117~147.

류철균·장정운 (2008) "리얼리티 쇼(reality show)의 게임성 연구: CBS 〈Survivor〉를 중심으로," 〈인문콘텐츠〉, 13, pp.33~48.

문신철·한지애 (2015). "스토리 기반 공연에서 커뮤니케이션 향상을 위한 상호 작용 미디어," 〈한국디자인학회 학술발표대회 논문집〉, pp.108~109.

민준홍 (2016). 《가상 현실과 증강 현실의 현실》. 커뮤니케이션북스.

박근서 (2006). 《코미디, 웃음과 행복의 텍스트》. 커뮤니케이션북스.

박범기 (2016). "웹툰, 사회적인 것을 재현하는 대중매체?," 〈문화과학〉, 85, pp.320~331.

박석환 (2009). "웹툰 산업의 실태와 문제점," 〈디지털콘텐츠와 문화정책〉(문화비즈니스연구소). 제4호.

박신민·박상현 (2008). "재매개 관점에서 본 무대 공간에서의 미디어 퍼포먼스 특성 연구," 〈디지털 디자인학 연구〉, 8(2), pp.45~54.

박영순·나은경 (2018). "로맨스 드라마 시청이 결혼에 대한 환상에 미치는 영향: 한국과 중국의 로맨스 드라마 시청 비교," 〈한국콘텐츠학회논문지〉, 18(2), pp.583~591.

박인찬 (2017). 《우리 시대 웹툰작가들의 생존기》. 다할미디어.

박주연 (2005). "텔레비전 리얼리티 프로그램," 한국언론재단 연구서 2005-10.

배강원 (2011). "SF 영화에 나타난 인식론적 가상 공간에 관한 연구," *Journal of Integrated Design Research*, 10(1), pp.181~190.

백희정·임대근 (2012). "한국 코미디 프로그램 수용자 연구: 〈개그콘서트〉 시청자를 중심으로," 〈글로벌문화콘텐츠〉, pp.77~110.

변가람·서태원·김승인 (2011). "증강 현실과 사용자들과의 효과적인 커뮤니케이션," 〈디자인지식저널〉, 19, pp.154~163.

〈서울경제〉 (2015. 4. 3). "먹방·쿡방 유행에도… 요리는 안 하는 한국인." http://www.seoul.co.kr/news/newsView.php?id=20150403002008

서채환·함재민 (2010). "웹툰에서 공간 표현의 수직적 확장에 대한 연구: 강도하의 〈로맨스 킬러〉, 〈큐브릭〉을 중심으로," 〈만화애니메이션 연구〉, pp.63~74.

손현화·전승규 (2015). "'스크롤'의 미디어, 웹툰의 스토리텔링 특성 연구: 출판만화, 영화와의 비교를 중심으로," 한국디자인학회 학술대회 발표논문집, pp.734~737.

송아름 (2011). "1990년대의 불안과 〈여고괴담〉의 공포," 〈한국극예술연구〉, 34, pp.291~324.

신동흔 (2017). "통신3사 VR 대전: 5G시대 선점 노린다," 〈조선일보〉, 2017. 11. 20, B6면.

〈아시아경제〉 (2018. 2. 12). "ICT 업계, 시각의 독재 끝나고 '청각'의 시대로."

아우슬란더, 필립 (2010. 10. 30). "살아 있는 기술매개적 공연," 〈한국연극학회 국제학술심포지엄 자료집〉, pp.20~23.

안상혁 (2003). "로제 카이와의 놀이론을 통한 온라인 게임 고찰," 〈디자인학 연구〉, 17(1), pp.119~126.

안서연·김정현 (2016). "셀프 카메라(Self-Camera) 행위가 20대 여성들의 외모 존중감, 자기노출 욕구, 외모개선 욕구 및 사회적 자기효능감에 미치는 영향 ― 프로테우스 효과를 중심으로," 〈사이버커뮤니케이션학보〉, 33(2), pp.87~123.

양우천·나은경 (2015). "동성애 관련 미디어 이용의 장르별 문화계발 효과: 동성애자에 대한 중국 대학생의 인지, 정서, 시민권 수용," 〈글로벌문화콘텐츠〉, 제21호, pp.63~89.

양혜승 (2017). "드라마 수용자는 어떤 특성을 지닌 등장인물을 시청하려 하는가?: 등장인물의 경제적 배경과 삶에 대한 자세가 수용자의 정서반응, 공감, 시청의도에 미치는 영향," 〈한국방송학보〉, 31(1), pp.78~106.

엘보, 앙드레 (2010. 10. 30). "실천에서 이론까지: 동시대 연극에 대한 과정적 접근," 〈한국연극학회 국제학술심포지엄 자료집〉, p.2.

옥민혜·박동숙 (2010). "'오락적 현실감' 작동 방식과 상호텍스트성: 리얼 버라이어티 쇼 수용 연구," 〈미디어, 젠더 & 문화〉, 14, pp.73~109.

위근우 (2015). 《웹툰의 시대: 웹툰 전성기를 이끄는 젊은 작가 24인을 만나다》. RH코리아.

유민준·이인권 (2009). "컴퓨터그래픽스 커뮤니티에 소개된 사운드 관련 연구들: Part 1. 사운드 합성과 공간화," 〈한국컴퓨터그래픽스학회 논문지〉, 15(1), p.25.

유현진·맹욱재·이중식 (2016). "웨어러블 디바이스를 활용한 운동 중 피드백 방식 연구: 근력 운동에 대한 멀티 모달 피드백 적용을 중심으로," 〈한국 HCI학회 논문지〉, 11(3), pp.23~30.

윤영태 (2015). "미디어 오락에 관한 연구: 개념에 대한 시론적 고찰을 중심으로," 〈한국웰니스학회지〉, 19(1), pp.65~76.

이가영·나은영 (2011). "TV드라마의 긴장도에 따른 수용자의 정서 변화와 즐김: 하이더의 균형 이론을 중심으로," 〈한국방송학보〉, 25(2), pp.118~158.

이계정 (2015). 《치유의 영화관: 진짜 나를 만나는 시간, 시네마 테라피》. 소울메이트.

이규정 (2016). "공간 증강 현실 기반의 융합형 퍼포먼스에 관한 연구: 공연 예술에 사용된 이미지 영상을 중심으로," 〈방송공학회논문지〉, 21(5), pp.627~688.

이민화·김영준·김창배·박종원·김성완·이영호·박한진·서요성·이상옥 (2016).《가상 현실을 말하다》. 클라우드북스.

이병욱 (2012).《마음의 상처, 영화로 힐링하기》. 소울메이트.

이승연 (2013).〈웹툰이 재현하는 청년세대와 청년문제에 관한 연구: 웹툰 〈당신과 당신의 도서관〉, 〈목욕의 신〉, 〈무한동력〉, 〈미생〉을 중심으로〉. 고려대학교 대학원 석사학위 논문.

이옥기 (2011).《영상 콘텐츠론》. 이담.

이유진·안형준 (2016). "국내 뮤지컬 배우들의 사회연결망 분석,"〈예술경영연구〉, 37, pp.95~117.

이윤정·김해태 (2012). "영화에서 사운드 역할과 분석: "인셉션"을 중심으로,"〈디지털디자인학연구〉, 12(4), pp.221~230.

이재중·김형기 (2007). "현대 연극 공연에서의 영상 미디어 활용에 관한 연구,"〈한국 HCI 학회 학술대회 발표논문집〉, pp.1564~1568.

이종승 (2014). "TV드라마, 웹툰에서 반영된 갑을관계/청년세대 문제와 법제(개)정의 관계,"〈씨네포럼〉, 18, pp.309~403.

이준웅 (2005). "비판적 담론 공중의 등장과 언론에 대한 공정성 요구: 공정한 담론 규범 형성을 위하여,"〈방송문화연구〉, 17(2), pp.139~172.

이현비 (2004).《재미의 경계》. 지성사.

임정식 (2014). "연극과 웹툰: 〈삼봉이발소〉로 본 수용과 변주 양상,"〈공연과 이론〉, 53, pp.158~165.

장미숙·양숙희 (2003). "공포 영화에 나타난 악마의 유형과 특수분장 기법에 대한 연구,"〈복식〉, 53(8), pp.21~37.

장윤재·김미라 (2016). "정서적 허기인가 정보와 오락의 추구인가?: 먹방·쿡방 시청동기와 시청 경험, 만족도의 관계,"〈한국방송학보〉, 30(4), pp.152~185.

정영권 (2017).《영화 장르의 이해》. 아모르문디.

정유진·최윤정 (2017). "사회적 이벤트의 짧은 동영상 반복 시청: 몰입, 동일시, 대리 만족이 루프워칭(loop watching)에 미치는 영향,"〈미디어 경제와 문화〉, 15(3), pp.86~134.

정혜지 (2015). "웹툰에서 드라마로 매체전환시 캐릭터 변화 연구: 〈냄새를 보는 소녀〉를 중심으로,"〈영상문화콘텐츠연구〉, 9, pp.71~90.

조동욱·이범주 (2015). "공포 영화 주인공이 갖추어야 할 목소리 조건의 제안,"〈한국통신학회 학술대회 논문집〉, pp.185~187.

〈조선일보〉 (2014. 3. 17). "[세계가 본 한국] 美선 듣도보도 못한 '먹방', 한국서 독신가구 늘자 인기… 정서적 유대감 느끼는 듯." http://news.chosun.com/site/data/html_dir/

2014 /03/17/2014031700092.html

조아라 (2013). "사별에 따른 슬픔의 재현 양상: 한일 장례식 관련 영화를 중심으로," 〈일본 문화학보〉, 56, pp.425~440.

〈중앙일보〉 (2017. 1. 10). "[커버스토리] 찍어야 살고, 찍혀야 살고… 음식·카페 비주얼 전성 시대" https://news.joins.com/article/21105209

지주은· 김소영 (2009). "뮤지컬 관객의 플로우(flow) 경험 구조모델에 관한 연구," 〈문화경 제연구〉, 12(2), pp.87~114.

지혜원 (2016). "영상 매체로 재매개된 공연의 라이브니스의 재구성," 〈인문콘텐츠〉, 43, pp.123~145.

〈차이나통 뉴스〉 (2017. 7. 10). "중국 팟캐스트 청취자, 연말이면 3억에 달할 전망," 강희주 기자.

최낙환· 임아영 (2011). "영화의 동감과 감정이입을 유발하는 캐릭터의 기능성 요인과 매 력성 요인," 〈산업경제연구〉, 24(1), pp.539~574.

최윤정 (2014). "TV 시청과 온라인 대화의 결합: '사회적 시청' 개념 제시와 효과 검증," 〈한 국방송학보〉, 28(4), pp.315~355.

최윤정· 권상희 (2015). "소셜시청에서 경험하는 사회적 현존감 형성요인과 사회적 현존감 이 시청만족도에 미치는 영향," 〈한국방송학보〉, 29(5), pp.242~276.

최윤정· 이종혁 (2016). "사회적 시청이 이야기 몰입과 현실감에 미치는 영향," 〈미디어 경 제와 문화〉, 14(2), pp.178~218.

최인준 (2018). "암, 의사보다 손목시계가 먼저 안다," 〈조선일보〉, 2018. 2. 5, B1면.

최준란 (2012). "〈개그콘서트: 생활의 발견〉의 웃음코드 분석," 〈글로컬 창의문화연구〉, 1, pp.38~49.

하형주 (2010). "'틈'의 미학으로서 연극에서의 몽타주," 〈공연과 이론〉, 37, pp.116~121.

〈한겨레〉 (2018. 8. 18). "태어나 '말보다 먼저 배운' 유튜브, 우린 갓튜브 제국에 산다." http://www.hani.co.kr/arti/society/society_general/858146.html

한국언론진흥재단 미디어연구센터 (2018. 8. 30). "유튜브 동영상 이용과 허위정보 노출 경 험." 〈미디어 이슈〉, 4권 8호, pp.1~17.

한창완 (2013). 《만화의 문화정치와 산업》. 커뮤니케이션북스.

한창완 외 (2015). 〈웹툰 산업 현황 및 실태조사〉. 한국콘텐츠진흥원.

한희준 (2018). "VR 안경 쓰니 물고기가 눈앞에: 마비 재활 치료, 게임하듯 재밌었다," 〈조 선일보〉, 2018. 1. 25, B10면.

허난영 (2016). "공연 예술콘텐츠의 가치와 융합적 구조: 공연 예술실황영상을 중심으로," 〈한국콘텐츠학회논문지〉, 16(1), pp.241~255.

홍난지 (2013). "개그 웹툰에 나타난 웃음유발기제에 관한 연구," 한국애니메이션학회 학술대회 발표논문집, pp.26~27.

홍난지 (2014). "개그 웹툰의 희극적 수사법에 관한 연구," 한국애니메이션학회 학술대회 발표논문집, pp.46~47.

홍난지 · 박진우 (2014). "병맛 만화의 서사구조에 관한 연구: 개연성 파괴를 통한 재생성을 중심으로," 〈애니메이션연구〉, 10(3), 00~00.

홍석경 (2004). "텔레비전 리얼리티 프로그램의 현실구성: 현실과 허구의 혼합을 통한 텔레비전의 장르 형성에 대한 연구," 〈방송문화연구〉, 16(1), pp.257~280.

홍선희 · 박찬인 (2017). "공연실황 생중계의 관객개발 효과," 〈글로벌문화콘텐츠학회 학술대회 발표논문집〉, pp.243~248.

홍자경 · 백영민 (2016). "시청자의 가구 형태는 음식 프로그램 시청효과 발생과정에 어떤 영향을 미치는가?: 조절된 매개과정 모형검증을 중심으로," 〈한국언론학보〉, 60(2), pp.127~153.

Abrams, D. (2009). "Social identity on a national scale: Optimal distinctiveness and young people's self-expression through musical preference," *Group Processes & Intergroup Relations*, 12(3), 303~317.

Ahn, S. J., Bostick, J., Ogle, E., Nowak, K. L., McGillicuddy, K. T., & Bailenson, J. N. (2016). "Experiencing nature: Embodying animals in immersive virtual environments," *Journal of Computer-Mediated Communication*, 21, 399~419.

Anderson, A. A., Brossard, D., Scheufele, D. A., Xenos, M. A., & Ladwig, P. (2014). "The "Nasty Effect:" Online Incivility and Risk Perceptions of Emerging Technologies," *Journal of Computer-Mediated Communication*, 19, 373~387.

Anderson, C. A., Carnagey, N. L., & Eubanks, J. (2003). "Exposure to violent media: The effects of songs with violent lyrics on aggressive thoughts and feelings," *Journal of Personality and Social Psychology*, 84. 960~971.

Andrade, E. B., & Cohen, J. B. (2007). "On the consumption of negative feelings," *Journal of Consumer Research*, 34, 283~300.

Askin, N. & Mauskapf, M. (2017). "What makes popular culture popular? Product features and optimal differentiation in music," *American Sociological Review*, 82(5), 910~944.

Bakshy, E., Messing, S., & Adamic, L. A. (2015). "Exposure to ideologically diverse news and opinion on Facebook," *Science*, 348(6239), pp.1130~1132.

Bartsch, A. (2012). "Emotional gratification in entertainment experience. Why viewers of movies and TV series find it rewarding to experience emotions," *Media Psychology*, 15(3), 267~

302.

Bartsch, A., & Hartmann, T. (2017). "The role of cognitive and affective challenge in entertainment experience," *Communication Research*, 44(1), 29~53.

Bartsch, A., Appel, M., & Storch, D. (2010). "Predicting emotions and meta–emotions at the movies: The role of the need for affect in audiences' experience of horror," *Communication Research*, 37(2), 167~190.

Becker, A. B., & Haller, B. A. (2014). "When political comedy turns personal: Humor types, audience evaluations, and attitudes," *The Howard Journal of Communications*, 25, 34 ~55.

Berg–Cross, L., Jennings, P., & Baruch, R. (1990). "Cinematherapy: Theory and application," *Psychotherapy in Private Practice*, 8, 135~156.

Bernhardt, P. C., Dabbs, J. M., Fielden, J. A., & Lutter, C. D. (1998). "Testosterone changes during vicarious experiences of winning and losing among fans at sporting events," *Physiology & Behavior*, 65(1), 59~62.

Black, J. & Barnes, J. L. (2015). "Fiction and social cognition: The effect of viewing award–winning television dramas on theory of mind," *Psychology of Aesthetics, Creativity, and the Arts*, 9(4), 423~429.

Bolter, J. D., & Grusin, R. (1999). *Remediation: Understanding new media*. Cambridge, MA: The MIT Press. [이재현 옮김. 《재매개: 뉴미디어의 계보학》. 커뮤니케이션북스. 2006].

Brewer, M. B. (1991). "The social self: On being the same and different at the same time," *Personality and Social Psychology Bulletin*, 17(5), 475~482.

Buijzen, M., & Valkenburg, P. M. (2004). "Developing a typology of humor in audiovisual media," *Media Psychology*, 6, 147~167.

Busselle, R. & Bilandzic, H. (2008). "Fictionality and perceived realism in experiencing stories: A model of narrative comprehension and engagement," *Communication Theory*, 18(2), 255~280.

Cacioppo, J. T., Cacioppo, S., Gonzaga, G. C., Ogburn, E. L., & VanderWeele, T. J. (2013). "Marital satisfaction and break–ups differ across on–line and off–line meeting venues," *Proceedings of the National Academy of Science*, 110(25), 10135~10140.

Caillois, R. (1958). *Les Jeux et Les Hommes*. [이상률 옮김. 《놀이와 인간》. 문예출판사. 1994].

Campbell, R. M., Aiken, D., & Kent, A. (2004). "Beyond BIRGing and CORFing: Continuing the exploration of fan behavior," *Sport Marketing Quarterly*, 13, 151~157.

Cialdini, R. B., Borden, R. J., Thorne, A., Walker, M. R., Freeman, S., & Sloan, L. R. (1976).

"Basking in reflected glory: Three (football) field studies," *Journal of Personality and Social Psychology*, 34(3), 366~375.

Cikara, M., Bruneau, E. G., & Saxe, R. R. (2011). "Us and Them: Intergroup failures of empathy," *Psychological Science*, 20(3), 149~153.

Coary, S. & Poor, M. (2016). "How consumer–generated images shape important consumption outcomes in the food domain," *Journal of Consumer Marketing*, Vol. 33 Issue: 1, pp.1~8.

Cornil, Y. & Chandon, P. (2013). "From fan to fat? Vicarious increases unhealthy eating, but self–affirmation is an effective remedy," *Psychological Science*, 24(10), 1936~1946.

Crowley, D., & Heyer, P. (Eds.). (2007). *Communication in history: Technology, culture, society* (5th ed.)[김지운 옮김.《인간커뮤니케이션의 역사》. 커뮤니케이션북스. 2012].

Csikszentmihalyi, M. (1997). *Finding Flow*. [이희재 옮김.《몰입의 즐거움》. 해냄출판사, 2007].

Cummins, R. G., Keene, J. R., & Nutting, B. H. (2012). "The impact of subjective camera in sports on arousal and enjoyment," *Mass Communication and Society*, 15, 74~97.

Diefenbach, S. & Christoforakos, L. (2017). "The selfie paradox: Nobody seems to like them yet everyone has reasons to take them. An exploration of psychological functions of selfies in self–presentation," *Frontiers in Psychology*, 8:7, pp.1~14.

Dolton, P. and MacKerron, G. (2018). "Is football a matter of life and death – or is it more important than that?," *National Institute of Economic and Social Research*, pp.1~26.

Eisenberg, N. & Strayer, J. (1987), "Critical issues in the study of empathy," In N. Eisenberg & J. Strayer (Eds.), *Empathy and its development* (pp.3~16). Cambridge: Cambridge University Press.

Eisenberg, N., & Miller, P. A. (1987). "Empathy, sympathy, and altruism: Empirical and conceptual links," In N. Eisenberg & J. Strayer (Eds.), *Empathy and its development* (pp.292~316). Cambridge: Cambridge University Press.

Escalas, J. E., & Stern, B. B. (2003). "Sympathy and empathy: Emotional responses to advertising dramas," *Journal of Consumer Research*, 29, p.568.

Festinger, L. (1954). "A theory of social comparison processes," *Human Relations*, 7(2), pp.117~140.

Fischer, P. & Greitemeyer, T. (2006). "Music and aggression. The impact of sexual–aggressive song lyrics on aggression–related thoughts, emotions and behavior toward the same and the opposite sex," *Personality and Social Psychology Bulletin*, 32, pp.1165~1176.

Fleder, D., Hosanagar, K., & Buja, A. (2010). "Recommender systems and their effects on consumers: The fragmentation debate," Proceedings of the 11th ACM conference on Electronic commerce, pp.229~230.

Forbes (2017). How Tinder Became A Gateway Dating App. August, 7. 2017. https://www.forbes.com/sites/theodorecasey/2017/08/07/how–tinder–became–a–gateway–dating–app/

Gerber, J. P., Wheeler, L., & Suls, J. (2018). "A social comparison theory meta–analysis 60+ years on," *Psychological Bulletin*, 144(2), pp.177~197.

Gibbons, F. X. & Buunk, B. P (1999). "Individual differences in social comparison: Development of a scale of social comparison orientation," *Journal of Personality and Social Psychology*, 76(1), pp.129~142.

Gkorezis, P., Bellou, V., Xanthopoulou, D., Bakker, A. B., & Tsiftsis, A. (2016). "Linking football team performance to fans' work engagement and job performance: Test of a spillover model," *Journal of Occupational and Organizational Psychology*, 89(4), pp.791~812.

Goldhaber, M. H. (1997). The attention economy and the net. First Monday, April 7, 2–4 (cited in Sayre & King, 2010).

Green, M. C. & Brock, T. C. (2000). "The role of transportation in the persuasiveness of public narratives," *Journal of Personality and Social Psychology*, 79(5), pp.701~721.

Greitemeyer, T. (2009). "Effects of songs with prosocial lyrics on prosocial thoughts, affect, and behavior," *Journal of Experimental Social Psychology*, 45, pp.186~190.

Hall, A. (2006). "Viewers' perceptions of reality programs," *Communication Quarterly*, 54(2), pp.191~214.

Hartmann, T. & Goldhoorn, C. (2011). "Horton and Wohl revisited: Exploring viewers' experience of parasocial interaction," *Journal of Communication*, 61, pp.1104~1121.

Hebb, D. O. (1955). "Drives and the C.N.S. (conceptual nervous system)," *Psychological Review*, 62, pp.243~254.

Heider, F. (1958). *The Psychology of Interpersonal Relations*. New York: Wiley.

Hoffner, C. (2009). "Affective responses and exposure to frightening films: The role of empathy and different types of content," *Communication Research Reports*, 26, pp.285~296.

Hoogland, C. E., Schurtz, D. R., Cooper, C. M., Combs, D., Brown, E. G., & Smith, R. H. (2015). "The joy of pain and the pain of joy: In–group identification predicts schadenfreude and gluckschmertz following rival groups' fortunes," *Motivation and Emotion*, 39, pp.260~281.

Horton, T. & Wohl, R. (1956). "Mass communication and para–social interaction: Observations on intimacy at a distance," *Psychiatry*, 19, pp.215~229.

Hosanagar, K., Fleder, D. M., Lee, D., & Buja, A. (2014). "Will the global village fracture into tribes: Recommender systemts and their effects on consumers," *Management Science*, 60(4), pp.805~823.

Huizinga, J. (1938). *Homo Rudens*[김윤수 옮김. 《호모 루덴스》. 도서출판 까치. 1993].

Kaufman, G. F. & Libby, L. K. (2012). "Changing beliefs and behavior through experience-taking," *Journal of Personality and Social Psychology*, 103(1), pp.1~19.

Kim, E., Lee, J. Sung, Y., & Choi, S. (2016). "Predicting selfie-poesting behavior on social networking sites: An extension of theory of planned behavior," *Computers in Human Behavior*, 62, pp.116~123.

Kim, K. J. (2016). "Interacting socially with the Internet of Things (IoT): Effects of source attribution and specialization in Human-IoT interaction," *Journal of Computer-Mediated Communication*, 21, pp.420~435.

Kim, K., Cheong, Y., & Kim, H. (2016). "The influences of sports viewing conditions on enjoyment from watching televised sports: An analysis of the FIFA World Cup audiences in theater vs. home," *Journal of Broadcasting & Electronic Media*, 60(3), pp.389~409.

King, B., Lark, A., Lightman, A., & Rangaswami, JP. (2016). *Augmented: Life int he Smart Lane.* [커넥팅랩(백승윤, 김정아) 옮김. 《증강 현실: 현실 위의 현실, 슈퍼 리얼리티의 세계가 열린다》. 미래의 창. 2016].

Knobloch-Westerwick, S., David, P., Eastin, M. S., Tamborini, R., & Greenwood, D. (2009). "Sports spectators' suspense: Affect and uncertainty in sports entertainment," *Journal of Communication*, 59, pp.750~767.

Konijn, E. A., Molen, V., Walma, J. H., & Nes, S. (2009). "Emotions bias perceptions of realism in audiovisual media: Why we may take fiction for real," *Discourse Processes*, 46(4), pp.309~340.

Kross E, Verduyn P, Demiralp E, Park J, Lee DS, et al. (2013). "Facebook use predicts declines in subjective well-being in young adults," *PLoS ONE 8(8)*: e69841.

Krumhansl, C. L. (2017). "Listening niches across a century of popular music," *Frontiers in Psychology*, 8:431, pp.1~18.

Langfeld, H. E. (1967). *The aesthetic attitude.* Port Washington, N.Y.; Kennikat.

Lee, E. & Jang, Y. (2010). "What do others' reactions to news on Internet portal sites tell us? Effects of presentation format and readers' need for cognition on reality perception," *Communication Research*, 37 (6), pp.825~846.

Lee, E. & Shin, S. (2014). "When the medium is the message: How transportability moderates the effects of politicians' Twitter communication," *Communication Research*, 41(8), pp.1088~1110.

Lee, K. M. (2004). "Presence, explicated," *Communication Theory*, 14, pp.27~50.

Lin, C. A., & Xu, Z. (2017). "Watching TV series with horror content: Audience attributes, motivations, involvement and enjoyment," *Journal of Broadcasting & Electronic Media*, 61(4), pp.638~657.

Lull, R. B. & Dickinson, T. M. (2018). "Does television cultivate narcissism? Relationships between television exposure, preferences for specific genres, and subclinical narcissism," *Psychology of Popular Media Culture*, 7(1), pp.47~60.

Lynch, O. H. (2002). "Humorous communication: Finding a place for humor in communication research," *Communication Theory*, 12, pp.423~45.

Makhanova, A., McNulty, J. K., & Maner, J. K. (2017). "Relative physical position as an impression-management strategy: Sex differences in its use and implications," *Psychological Science*, 28, pp.567~577.

Mares, M. L. & Cantor, J. (1992). "Elderly viewers responses to televised portrayals of old age empathy and mood management versus social comparison," *Communication Research*, 19, pp.459~478.

Mauch, M., MacCallum, R. M., Levy, M., & Leroi, A. M. (2015). "The evolution of popular music: USA 1960~2010," *Royal Society Open Science*, 2:150081, pp.1~10.

McCloud, S. (1994). *Understanding Comics*. [김낙호 옮김.《만화의 이해》. 비즈앤비즈. 2008].

McGhee, P. E. (1979). *Humor: Its origin and development*. San Francisco: W. H. Freeman and Company.

Meyer, J. (2000). "Humor as a double-edged sword: Four functions of humor in communication," *Communication Theory*, 10, pp.310~31.

Mindess, H. (1971). *Laughter and liberation*. Los Angeles: Nash Publishing.

Mittell, J. (2015). *Complex TV: The poetics of contemporary television storytelling*. NYU Press.

Morreall, J. (1983). *Taking laughter seriously*. Albany: State University of New York Press.

Morreall, J. (1987). *The philosophy of laughter and humor*. Albany: State University of New York Press.

Mulder, J., ter Bogt, T., Raaijmakers, Q., & Vollebergh, W. (2007). "Music taste groups and problem behavior," *Journal of Youth and Adolescence*, 36, pp.313~324.

Murrar, S. & Brauer, M. (2017). "Entertainment-education effectively reduces prejudice," *Group Processes & Intergroup Relations*, pp.1~25.

Mutz, D. (2016). *Harry Potter and the Deathly Donald. PS: Political Science & Politics*, 49(4), pp.722~729.

Nabi, R. L. & Keblusek, L. (2014). "Inspired by hope, motivated by envy: Comparing the effects of discrete emotions in the process of social comparison to media figures," *Media Psychology*, 17, pp.208~234.

Nabi, R. L. (2007). "Determining dimensions of reality: A concept mapping of the reality TV landscape," *Journal of Broadcasting & Electronic Media*, 51, pp.371~390.

Nabi, R. L., Biely, E. N., Morgan, S. J., & Stitt, C. (2003). "Reality–based television programming and the psychology of its appeal," *Media Psychology*, 5, pp.303~330.

Nabi, R. L., Stitt, C. R., Halford, J., & Finnerty, K. L. (2006). "Emotional and cognitive predictors of the enjoyment and reality–based and fictional television programming: An elaboration of the uses and gratifications perspective," *Media Psychology*, 8, pp.421~447.

Neill, A. (2005). "Empathy and film fiction," In N. Carroll & J. Choi (Eds.), *Philosophy of Film and Motion Pictures: An Anthology* (Ch. 16, pp.247~259). John Wiley & Sons.

Neuendorf, K. A. & Lieberman, E. A. (2010). "Film: The original immersive medium," In C. C. Bracken & P. Skalski (Eds), *Immersed in media: Telepresence in everyday life*, pp.9~38.

Niemiec, R. M. & Wedding, D. (2008). *Positive Psychology at the Movies*. [백승화 외 옮김. 《영화 속의 긍정 심리》. 학지사. 2011].

North, A. C. & Hargreaves, D. J. (1999). "Music and adolescent identity," *Music Education Research*, 1, pp.75~92.

North, A. C., Hargreaves, D. J. & McKendrick, J. (1999). "The effect of music on in-store wine selections," *Journal of Applied Psychology*, 84, pp.271~276.

Oliver, M. B. (2008). "Tender affective states as predictors of entertainment preference," *Journal of Communication*, 58, pp.40~61.

Oliver, M. B. (2009). "Affect as a predictor of entertainment choice: The utility of looking beyond pleasure," In Hartman, T. (Ed.), *Media choice: A theoretical and empirical overview* (Ch. 10, pp.167~184). London: Routledge.

Opree, S. J. & Kuhne, R. (2016). "Generation Me in the spotlight: Linking reality TV to materialism, entitlement, and narcissism," *Mass Communication & Society*, 19(6), pp.800~819.

Oring, E. (2003). *Engaging humor*. Urbana: University of Illinois Press.

Ortega, J. & Hergovich, P. (2017). "The strength of absent ties: Social integration via online dating," *Physics and Society*, 3, pp.1~40.

Ouwerkerk, J., & Van Dijk, W. (2008). "Why do we laugh at idols? Self–evaluation and Schadenfreude following another's misfortune in the media," Paper presented in 2008 conference, International Communication Association.

Paek, Hye–Jin (2016). "How fear–arousing news messages affect risk perceptions and intention to talk about risk," *Health Communication*, 31(9), pp.1051~1062.

Pearce, L. J., & Field, A. P. (2016). "The impact of "scary" TV and film on children's internalizing emotions: A meta–analysis," *Human Communication Research*, 42, pp.98~121.

Pew Research Center (2016). 5 facts about online dating, February, 29, 2016.http://www. pewresearch.org/fact–tank/2016/02/29/5–facts–about–online–dating/

Pittman, M. & Reich, B. (2016). "Social media and loneliness: Why an Instagram picture may be worth more than a thousand Twitter words," *Computers in Human Behavior*, 62, pp.155~167.

Power, C. (2008). *Presence in Play: A Critique of Theories of Presence in the Theatre*. eBook (EBSCOhost) Amsterdam: Brill Academic Publishers.

Postmes, T., Spears, R. & Lea, M. (1998). "Breaching or building Social boundaries? SIDE-effects of computer-mediated communication," *Communication Research*, 25(6), pp.689~715.

Reagan, A. J., Mitchell, L., Kiley, D., Danforth, C. M., & Dodds, P. S. (2016). "The emotional arcs of stories are dominated by six basic shapes," *European Physical Journal Data Science*, 5(3), pp.1~12.

Reiss, A. A. & Wiltz, J. (2004). "Why people watch reality TV," *Media Psychology*, 6, pp.363~378.

Rentfrow, P. J., Goldberg, L. R., & Levitin, D. J. (2011). "The structure of musical preferences: A five–factor model," *Journal of Personality and Social Psychology*, 100(6), pp.1139~1157.

Rodriguez–Bailon, R., Ruiz, J., & Moya, M. (2009). "The impact of music on automatically activated attitude: Flamenco and Gypsy people," *Group Processes and Intergroup Relations*, 12, pp.381~396.

Rosenfeld, M. J. & Thomas, R. (2012). "Searching for a mate: The rise of the Internet as a social intermediary,". *American Sociological Review*, 77(4), pp.523~547.

RSPH (2017). "#StatusofMind: Social media and young people's mental health and wellbeing," *Research Report by Royal Society for Public Health*, pp.1~31.

Ruth, N. (2017). ""Heal the World": A field experiment on the effects of music with prosocial lyrics on prosocial behavior," *Psychology of Music*, 45(2), pp.298~304.

Sayre, S. & King, C. (2010). *Entertainment and society: Influences impacts, and innovations* (2nd ed.). New York: Routledge.

Schafer, T., Sedlmeier, P., Stadtler, C., & Huron, D. (2013). "The psychological functions of music listening," *Frontiers in Psychology*, 4:511, pp.1~33.

Scharrer, E. & Blackburn, G. (2018). "Is reality TV a Bad Girls Club? Television use, docusoap reality television viewing, and the cultivation of the approval of aggression," *Journalism & Mass Communication Quarterly*, 95(1), pp.235~257.

Schechner, R. (2002). *Performance Studies*. London: Routledge.

Schellenberg, E. G. & von Scheve, C. (2012). "Emotional cues in American popular music: Five decades of the Top 40," *Psychology of Aesthetics, Creativity, and the Arts*, 6(3), pp.196~203.

Schwartz, B., McDonald, S., & Kloner, R. (2013). "Super Bowl outcome's association with cardiovascular death," *Clinical Research in Cardiology*, 102, pp.807~811.

Seabrook, J. (2015). *The Song Machine: Inside the Hit Factory*. Random House.

Selfhout, M. H., Branje, S. J., ter Bogt, T. F., & Meeus, W. H. (2009). "The role of music preferences in early adolescents' friendship formation and stability," *Journal of Adolescence*, 32, pp.95~107.

Shakya, H. B. & Christakis, N. A. (2017). "Association of Facebook use with compromised well-being: A longitudinal study," *American Journal of Epidemiology*, 185(3), pp.203~211.

Shaw, J. (2003). "Movie after film: The digitally expanded cinema," In M. Rieser & A. Zapp (Eds.), *New screen media: Screen, art, narrative* (pp.268~275). London: BFI Publishing.

Shouse, E. (2007). "The role of affect in the performance of stand-up comedy: Theorizing the mind-body connection in humor studies," *Journal of the Northwest Communication Association*, 36, pp.34~49.

Shurcliff, A. (1968). "Judged humor, arousal, and the relief theory," *Journal of Personality and Social Psychology*, 8, pp.360~363.

Smith, R. H. (2000). "Assimilative and contrastive emotional reactions to upward and downward social comparisions," In J. Suls & L. Wheeler (Eds.). *Handbook of Social Comparison*, NY: Plenum, pp.173~200.

Snyder, C. R., Lassegard, M. & Ford, C. E. (1986). "Distancing after group success and failure: Basking in reflected glory and cutting off reflected failure," *Journal of Personality and Social Psychology*, 51, pp.382~388.

Squire, L. R. & Kandel, E. (2008). *Memory: From Mind to Molecules*. [전대호 옮김.《기억의 비밀: 정신부터 분자까지》. 해나무. 2016].

Sundar, S. S. (2008). "The MAIN model: A heuristic approach to understanding technology effects on credibility." In M. J. Metzger & A. J. Flanagin (Ed.), *Digital media, youth, and credibility* (pp.73~100). Cambridge, MA: The MIT Press.

Svelch, J. (2014). "Comedy of contingency: Making physical humor in video game spaces," *International Journal of Communication*, 8, pp.2530~2552.

Tajfel, H., & Turner, A. C. (1979). "An integrative theory of intergroup conflict," In W. G. Austin & S. Worchel (Eds.), *The Social Psychology of Intergroup Relations*, pp.33~47, CA:Brooks.

Tekman, H. G. & Hortacsu, N. (2002). "Aspects of stylistic knowledge: What are different styles like and why do we listen to them?," *Psychology of Music*, 30, pp.28~47.

The Economist (2015. 6. 27). "The food-show craze: Epicurean entertainment is luring Korean men into the kitchen."

Thompson, Derek (2017). *Hit Makers*. [이은주 옮김. 《히트 메이커스 — 세상을 사로잡은 히트작은 어떻게 만들어졌는가》. 21세기북스].

Tufekci, Z. (2018). "How social media took us from Tahrir Square to Donald Trump," *MIT Technology Review*, August 14, 2018.

Twenge, J. M. & Park, H. (2017). "The decline in adult activities among U.S. adolescents, 1976~2016," *Child Development*, pp.1~17.

Twenge, J. M. (2017). *iGen: Why today's super-connected kids are growing up less rebellious, more tolerant, less happy—and completely unprepared for adulthood—and what that means for the rest of us*. Atria Books.

Vezzali, L., Stathi, S., Giovannini, D., Capozza, D., & Trifiletti, E. (2014). "The greatest magic of Harry Potter: Reducing prejudice," *Journal of Applied Social Psychology*, 45(2), pp.105~121.

Vohs, K. D., Wang, Y., Gino, F., & Norton, M. (2013). "Rituals enhance consumption," *Psychological Science*, 24(9), pp.1714~1721.

Vorderer, P. & Knobloch, S. (2000). "Conflict and suspense in drama," In Zillman, D. & Vorderer, P. (Eds), *Media entertainment: The psychology of its appeal*. NJ: Lawrence Eribaum Associates, pp.57~72.

Vosoughi, S., Roy, D., & Aral, S. (2018). "The spread of true and false news online," *Science*, 359, pp.1146~1151.

Walther, J. B. (1996). "Computer-mediated communication: Impersonal, interpersonal, and hyperpersonal interaction," *Communication Research*, 23, pp.3~43.

Wann, D. & Branscombe, N. R. (1990). "Die-hard and fair-weaher fans: Effects of identification on BIRGing and CORFing tendencies," *Journal of Sport & Social Issues*, 14(2), pp.103~117.

Wann, D. (2006). "Examining the potential causal relationship between sport team identification and psychological well–being," *Journal of Sport Behavior*, 29(1), pp.79~95.

Wann, D., Hamlet, M., Wilson, T., & Hodges, J. (1995). "Basking in reflected glory, cutting off reflected failure, and cutting off future failure," *Social Behavior and Personality*, 23(4), pp.377~388.

Wood, S., McInnes, M. M., & Norton, D. A. (2011). "The bad thing about good games: The relationship between close sporting events and game–day traffic fatalities," *Journal of Consumer Research*, 38(4), pp.611~621.

WSJ (2014. 3. 9). "In South Korea, eating shows—or 'mokbang'—are hits on the web: 'Eating Broadcasts' focus on chowing down."

Yalch, R. F., & Spangenberg, E. R. (2000). "The effects of music in a retail setting on real and perceived shopping times," *Journal of Business Research*, 49, pp.139~147

Yerkes, R. M., & Dodson, J. D. (1908). "The relation of strength of stimulus to rapidity of habit-formation," *Journal of Comparative Neurology and Psychology*, 18, pp.459~482.

Zeigarnik, B. (1927). "Über das Behalten von erledigten und unerledigten Handlungen," *Psychologische Forschung*, 1927, 9.

Zillmann, D. & Cantor, J. (1977). "Affective responses to the emotions of a protagonist," *Journal of Experimental Social Psychology*, 13(2), pp.155~165.

Zillmann, D. & Bhatia, A. (1989). "Effects of associating with musical genres on heterosexual attraction," *Communication Research*, 16, pp.263~288.

Zillmann, D. (1991). "Empathy: Affect from bearing witness to the emotions of others," In Bryant, J., & Zillmann, D. (Eds.), *Responding to the screen: Reception ad reaction processes* (Ch. 6, pp.135~167). Hillsdale, NJ: Lawrence Erlbaum Associates.

Zillmann, D. (1999). "Mood management in the context of selective exposure theory," In M. E. Roloff (Ed.), *Communication Yearbook*, 23, London: Sage, pp.123~145.

Zillman, D. (2006). "Empathy: Affective reactivity to others' emotional experiences," In Bryant, J. & Vorderer, P. (Eds). *Psychology of Entertainment*. NJ: Lawrence Eribaum Associates, pp.151~181.

찾아보기